Antenatal
Training

胎教

One

一天

Page

一页

A Day

杨焕玲 / 主编

北京日报出版社

图书在版编目（CIP）数据

胎教一天一页 / 杨焕玲著 . -- 北京：北京日报

出版社，2020.8

ISBN 978-7-5477-3682-1

Ⅰ . ①胎… Ⅱ . ①杨… Ⅲ . ①胎教－基本知识

Ⅳ . ① G61

中国版本图书馆 CIP 数据核字（2020）第 110323 号

胎教一天一页

出版发行：北京日报出版社

地　　址：北京市东城区东单三条 8-16 号东方广场东配楼四层

邮　　编：100005

电　　话：发行部：（010）65255876

　　　　　总编室：（010）65252135

印　　刷：三河市双峰印刷装订有限公司

经　　销：各地新华书店

版　　次：2020 年 8 月第 1 版

　　　　　2020 年 8 月第 1 次印刷

开　　本：710 毫米 ×1000 毫米　1/16

印　　张：21

字　　数：412 千字

定　　价：48.00 元

目录
CONTENTS

孕 2 月

孕 3 月

孕 4 月

孕 5 月

孕7月

孕 8 月

孕 9 月

孕 10 月

孕1月

（第1～28天）

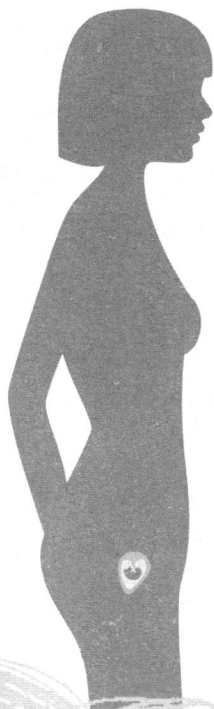

1 胎教是什么

随着社会的发展和人们对优生优育的重视，胎教也越来越受到人们的重视。胎教分为广义胎教和狭义胎教。

广义胎教是指为了促进胎宝宝生理上和心理上的健康发育，确保孕妇能够顺利地度过孕产期所采取的精神、饮食、环境、劳逸等各方面的保健措施。只有孕妇有了健康的身体，胎宝宝才能健康。因此，广义胎教也被称为"间接胎教"。

狭义胎教就是根据胎宝宝在各个时间段成长发育的特点，使用科学的方法提供视觉、听觉、触觉等方面的教育，如光照、音乐、对话、拍打、抚摩等，刺激胎宝宝的感觉器官，以激发胎宝宝大脑和神经系统的有益活动，进而达到促进胎宝宝身心健康发育的效果。从这个角度讲，也可称为"直接胎教"。

温馨小贴士

胎儿在母亲子宫腔内是一个有感觉、有意识、能活动的"小人"，能对外界的触、声、光等刺激产生反应。有人说胎教应该从怀孕第一天开始，有人说应该从怀孕之前就开始，其实你在孕前为怀孕做心理、营养等方面准备的时候，就可以算是开始胎教了。

第2天

2 "六感"与胎教

有些人不但不相信胎教，甚至有可能会对此嗤之以鼻。他们不理解，胎儿怎么能够在孕妇肚子里接受"教育"呢？其实，5个月的胎儿就已经有能力接受教育了。当然，这里所说的教育不同于胎宝宝出生后所接受的教育，而主要是指对"六感"的训练，通过各种适当、合理的信息刺激，促进胎儿各种感觉功能的发育和发展，为出生后的早期教育打下一个良好的基础。

怎样正确地认识胎教呢？首先，在怀孕前的2～3个月要做好心理和物质上的准备工作。其次，要了解胎儿的正常生理发育和胎儿的能力。胎儿从第5周开始即有较复杂的生理反射机能，第10周时已形成感觉、触觉功能，第20周左右开始对声音有反应，第30周时有听觉、味觉、嗅觉和视觉功能，能听到妈妈的心跳和外界的声音。这时妈妈的一举一动都能影响胎儿，是对胎儿进行教育的重要时刻。

胎教可以尽可能地发掘个体的素质潜能，让每一个胎儿的先天素质获得最优秀的发挥。

当然，仅仅依靠胎教不能将胎宝宝塑造成"神童"，因为"神童"（即智力超常儿童）是良好的先天遗传和后天教育综合影响的结果，而胎教在一定程度上能促进胎儿大脑发育。

温馨小贴士

所谓"六感"，是指皮肤的触觉、鼻子的嗅觉、耳的听觉、眼的视觉、舌的味觉和躯体的运动感觉。

3 怎样做胎教

目前，国内外广泛采用的胎教措施主要有以下几种：

♣ 营养胎教法

营养胎教法是根据妊娠各时期胎儿发育的特点，合理指导孕妇摄取食品中的 7 种营养素（即蛋白质、脂肪、碳水化合物、矿物质、维生素、水、纤维素），以促进胎儿生长发育的一种方法。

♣ 音乐胎教法

音乐胎教法主要是通过对胎儿不断地施以适当的乐声刺激，促使其神经元的发育，为优化后天的智力及发展音乐天赋奠定基础。音乐胎教也可分为两种：一种是基调以轻松、活泼、明快、悦耳动听等为主，能够较好地激起胎儿的反应；另一种是基调以优美、宁静、悠闲、舒缓为主，使孕妇感到轻松愉快、心情舒畅，这也有利于胎儿的健康成长。

♣ 语言胎教法

语言胎教法是指孕妇用文明、礼貌、富有感情的语言有目的地对腹中的胎儿讲话，给胎儿期的大脑新皮质输入最初的语言印记，为后天的学习打下基础。

♣ 运动胎教法

运动胎教法是指孕妇适当地进行一些体育锻炼，以促进胎儿大脑及肌肉的健康发育，也有利于正常妊娠及顺利分娩。

♣ 抚摩胎教法

抚摩胎教法是指有意识、有规律地抚摩孕妇腹部，以刺激胎儿的感官神经和大脑发育，有人也将抚摩胎教称为"胎儿体操"。

光照胎教法

光照胎教法是指在胎儿期适时地给予光刺激，以促进胎儿视网膜光感受细胞的功能尽早完善。

情绪胎教法

情绪胎教法是指孕妇通过对情绪进行调节，使自己忘掉烦恼和忧虑，创造清新的氛围及和谐的心境，进而通过神经递质的作用，促使胎儿的大脑得以良好地发育。其实，这也是通过调节自身与胎宝宝相关的心理意念，让自己的心境愉快、平和、积极，使胎儿获得良好的生长、发育环境。从这个意义讲，它也可以叫作意念胎教法。

温馨小贴士

在进行胎教的时候，也要注意一些具体情况，如不要在胎儿睡眠时进行光照胎教。这样会影响胎儿正常的生理周期，也就是常说的生物钟紊乱。

第 4 天

4 环境与胎教

从受精卵到胚胎再到胎儿出生，大约要经历 280 天。妊娠过程中，胎儿能否正常生长发育，除了与父母的遗传基因、孕育准备、营养因素有关外，还与孕妇在妊娠期间的内外环境有着密切的联系。为了保证胎儿的健康发育，孕妇应该避免 6 种不利于妊娠的内外环境：

①多次堕胎或流产后不久即怀孕。

②夫妻体弱、患病时怀孕。

③不洁的性生活引起的胎儿宫内感染。

④放射线伤害。

⑤职业与嗜好的不良刺激。

⑥污染与噪声。

这 6 种内外环境都比较重要，都要做好。

就拿对孕妇非常重要的居室环境来说，最基本的要求是要使居室整洁雅观。可以在居室的墙壁上悬挂一些活泼可爱的婴幼儿画片或照片，这些可爱的形象会使孕妇产生许多美好的遐想，形成良好的心理状态。也可以悬挂一些景象壮观的油画，它们不仅能增加居室的自然色彩，而且能使人的视野开阔。还可以在居室悬挂一些隽永的书法作品，时时欣赏，以陶冶性情，书法作品的内容常常是令人深思的名句，从中不仅能欣赏字体的美，更能感到一种健康向上、给人以鼓舞和力量的作用。此外，孕妇还可以对居室进行绿化装饰，应以轻松、温柔的格调为主，无论用盆花还是插花装饰，均以小型为佳，花香也不宜太浓。

温馨小贴士

孕妇处在被装饰得温柔雅致的房屋里，才会有舒适轻松的感觉，这有利于消除孕妇的疲劳，增添情趣。

5 别走进胎教的误区

🍀 误区一：宝宝没有意识，胎教没有作用

5 个月的胎宝宝不仅具备了全方位的感知觉能力，还具备了受"教育"的能力。当然，这里所说的"教育"主要是对胎宝宝进行感官刺激，使胎宝宝建立起条件反射。

🍀 误区二：胎教就是教胎宝宝唱歌、说话、算算术等

胎教的方式不只是教胎宝宝唱歌、说话、算算术等，而是通过各种适当的、合理的信息刺激，促进胎宝宝各种感觉功能的发育，为胎宝宝出生后的早期教育打好基础。

🍀 误区三：只要胎教做好了，就能把胎宝宝培养成神童

我们提倡胎教，强调胎教的重要作用，并不是说经过胎教的宝宝就可以培养成神童。因为胎教是发掘个体的素质潜能，让每一个胎宝宝的先天性遗传因素能得到最优秀的发展。

🍀 误区四：胎教就是给胎宝宝听音乐

许多年轻的准爸爸妈妈以为胎教就是让胎宝宝听音乐，因此就让孕妇和胎宝宝一起听音乐，不管是古典的、流行的，还是摇滚的、京剧等。其实，在孕期适当地听听音乐是对的，但要注意内容、方法、时间和音乐种类的选择，同时根据胎动的类型进行调整等。当然，胎教还包括很多方面的内容，如父母的抚摩、与胎宝宝的对话、睡眠的姿势等。因此，简单地说，"胎教就是给胎宝宝听音乐"是不恰当的。

温馨小贴士

胎儿大部分时间是在睡眠中度过的，为了不打搅胎儿的休息，胎教的实施要遵循胎儿生理和心理发展的规律，并非随时随地都可以进行。

第6天

6 胎教也有禁忌

🍀 忌不良情绪

孕妇的情绪状态对胎儿的发育具有相当重要的作用，孕妇情绪稳定、心情舒畅、热爱生活，有利于胎儿出生后良好性情的形成，而精神紧张、颓废消极的情绪会对胎儿大脑的发育造成危害。因此，孕妇要格外重视心理卫生，保持精神饱满、心情愉悦，对生活充满希望与爱。

🍀 忌不合理的语言胎教

在进行语言教育时，孕妇可以用中度音量跟胎儿进行交流，或吟读诗歌，或哼唱小曲，或讲小故事等，这些都会给胎儿留下美好的记忆，千万不能大声粗暴地说话，以免造成胎儿出生后对语言有一种反感和敌视态度。

忌不合理的运动胎教

运动是一种颇有成效的胎教方式，但是不合理的运动就是胎教一大忌了。与胎儿做运动联络时，要轻轻抚摩胎儿，每天2～4次为宜，同时要耐心等待，不要急于求成，因为有时候胎儿也会不遵守母命的。

忌噪声

噪声会导致孕妇的内分泌功能紊乱，严重的会使脑垂体分泌的催产激素过量，引起子宫强烈收缩，从而导致早产或流产。所以，噪声对胎儿的严重影响是绝对不可轻视的，孕妇应避免接触刺耳的噪声，尽量少去噪声很大的工厂、建筑工地、火车站等。

温馨小贴士

在进行胎教的过程中，一定要讲科学，不要认为多做一些比方法规定的就会更有效。孕妇生活要有规律，这既是胎教的一项内容，也是对每位孕妇的基本要求。每项胎教内容，需按一定规律去做方能成功。

7 怀孕各阶段的胎教方案

♣ 孕早期胎教方案

音乐胎教。在怀孕 2 个月的时候，胎教面临的一个主要问题是如何处理好妊娠呕吐，从这个月的月末开始，可以给孕妇和胎宝宝放一些柔和、优美的乐曲，每天 1 ～ 2 次，每次 5 ～ 10 分钟。

意念胎教。孕妇在怀孕的第 2 个月，正是胎宝宝各种器官进行分化的关键时期，孕妇可用意念胎教的方法让胎宝宝发育得更完善。

情绪胎教。孕妇在怀孕的第 2 个月，应当树立"宁静养胎即胎教"的观点，在整个怀孕期确保孕妇的情绪乐观稳定。

♣ 孕中期胎教方案

抚摩胎教。胎宝宝受到母亲双手轻轻的抚摩之后，会引起一定的条件反射，从而激发胎宝宝活动的积极性，使其形成良好的触觉刺激，促进大脑功能的协调发育。

光照胎教。从孕 24 周开始，每天定时在胎宝宝觉醒时用手电筒（弱光）作为光源，照射孕妇腹壁胎头方向，每次 5 分钟左右，结束前可以连续关闭、开启手电筒数次，以便于胎宝宝的视觉健康发育。但是切忌用强光照射，照射时间也不宜过长。

♣ 孕晚期胎教方案

光照胎教。在妊娠 33 ～ 36 周的时候，胎宝宝的视觉神经和视网膜尚未发育成熟，此时的胎宝宝最喜欢的亮度是透过母亲腹壁进入子宫的微弱光线。因此，孕妇应在天气晴朗的时候到户外散散步，让胎宝宝享受透过腹壁的阳光。

触摸胎教。妊娠 33 ～ 36 周后，胎宝宝进一步发育，此时可以轻轻地抚摩胎宝宝的头部，有规律地来回抚摩胎宝宝的背部，也可以轻轻地抚摩胎宝宝的四肢。可以选择在晚上 9 点左右，每次 5 ～ 10 分钟。触摸时也要注意胎宝宝的反应。

阅读胎教。一方面，读书可以促进孕妇的身心健康；另一方面，将故事中具有积极作用的情节生动地描述出来，可让胎宝宝融入到故事情节中去。

情感胎教。通过对孕妇的情绪进行调节，创造清新的氛围及和谐的心境，使之忘掉忧虑和烦恼，并通过神经递质作用，使胎宝宝的大脑得到良好的发育。

第8天

8 优生胎教的可能性

有一些父母常常抱怨道："我们积极地做好胎教，又唱歌又阅读，费了许多周折也没能生出神童。"这些父母误认为胎教的目的就是培养神童，而我们这里所说的胎教，是指对胎宝宝的感觉器官进行良性刺激。

孕妇无论是否有意去做，都能把所见、所闻、所感在不知不觉中传给腹中的宝宝，胎宝宝接受母亲的影响是很自然的，没有任何条件。因为母子情感相通，这就为胎教提供了可能性。

人的大脑发育可分为两个时期。第一个时期是细胞分裂时期。这个时期一直持续到胎宝宝出生，从胎宝宝出生的那一刻起，其脑细胞就达到一定数量（大约140亿个），此后只减不增。第二个时期是出生后到3岁，这个时期连接各脑细胞的神经纤维交错伸展。如果我们把脑细胞比作电话机的话，那么神经纤维就是把140亿部电话机连接起来的电话线。因此，在胎宝宝，出生之前实施胎教，能够培育出聪明的宝宝，在生后继续进行教育和智力开发才会使宝宝更加聪明。胎教的实施应该从受孕的第1个月就开始，对胎宝宝应给予充分的营养和适当的信息刺激。从第4个月起，也就是胎宝宝的大脑皮层形成时，胎教就应该进入正规训练阶段了，对其进行适宜的刺激和积极的开发，其大脑就会迅速发育，大脑皮层的沟回越多，孩子就越聪明。

温馨小贴士

父母们要正确地理解胎教的作用，在胎宝宝出生后也要对其进行良好的再教育，这样才能让宝宝更聪明，岂不闻《伤仲永》中仲永的故事，即使他是神童，但因没有接受良好的教育，最终也不过是普通人而已。

9 孕前的营养胎教

🍀 合理的膳食结构很重要

多样、富于变化的食物种类，合理的膳食结构，全面、均衡的营养搭配等都是健康饮食的表现。所谓"民以食为天"，食物是最主要、最根本的营养来源。所以无论是在怀孕前还是在怀孕后，都要合理饮食，不能过分依赖用营养补充剂和营养药来补充营养。但是怀孕期间孕妇和胎宝宝所需的营养不断增加，在食物不能全部满足孕妇和胎宝宝营养需要的情况下，营养补充剂和营养药可在一定程度上起到补缺的作用。

🍀 始终有效的健康饮食理念

孕妇要保证进食食物的多样性，这样才能达到营养全面、均衡、膳食结构合理的效果，须知再好吃的食物，再有营养的食物，都不能提供孕妇和胎宝宝所需的全部营养。无论是孕前还是孕后，只要是正常的食物，几乎没有不能吃的，只是要根据不同时期的营养需要，适当进行量的调整。没有哪一种营养素能够单独承担起胎宝宝生长发育的任务，即使是一根汗毛的形成，都需要多种营养物质。因此，孕妇千万不要以为吃了所谓最好的营养品，就不需要正常的食物营养了。

🍀 相信自己的判断

每个人都有自己的饮食习惯和健康理念，包括孕妇，如果对众多说法无所适从，那就按照自己认为正确的方法去做，这样饮食错误的概率会更低。

温馨小贴士

辣椒、胡椒、花椒等调味品可以使食物的味道更具诱惑力，但这些调味品刺激性较大，多食会引起便秘等症状。如果计划怀孕的女性大量食用这类调味品后，可能会出现消化功能的障碍，因此，建议欲怀孕的女性尽可能少摄入此类调味品。

第 10 天

10 孕前的运动胎教

想要一个可爱的小宝宝，健康的身体和有规律的生活是十分重要的。首先就要做到与不良的生活习惯（如熬夜等）说再见，做到生活方式有规律，劳逸结合，适当锻炼，这些对将要到来的宝宝都是很重要的。

在传统的观念之中，女性在准备怀孕时一般都应该尽量减少体育活动或运动，但是越来越多的事实表明，如果在计划怀孕前的一段时间里，能够进行适度合理的体育锻炼与运动，不仅能够促进女性体内激素的合理调配，确保受孕时女性体内激素的平衡与受精卵的顺利着床，避免怀孕早期发生流产，还可以促进孕妇体内胎宝宝的发育和日后宝宝身体的灵活度，对减轻孕妇分娩时的艰难和痛苦也有非常大的帮助。

同时，适当的体育锻炼还可帮助丈夫提高身体素质，以确保精子的数量和质量。所以，对于任何一对计划怀孕的夫妻而言，都应该在一定时期内进行有规律的运动，为怀孕打下坚实的基础。

一个均衡的健身计划可以提供三方面重要的益处，即耐久力、力量和柔韧性，这是你应付日复一日的母亲生活的压力所需要的。女性至少应在怀孕前 3 个月开始健身，这可以使你在怀孕期间更容易保持活跃的生活方式，以达到轻松度过孕期生活的目的。健身运动包括散步、慢跑、走跑交替、游泳、骑自行车和有氧运动。但是需要注意的是，其中有些运动相当剧烈，不能在怀孕早期进行。

健身操

温馨小贴士

不管是哪种形式的运动，都要缓慢地、循序渐进地进行，不要急于求成，为了达到锻炼的目的而让自己的身体过于疲劳。

11

孕前的心理胎教

对每一对夫妻而言，孕育下一代都是人生中的一件大事，是需要两个人共同经营的"事业"，这就要求夫妻二人做好全面的准备，在准备好物质条件、环境条件、身体条件的同时，也要做好心理准备。相对于孕前没有做好心理准备的女性而言，孕前做好心理准备的女性的孕期生活要从容、顺利得多，妊娠反应也轻得多。因此，冷静地考虑与孕育有关的实际问题，对每一对计划怀孕的夫妻都是非常有必要的。

人的心理健康对生殖内分泌功能（如雌性激素的分泌、月经正常和排卵的维持等）有着很明显的影响。与此同时，在健康心理状况下受孕有利于促进胎宝宝的健康发育。

如今，随着工作和生活节奏的不断加快，人际交往日益频繁，人际关系也日益复杂化，增强人的内部适应能力（即维持情绪的平衡和心理健康）显得尤为重要。而大龄成功女性除了承受工作上的压力外，孕后还要承受生理上以及心理上因一系列的变化所带来的压力。所以，在准备怀孕前，对女性的生理、心理和怀孕后的变化，以及危险行为对生育的影响应有所认识，从而在心理上做好充分的准备，有目的地进行自我保健，这样才能保持心理健康，排除心理环境应激因素对生育的不利影响，确保受孕的成功及孕妇与胎宝宝的健康。

生育宝宝的心理准备还包括夫妻俩对诸多生活琐事的考虑和应对，有了宝宝，夫妻俩的婚姻生活会发生一些变化，生活的重心也会转移到宝宝身上，甚至在宝宝刚出生的一段时间内，睡个安稳觉都成为一种奢望。

温馨小贴士

女性在孕前需要做好各方面的心理准备，同时，男性也需要有足够的心理准备，只有这样才能保证给孕产期的孕妇以物质、精神、心理等方面的支持。

第12天

12 怀孕1个月的营养胎教

本月孕妇的饮食应该以全面营养为主，充足良好的营养，对胎儿的大脑发育有促进作用。为了适应孕育期间各个阶段生理上的变化，并保持母子健康，必须补充丰富、均衡、恰当的营养。

丰富、均衡、恰当的营养应包括：蛋白质、脂肪、碳水化合物、矿物质、维生素和水。富含蛋白质的食物主要有肉类、奶类、蛋类和海鲜类等。热能摄入量的增加要适当，本月食物的量可比未怀孕时略有增加。热能主要来自于脂肪和碳水化合物。矿物质与维生素主要来自于奶类、豆类、海产品、肉类、动物肝脏等。富含维生素的食品有玉米胚芽、瘦猪肉、猪肝、鸡蛋、蔬菜和水果。

总之，孕妇要多吃一些营养丰富和易消化的食物。

温馨小贴士

为刺激食欲，应尽量多做一些清淡、可口的菜肴。早晨起床后，先喝一杯白开水，然后吃一些易于消化的食物，稍微躺一会儿再起床，可防止孕吐。

13 情绪与胎教

人的个体差异在胎儿期就有所表现，有的安静内敛，有的活泼好动，有的淘气又顽皮。这既与先天神经类型有关，也和胎儿所处的内外环境有关。正常情况下，胎动多是好事，不但告诉你胎儿发育正常，也预示着出生后孩子的抓、握、爬、坐等各种动作将发展较快。

但必须注意，孕妇的情绪过分紧张、极度疲劳、腹部的过重压力以及外界的强烈噪声等，都可使胎儿躁动不安，甚至易引发流产、早产。

孕妇精神状态的突然变化，如惊吓、恐惧、忧伤、严重的刺激或其他原因引起的精神过度紧张，能使大脑皮质与内脏之间的关系失去平衡，引起循环紊乱，严重的会引发胎盘早期剥离，甚至造成胎儿死亡。

孕妇的情绪问题也可引起其内分泌的变化，促使机体分泌出不同种类、不同数量的激素，有些物质会通过血液经胎盘和脐带进入胎儿体内，从而影响胎儿的身心健康。

因此，孕妇要学会稳定自己的情绪，避免紧张、恐惧、忧伤等不良情绪的产生，最好保持舒畅惬意的心情。

温馨小贴士

准妈妈由于妊娠后体内激素分泌变化大，产生种种令人不适的妊娠反应，因而情绪不太稳定，所以，特别需要向丈夫倾诉。这时，丈夫可用风趣的语言及幽默的笑话宽慰、开导妻子，也可以早晨陪妻子一起到环境清新的公园、树林或田野中去散步，做做早操，嘱咐妻子白天晒晒太阳等，这些都有助于妻子情绪的稳定，也有益于胎儿大脑的良好发育。

第 14 天

14 遗传是胎教的先决条件

　　遗传是优生的基础，也是胎教的先决条件。在自然界中，种子越好，结出的果实越优良。同样的道理，只有继承了父母双方良好遗传基因的健康宝宝，才能够进一步实施胎教。众所周知，胎教就是对母腹中宝宝的感觉器官进行刺激，而前提是胎宝宝必须具备健全的感觉器官和神经系统。一般来说，健康的夫妻生下的宝宝都没有什么问题，但是如果夫妇患有某种遗传病或其他严重疾病，就会影响到宝宝大脑的生长发育，而且影响还会很严重。由此可见，一个先天性痴呆的智残宝宝是不太可能接受胎教的。

　　每个人都有范围非常广阔的智力潜力，这个范围的上限和下限是由基因决定的。一个宝宝，在父母的遗传因素很好的情况下，如果生活环境差，没有接受良好的教育，同时自身的努力也不够，他的智力发育就会受到一定程度的限制，其智商也就较低。相反，虽然某个宝宝的父母遗传因素一般，但由于胎宝宝得到了良好的教育，加上其自身不断的努力和学习，他的智力就能够得到充分发育，智商也会较高。

　　由此可见，想要一个高智商的宝宝，在孕育的过程中，每个环节都是不能掉以轻心的，胎教就是一个重要的环节。而好的胎教需要非常有利的条件，遗传因素就是其中之一。

温馨小贴士

　　许多小夫妻为孕育小宝宝，事先做好了周密的计划，因此他们很清楚是何时怀上新生命的，并且会根据孕期做好细致的生活安排。在怀孕第 2 周的时候，不少小夫妻已经按部就班地进行胎教了。

15

受精卵：生命的开始

人的生命是从什么时候开始的？严格地说，应该从父亲的精子和母亲的卵子结合成功的那一瞬间算起。所以说，从受精卵存活的那天起，尽管宝宝还没有出生，但这些夫妇已经是真正的父母亲了。

精子是在睾丸的几百万条曲细精管内产生的，卵子是由卵巢上的原始卵母细胞发育而成的。男女结婚建立新的家庭，每次性交时，成亿的精子冲到子宫附近，从这里经过子宫口，到达输卵管内，与卵子相遇。对于精子而言，这是一个漫长且艰辛的过程，因为在适宜的条件下，精子每分钟可移动 2～3 毫米，子宫外口到输卵管壶腹部（受精多在此处）长 20 厘米左右，成亿的精子中只有几百个最终能够到达目的地。同时，女性的卵子排出后，一般只能存活 1 天左右，所以必须在 1 天之内与精子相会。

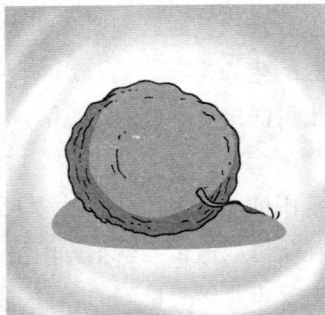

精子在输卵管内与卵子相会后，立即将卵子包围起来，绝大多数情况下只有一个精子能够突破防线进入卵子内。精子和卵子的结合叫"受精"。

精卵结合标志着新生命的诞生，受精卵也被称为"合子"，是新生命的第一个细胞。这个在输卵管壶腹部形成的原始生命细胞，经过输卵管的蠕动，大约需要 4 天时间才被运送到子宫腔内。受精卵先在子宫腔内游走，大约在排卵后的第 8 天种植在子宫内膜上，称为"着床"。受精卵着床以后，不停地进行着细胞分裂，形成胚胎。

温馨小贴士

外界环境中的一些不良刺激往往会影响妊娠的质量及胎儿的发育。所以女性在计划怀孕前，要尽力排除不利因素的干扰，创造良好的受孕氛围。

第16天

16 真的怀孕了吗

在受孕的第1个月，孕妇不会感觉到新生命的开始。但是，有一些重要的征兆也会提醒你，你可能怀孕了。

🍀 月经没按时来

这是最主要也是最先出现的征兆，如果夫妻双方没有采取任何避孕措施，在排卵期前后有正常的性生活，平时月经周期正常，突然出现月经迟到1～2周的情况，就有可能是怀孕了。

🍀 口味的变化

停经后突然喜欢吃酸味或其他原先并不喜欢的食品，厌油腻。

🍀 小便的变化

怀孕之后，子宫会日益增大，从而压迫膀胱引起小便次数增多的情况，8～15周的时候，子宫的大小正好抵在膀胱之后，因此尿意更加频繁。

🍀 乳房的变化

在怀孕初期，会出现乳房发胀的感觉，乳头有轻微疼痛，乳晕色泽加深，随着孕期延长，乳房会变大，摸起来有结块的感觉，这是乳腺体增殖的结果。

🍀 基础体温变化

基础体温会因激素分泌的作用而增高或降低。所以，在月经迟迟不来的情况下，可以测量一下基础体温，若出现持续高温就可能是怀孕了。这种情况会持续3个星期左右，很容易判断是否怀孕。

🍀 下腹部轻微疼痛

怀孕早期，下腹部会有不定时的微微抽痛，有时只有单侧痛，有时会整个下腹痛。这主要是由于支撑子宫的韧带因怀孕时子宫胀大往上提所造成的，无须特别治疗，只要好好休息就行了。如果疼痛剧烈难耐或持续疼痛，最好去妇产科进行询问治疗。

温馨小贴士

孕早期，孕妇时常会感觉疲劳、心悸或呼吸不顺畅，有时觉得慵懒无力、病恹恹的或昏昏欲睡，这些都是"害喜"的现象，主要是怀孕后荷尔蒙增加所致，无须特别治疗。

17 孕早期腹痛的鉴别与处理

孕早期腹痛是孕妇常常会遇到的情况，哪些腹痛是正常的生理反应，哪些腹痛是身体提出的疾病警告，孕妇应谨慎对待，不可疏忽大意。

在孕早期，有些腹痛是生理性的，很多孕妇常感觉有些胃痛，有时还伴有呕吐等早孕反应，这主要是由孕早期胃酸的分泌增多引起的。这时要注意饮食调养，吃一些清淡、易消化的食物，早餐可吃一些烤馒头或苏打饼干等。随着孕早期的结束，这种不适的症状自然会消失。

有些腹痛是病理性的，可能是流产等危机的先兆，孕早期腹痛特别是下腹部疼痛，首先应该想到会不会是妊娠并发症。如果孕妇在孕前几个月出现阵发性小腹痛或有规律的腹痛、腰痛、骨盆腔痛，问题可能会比较复杂。如果同时还伴有阴道点状出血或腹部明显下坠感，就可能预示着先兆流产。这时孕妇应该少活动、多卧床，不要过性生活，不要提重物，并补充水分。如果疼痛加剧或持续出血，就需要立即就医；如果出现单侧下腹部剧痛，伴有阴道出血或出现昏厥，则可能是宫外孕，应立即到医院就诊。有些孕妇认为在孕早期出现腹痛可能是偶然的，不要紧，只要躺在床上休息一下就好了。这种盲目采取卧床保胎的措施并不可取，应及时到医院检查治疗，及时查清腹痛的真正原因。还有一些属于非妊娠原因的腹痛，如阑尾炎、肠梗阻、胆石症和胆囊炎等疾病也可引起腹痛，但这些病与怀孕并没有直接的联系。

温馨小贴士

一般先兆流产的孕妇经过治疗都能够继续妊娠。如果采取保胎治疗，症状不但不能缓解，反而还会加重，所以一定要到医院检查，并做相应的处理。

18 补充叶酸别轻视

叶酸是 B 族维生素的一种，由于它最初从菠菜中分离出来，所以现在习惯把它称为"叶酸"，是一种对胎儿发育起重要作用的维生素。

人类（或其他动物）缺乏叶酸可引起巨红细胞性贫血和白细胞减少症。在我国，育龄女性体内普遍缺乏叶酸，这主要是传统的饮食结构使食物中叶酸含量不高所致。另外，烹调方法不恰当也会使食物中的叶酸遭到破坏。如果孕妇孕前孕后身体缺乏叶酸，可造成胎儿神经管畸形（胎宝宝的神经管大约在受孕 3 周开始分化）以及流产、早产、新生儿体重过低等问题。

在怀孕期间，叶酸需求量大大增加，而我们常吃的各种绿色蔬菜、动物肝脏、豆制品等所含的叶酸，在烹调时会失去 50% ~ 80%，因此孕妇缺乏叶酸的现象十分普遍。

一般来说，即使是在正常的平衡膳食条件下也需要额外补充叶酸，而且尽可能在妊娠前或妊娠头 3 个月进行补充才能起到预防的作用。不过，补充叶酸的剂量一定要严格控制，在我国，叶酸摄入量一般成人是 400 微克 / 天，作为孕妇应该是 600 ~ 800 微克 / 天，叶酸过量可能会掩盖维生素 B_{12} 缺乏的症状，干扰锌的代谢，引起孕妇锌缺乏或者神经损害等不良后果。不要错服叶酸片，因为叶酸片是治疗叶酸性贫血的药物，一旦过多服用，就会引起不良反应。富含叶酸的水果有樱桃、桃、李、杏、杨梅、海棠、酸枣、山楂、葡萄、草莓等，吃这些水果不仅可以补充足够的叶酸，还可以增进食欲。

温馨小贴士

并不是只有怀孕了才需要补充叶酸，女性准备怀孕前 3 个月就要开始补，前后大概需要补半年；叶酸不宜与维生素 C 同补，因为它在酸性环境中容易被破坏，在碱性和中性环境中相对稳定。

第 19 天

19

妊娠期性生活要小心

性生活是婚后夫妇正常生活的一部分，但当妻子怀孕后，如何过性生活是一个值得关注的问题。为了避免给腹中的胎儿带来不良影响，在妊娠早期应避免过性生活。

怀孕后，孕妇的身体发生了巨大的变化，体内分泌机能发生改变；在心理方面，担心性生活会给肚子里的宝宝带来安全上的隐患；同时，怀孕后，孕妇受到早孕反应的影响，整天都有疲惫感，情绪也有可能起伏不定，使孕妇无意过性生活；最重要的是，在妊娠的前 3 个月，胚胎和胎盘正处于形成时期，胎盘尚未发育完全，特别是胎盘和母体子宫壁的连接还不紧密，具有把胎儿维护在子宫里的功能的孕激素的分泌还不充分。如果此时过性生活，很可能由于动作不当或精神过度兴奋时的不慎使子宫受到震动，腹部受到挤压，既会诱发子宫强烈收缩，也有可能使胎盘脱落而造成流产。如果孕妇在怀孕早期出现任何阴道出血的症状，尤其是那些有习惯性流产的孕妇，更应迅速到医院检查治疗。

对于孕妇表现出的对性生活的厌倦，准爸爸应充分理解，可以采取其他方式交流感情。夫妻过性生活应该相互体贴和谅解，如果男方不能做到这一点，就容易造成孕妇的不愉快和夫妻感情上的隔阂。因此，在能不能过性生活的问题上，首先应考虑是否会对胎儿带来安全隐患。在这个时期，应禁止或尽量少过性生活，不要图一时之快而造成本可避免的不良后果。

温馨小贴士

作为准爸爸，为了胎儿的健康，此时应体贴和关心妻子，尽量减轻她的精神负担和心理压力。

20 什么时候开始产前检查

近年来，由于产前诊断的开展，产前检查的时间提前，应从确诊早孕时开始。产前检查除行双合诊检查（阴道腹部联合检查）了解软产道及盆腔内生殖器官有无异常外，必须测量基础血压，检查心肺，测尿蛋白及尿糖。对有遗传病家族史或分娩史者，应行绒毛培养或抽取羊水做染色体核型分析，以降低先天缺陷儿及遗传病儿的出生率。经上述检查未发现异常者，应于妊娠第12周起进行产前系列检查，于妊娠第12～28周期间，每4周检查1次；第28～36周每2周检查1次；自妊娠第36周起每周检查1次，凡属高危妊娠，应酌情增加产前检查次数。

在首次产前检查时，医师要详细询问孕妇以往月经周期和全面健康状况，如是否有不正常的分娩史，这次怀孕的头2个月内有没有患过病毒性流感或出过风疹，是否近亲结婚，双方直系亲属中有没有患遗传病、高血压病或糖尿病的人，有没有生过畸形儿，有没有对某种药物的过敏史等。

早孕期的健康检查具有无病早防、有病早治的功效。有些孕期病症如轻度贫血，服药和加强营养后即可得到早期治愈。如果心、肺、肝、肾等重要脏器有较严重的不适于妊娠的疾病，可以及早采取人工流产方法终止妊娠，以免使孕妇发生难以挽回的健康上的损失，或威胁母子生命。所以，产前检查也是孕期监护的主要组成部分。

温馨小贴士

一些孕妇因为产检时要称体重，就不吃东西了。要注意，这对自己和胎宝宝都不好哦！而且，因为饥饿，接下来的很多检查都会受到影响。所以，除了医生特别通知你要做血液检查外，产检前还是要好好吃东西的。

第 21 天

21 孕期检查要知道

0～4周孕期检查。一旦确定怀孕，孕妇可以算出预产期。有妊娠可能的女性，要注意药物的服用和X光线的照射，事先告知医生已有妊娠的可能性，不能随意服用药物。

5～6周孕期检查。通过超声波检查，大致可以看出胚囊在子宫的位置，另外，还可以看到胚胎数目，以确定是否孕育了双胞胎。

7～8周孕期检查。做超声波检查时，可看到胚胎组织在胚囊内，若能看到胎儿心跳，则代表胎儿目前处于正常状态。

9～11周孕期检查。如果孕妇家族本身有遗传性疾病，可在这个时间段做"绒毛膜采样"。不过，这项检查有一定的危险性，做之前要仔细听取医生的建议。

第12周孕期检查。大多数孕妇在这个时间开始做第一次产检。

13～16周孕期检查。从第二次产检开始，基本检查包括称体重、量血压、问诊及听胎宝宝的胎心音等。做唐氏筛查，如果高风险施行羊膜穿刺的周期，原则上是从16～20周开始进行，主要是看胎儿的染色体异常与否。体重每周增加不超过500克最为理想。

17～20周孕期检查。孕妇在孕期20周做超声波检查，主要是看胎宝宝外观发育上是否有较大问题。

21～24周孕期检查。大部分妊娠糖尿病的筛检，是在孕期第24周做。

25～28周孕期检查。B超畸形筛查。

29～32周孕期检查。在孕期第28周以后医生要陆续为孕妇检查是否有水肿现象，做二次胎儿畸形筛查。

33～35周孕期检查。到了孕期第34周时，建议做一次详细的超声波检查，以评估胎宝宝当时的体重及发育状况，并预估胎宝宝至足月生产时的重量。胎心监测了解胎儿宫内情况。

第36周孕期检查。从第36周开始，孕妇越来越接近产期，此时所做的产检，以每周检查1次为原则，并持续监测胎儿的状态。

第37周孕期检查。由于胎动愈来愈频繁，孕妇宜随时注意胎儿及自身的情况，以免胎宝宝提前出生。

38～40周孕期检查。从第38周开始，胎位开始固定，胎头已经下来，并卡在骨盆腔内，此时孕妇应做好随时生产的准备。

22 非常重要的受精卵"着陆"

精子和卵子在相遇后，子宫内膜受到卵巢分泌的激素的影响，会变得肥厚松软而且富有营养，受精卵不断分裂细胞，同时渐渐地向子宫方向移动。经过 4～5 天到达子宫腔，然后形成一个实心的细胞团，叫作"桑葚胚"，这时的受精卵叫作"胚泡"。大约 2 天之后，胚泡与子宫内膜接触，着床开始。经过 4～5 天的时间，胚泡钻入并埋于子宫内膜里，受精卵成功地在子宫里"着陆"。

受精卵在着床之前与母体没有任何联系，因此用验孕纸是测不出来怀孕的，我们没有办法知道它的存在。排卵后的 15 天左右，才能用验孕纸测出早孕。

着床之后，受精卵的外层滋养层细胞会产生一种蛋白质分解酶，溶解和它接触的子宫内膜，孕卵就埋入子宫内膜的功能层中，此时合体滋养细胞会发育伸出许多细胞突起，呈均匀的绒毛状，称为绒毛。所以，它分泌的激素有一个很奇怪的名称——绒毛膜促性腺激素。

没有受精卵的着床，就不会有这种激素的产生。也不是所有的受精卵都能够顺利着床，当受精卵本身有缺陷或卵巢黄体功能不全（如孕酮分泌不足、子宫内膜异常）或子宫异常（如子宫发育不良、子宫内膜息肉、宫颈粘连）时，受精卵便很难着床。

一般情况下，受精卵着床时孕妇没有什么特别的感觉。如果孕妇的神经足够敏感的话，可能会觉察到自己的体温骤降骤升、小腹胀痛、阴道极少量出血等，但这都是个别情况，不具有普遍性和代表性。如果孕妇没有出现上述情况，也无须担心，只要生殖系统健康，各项机能正常，受精卵一般都能顺利着床。

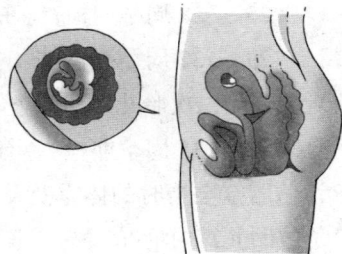

温馨小贴士

停经后的 6～8 周，如果孕妇的下腹出现剧烈疼痛，并伴有不规则的阴道出血的症状，应该引起足够的重视，及时就医，因为这很有可能是受精卵着错床引发的宫外孕。

第 23 天

23 孕期每月营养胎教

营养胎教在怀孕期间是非常关键的，在这特殊的 10 个月里，孕妇应该如何对其实施营养胎教呢？

🍀 孕 1 月的营养胎教

为了适应孕期母子营养的需求，合理而全面的营养应当包括：脂肪、蛋白质、矿物质、维生素、碳水化合物以及水。总的要求是多吃较易消化的食物，要多吃营养丰富的食物，要多安排清淡、不油腻、可口的菜肴，以激起孕妇的食欲。为了防止妊娠期的呕吐，孕妇可以在早晨起床后，先喝一杯白开水，再吃一些易消化的食物，稍躺一会儿再起床。

🍀 孕 2 月的营养胎教

良好充足的营养，是积极开展胎教的物质基础，能够促进胎宝宝的大脑发育。只有均衡、丰富、恰当的营养，才能适应孕妇在妊娠期各个阶段生理上的变化，也才能使母子健康。

妊娠第 2 个月是胎宝宝器官形成的关键时期，最原始的大脑已经建立，为确保营养胎教的实施，孕妇应注意摄入含有适量的脂肪、蛋白质、钙、锌、铁、磷、维生素 A、B 族维生素、维生素 C、维生素 D、维生素 E 以及叶酸（预防神经管畸形）等食物，这样才能使胎宝宝得到赖以实施营养胎教的物质基础。假如在这个时期营养供给不足，就容易造成流产、死胎和胎宝宝畸形。

🍀 孕 3 月的营养胎教

进入孕期的第 3 个月，胎宝宝的膀胱形成，手指甲、脚指甲也形成，这个时期虽然很关键，但是在孕 3 月初期由于胎宝宝的体积尚小，所需要的营养并不是量的多少，而是质的高低，尤其需要含蛋白质、糖和维生素较多的食物。宜补充蛋白质、维生素 A、钙，增加动物肝脏、牛奶、鱼类、蛋类、乳酪、黄绿色蔬菜、红绿色蔬菜等的摄入。

受孕 11 周以后，由于胎宝宝迅速成长和发育，其需要营养也日渐增多。从这个时期起，孕妇饮食的摄入不仅质要求高，量也逐渐增多。

合理而充足的营养是保证胎宝宝健康成长的重要因素，也是积极开展胎教的基本条件。在这个时期，如果孕妇胃口有所好转，可适当加重饭菜的滋味，但是食物仍然以营养、清淡为主，忌食过咸、辛辣、过冷的食物。

孕 4 月的营养胎教

从怀孕的第 4 个月开始，胎宝宝的器官组织开始迅速生长发育，每天需要大量的营养素，这个时候就要尽量满足胎宝宝迅速生长及母体营养素存储的需要，避免营养不良或缺乏对胎宝宝生长发育和母体健康的影响。

虽然孕妇的情况已经大有改善，早孕的不适反应基本消失，流产的危险也变得很小，但是对于孕妇饮食营养的关注则是丝毫不能放松的。

增加主食的摄入：应选用标准面、米，搭配摄入些杂粮，如玉米、小米、燕麦片等。一般来说，孕中期孕妇每日主食的摄入量应为 400 ～ 500 克，这对保证热量供给、节省蛋白质有十分重要的意义。

增加动物性食物：动物性食物所提供的优质蛋白质，是胎宝宝生长和孕妇身体组织增长的物质基础。此外，豆类以及豆制品所提供的蛋白质质量与动物性食品相仿。假如经济条件有限，可适当选食豆类及其制品以满足机体需要。但是动物性食品提供的蛋白质应占总蛋白质质量的 1/3 以上。

孕 5 月的营养胎教

从孕 5 月起，孕妇的基础代谢率增加，每天所需的营养比平时增多。孕妇的食欲增加，因此体重也会有明显上升的现象，皮下脂肪的堆积会使孕妇看起来胖了很多。如果平时饮食荤素搭配合理，营养一般不会有什么问题。但是如果担心发胖或胎宝宝过大而限制饮食，则很有可能造成营养不足，严重的甚至还会患贫血或影响胎宝宝的生长发育。一般而言，如果孕妇每周体重增加 350 克左右，则属正常范围。

由于食欲增加，孕妇的进食会逐渐增多，有时还会出现胃中胀满。此时可服用 1 ～ 2 片酵母片，以增强消化功能。也可每天进食 4 ～ 5 次，既能补充相关营养，还可改善因吃得太多而胃胀的感觉。

从怀孕的第 5 个月起，孕妇应注意补钙，还要加服鱼肝油，但是有些人因补钙心切而大量服用鱼肝油，这样的做法是很不妥当的，因为服用鱼肝油过多，会使胎宝宝的骨骼发育异常，造成许多不良后果。还要补充维生素 D 以促进钙的吸收。对于长期在室内工作，缺乏晒太阳机会的孕妇更是如此。

❀ 孕6月的营养胎教

随着胎宝宝的增大，其所需的营养日益增加。

妊娠6个月的孕妇和胎宝宝都需要一定数量的维生素，只有均衡的饮食才能保证维生素的摄入。铁是人体所需的一种重要的矿物质，所以铁的补充也不可缺少，它的作用是用来生产血红蛋白（红细胞的组成部分），而血红蛋白的功能是确保把氧运送到全身各处的组织细胞。孕妇摄入铁不仅仅是为了自身需要和防治缺铁性贫血，还要将部分铁贮藏在组织细胞中，以备胎宝宝需要时从这种"仓库"中摄取。因此，孕妇应该多吃一些富含优质蛋白质和铁元素的食物（如牛奶、瘦肉、鱼类、猪肝、大叶青菜、水果等）。为了给胎宝宝的发育提供一个良好的环境，也为积极开展胎教提供有效的物质基础（即营养胎教），重视孕妇的营养是至关重要的。

❀ 孕7月的营养胎教

孕妇妊娠7个月时常出现肢体水肿。所以，这个时期第一要少饮水、少吃盐；第二要选富含B族维生素、维生素C、维生素E的食物，以增加食欲，促进消化，还有助于利尿和改善代谢；第三，要多吃水果，少吃或不吃油炸的、不易消化的、易胀气的食物（如白薯、土豆等），忌吸烟饮酒。

❀ 孕8月的营养胎教

怀孕的第8个月，胎宝宝开始在肝脏和皮下储存糖原及脂肪。此时如果孕妇碳水化合物摄入量不足，将会导致母体内的蛋白质和脂肪分解和动员，很容易造成蛋

白质缺乏或酮症酸中毒，所以孕妇在怀孕第 8 个月的时候应该保证热量的供给。除需大量葡萄糖供胎宝宝迅速生长和体内脂肪、糖原储存外，还需要有一定量的脂肪酸（尤其是亚油酸）。这个时候也是大脑增殖高峰，大脑皮层增殖迅速，丰富的亚油酸可满足孕宝宝大脑发育所需。

为了减轻孕妇的妊娠高血压综合征和水肿，在饮食中要少放食盐。与此同时，饮食不可毫无节制，应该把每周体重的增加量控制在 350 克以内。

🍀 孕 9 月的营养胎教

怀孕 9 个月的孕妇主要是为分娩做准备的阶段，在为自身提供足够能量的同时，另一方面还要保证胎宝宝的营养需求。这个时候孕妇的胃部仍会有挤压感，所以每餐进食可能不多，不能充分摄取维生素和足够的钙、铁，这时，可以适当加餐，以保证营养的总量。

在怀孕的第 9 个月里，孕妇必须补充维生素和足够的钙、铁，充足的水溶性维生素，以硫胺素最为重要。如果本月补充的硫胺素不足，就很容易引起倦怠、体乏以及呕吐，还有可能影响分娩时子宫收缩，使产程延长，造成分娩困难。另外，胎宝宝的肝脏以每天 5 毫克的速度储存铁，直到存储量可达 300 ～ 400 毫克。此时如果铁的摄入量不足，就会影响胎宝宝体内铁的存储，很容易使孕妇患产后缺铁性贫血。妊娠全过程都需要补充钙，但胎宝宝体内的钙一半以上是在怀孕期最后两个月储存的。如孕妇钙的摄入量不足，胎儿就要动用母体骨骼中的钙，致使孕妇患软骨病。

🍀 孕 10 月的营养胎教

到了第 10 个月，孕妇便进入了一个收获的"季节"。在这个时候，孕妇保证足够的营养，不仅可以供给胎宝宝生长发育的需要，还可以满足自身乳房和子宫的增大、血容量增多以及其他内脏器官变化所需求的"额外"负担。如果孕妇营养不足，不仅所生的宝宝会比较小，孕妇自身也容易出现骨质软化、贫血等营养不良的症状，这些病症会直接影响临产时正常的子宫收缩，还很容易出现难产。

温馨小贴士

少食多餐是孕妇应坚持的饮食原则，这个原则在各个孕期都适用。

第 24 天

24 妊娠早期居家注意事项

🍀 合理安排饮食

孕早期有妊娠反应者，为了避免或减少恶心、呕吐等胃肠道不适，可采用少食多餐的办法，注意饮食清淡，不吃油腻和辛辣食物，但一定要坚持进食，否则会影响孕妇健康，也不利于胚胎发育。孕妇可以吃些带酸味的食品，如杨梅、柑橘等，以增加食欲，帮助消化。妊娠反应严重的孕妇可在医生的指导下服用一些复合维生素和维生素 C 等，以补充营养，维生素 B_6 还可以减轻妊娠反应。但千万不能乱服"止吐药"，使用"秘方"或"偏方"等，以防发生不良后果。

🍀 加强营养

妇女怀孕后，不仅本身需要足够的营养，还要满足胎儿生长发育需要的营养。孕早期是胎儿脑细胞、神经细胞、骨骼生长的重要时期。因此，孕妇要多吃富含蛋白质、矿物质、维生素及碳水化合物的食品，如鸡、鱼、肉、蛋、动物肝脏、豆制品、奶粉及新鲜蔬菜和水果等，为孕妇和胎儿提供足够的营养，与此同时，孕妇还要适量地晒晒太阳，以利于钙的吸收，促进胎儿骨骼发育。总之，孕妇的饮食要各种营养搭配，品种多样化并易于消化。

🍀 防病和合理用药

注意卫生保健，预防各种疾病。尤其应预防流感、风疹、带状疱疹、单纯疱疹等病毒的感染。这些病毒对胎儿危害最大，可通过胎盘侵害胎儿，导致胎儿生长迟缓、智力缺陷、各种畸形，甚至引起流产、死胎等。

孕期谨慎用药。尤其是头 3 个月，胎儿对药物特别敏感。有些药物可通过胎盘进入胎儿体内，由于胎儿的代谢和排泄功能不健全，容易造成药物蓄积中毒。导致胎儿损伤或畸形的药物很多，例如四环素类药物能引起胎儿骨骼发育障碍，牙齿发育不良、变黄；链霉素和卡那霉素可引起胎儿先天性耳聋及肾脏损害；镇静药如利眠灵、安定片等可引起胎儿先天性心脏病、发育迟缓；有些激素类药、抗癌药、抗结核药能引起各种胎儿畸形，甚至死胎。孕期用药影响胎儿发育，必须引起重视。如果非用药不可时，应在医生指导下合理服用。

🍀 避免致畸因素的影响

吸烟不仅影响孕妇自身的健康，而且直接影响胎儿的发育。据统计，孕妇每天吸烟 10 支左右，引发畸形儿的危险就增加 10%；吸烟超过 30 支，则畸形儿引发率可增加到 90%。另外，孕妇被动吸入的烟雾对胎儿也是有害的。

孕妇大量饮酒不仅能引起慢性酒精中毒性肝炎、肝硬化，还会造成子女智力低下。酒精对生殖细胞有不良作用，使受精卵质量下降，发育畸形，此时受孕，宝宝出生后会出现体重轻、中枢神经发育障碍，甚至还会有心脏及四肢的畸形。酗酒的妇女所生婴儿畸形的危险性比不饮酒的妇女高两倍。因此，为了宝宝的健康，孕妇不要饮酒。

女性孕期要避免接触放射线，尤其是头 3 个月。因为越是妊娠早期，对射线越敏感，胎儿受害越重。放射线可引起胎儿畸形，如无脑儿、脊椎裂、唇裂、腭裂等。所以，女性怀孕 6 周以前绝对禁止射线照射。

🍀 减少有害物质接触

妊娠期间由于体内内分泌功能改变，孕妇面部会出现色素斑，为此，有些孕妇常会用一些化妆品打扮自己。医学研究证明，绝大部分化妆品都是由化学物质制成的。妇女在妊娠期皮肤尤为敏感，如果使用过多的化妆品就会刺激皮肤引起过敏反应，化妆品中的有害物质通过母体皮肤吸收后还会间接危害胎儿。例如，染发剂、化学冷烫剂不仅易使母体产生过敏反应，还会影响胎儿的正常生长发育。孕妇涂口红后，有些有害物质会吸附在嘴唇上随唾液和呼吸进入体内，使胎儿受害。所以女性妊娠期间最好不要使用化妆品，如果使用也应以清淡为宜。

孕妇不宜饮含咖啡因的饮料。由于妊娠期间机体的清除能力降低，若饮料中的咖啡因在母体中积蓄，会通过胎盘被吸收，影响胎儿的正常发育，导致胎儿体重减轻。此外，茶叶中含有鞣质，它能与铁结合，影响铁在肠内的吸收，诱发或加重孕妇的缺铁性贫血。所以，妊娠期妇女一定要克服饮茶、咖啡、可可的习惯，力求少饮或不饮。

第 25 天

25 孕妇的小小变化

孕妇怀孕之后，身体会发生一些微妙的变化，如果你够细心，就会发现：

①怀孕后，孕妇基础体温居高不下。正常的基础体温呈双向曲线，即排卵前较低，排卵后较高。怀孕后除了表现为月经到期不来潮，你的身体还有一个明显的标志就是基础体温升高后大约保持在 36.9℃ ～ 37.2℃之间，持续 18 ～ 21 天不再下降。此后的整个孕期，基础体温会一直保持在较高的水平。

②由于受到荷尔蒙分泌的影响，怀孕后，孕妇常常会感到精神不佳，总是瞌睡，这是正常现象。怀孕后身体会分泌一种黄体荷尔蒙，这种荷尔蒙会使子宫肌肉变得柔软，能够起到防止流产的作用。同时，它也具有一定的麻醉作用，能使人体的行动变得迟钝，从而使人感到困倦。除此之外，怀孕后基础代谢增加，分泌系统产生变化，体内热量消耗快，血糖不足，也能导致嗜睡。

③在雌激素和孕激素的共同作用下，从怀孕第 8 周起，孕妇的乳房会逐渐膨胀增大，变得丰满，隐约可以看到乳房表皮下纤细或稍有扩张的静脉血管。乳头和乳晕的颜色加深，乳晕上出现许多散开的深褐色的小突起，称为"蒙氏结节"。另外，孕妇还会感觉到不同程度的胀痛和触痛，12 周后还会有少量稀薄、淡黄的乳汁分泌。

④在怀孕早期，孕妇子宫增大并不明显，但它确实在慢慢地变大，这时是需要借助仪器才能看到的。到了 3 个半月至 4 个月的时候，孕妇就可以从外观上看出肚子变大。怀孕 3 个月时，子宫刚好出盆腔，如拳头般大小。

⑤怀孕初期，由于激素的刺激，孕妇的皮肤会出现不同程度的色素沉着，多发生在面部、乳头、乳晕等处。有趣的是，有些孕前没有痤疮的孕妇，怀孕初期会长出痤疮，而那些孕前就长痤疮的孕妇，在怀孕后反倒没有了。

⑥在怀孕早期，孕妇体重开始出现上升的趋势，但是由于此时胎儿还不大，所需的营养不多，所以体重的变化还不明显，一般增加 1 ～ 2 千克就是正常范围。

温馨小贴士

孕早期是流产的高发时段，孕妇一定要小心地保护好自己，一旦出现腹痛或阴道流血等状况，要及时就医。

26　与动物接触要注意

　　现代家庭养宠物的不少，如果接触不当可能会造成孕妇生下畸形儿，究其原因，就是由于孕妇在怀孕期间同宠物接触过多。

　　弓形体病是由弓形体虫引起、人畜共患的传染病。对我们而言，最大的传染源就在宠物。孕妇感染弓形虫后，虫卵在孕妇体内增殖，通过胎盘传染给胎儿，造成胎儿先天性弓形病，导致流产、早产、死胎或畸胎（包括脑积水、小脑畸形、视网膜异常等障碍）。在整个妊娠期，孕妇患病越早，对胎儿的危害越大。

　　很多孕妇在怀孕前已经知道弓形虫的存在，因此怀孕期间不再养猫狗等宠物。其实，只要注意以下几点，孕妇也是可以养宠物的。

　　①带宠物去宠物医院做检查，看看宠物有没有携带弓形虫。

　　②不要和宠物过分亲热，如亲嘴、抱着宠物睡觉等。

　　③不要让宠物在外乱跑，出门时也要管好它们。因为猫狗等宠物的传染是因为吃了受到过感染的老鼠或鸟类，或者是吃了受到过感染的食物。

　　④别让猫狗等宠物在外面觅食，不要用生肉喂它们，应该喂熟食和成品宠物粮食，也不要随意把装宠物用食的碗和其他东西放在一起。

　　⑤弓形虫的虫卵在被处理前，至少 24 小时内不会传染，所以猫狗等宠物的便便和食盘每天至少清理一次。

　　⑥在清除猫狗等宠物的便便后，一定要认真洗手，清除时最好戴上橡胶手套，抚摩它们后也要把手清洗干净。

温馨小贴士

　　弓形体病是优生的大敌，为了预防孕妇感染弓形体病，最好的办法还是避免与猫狗等宠物接触。

27 尽量吃温热的食物

饮食是母体的重要营养来源，胎儿的营养来源于母体，因而母亲的饮食对胎儿的发育有着直接的影响。

妊娠期精血聚于冲任以养胎，孕妇机体多处于阴血偏虚、阳气偏亢的生理状态，即民间所说的多易上火。怀孕之后，孕妇常喜欢吃一些生冷之物。殊不知，生冷之物吃多了会使脾胃受伤，呕吐、腹泻、痢疾诸症会乘虚而入，既损孕妇，又伤腹中胎儿，不可不留意。

每个人的体质不尽相同，孕妇适当吃一些生冷食物对胎宝宝的发育和自身的健康是有益的，还可以防止胎宝宝出生后胎毒等病的发生。但对于身体阳虚的人就是另一回事了，食用不当或食用生冷食物过多，可导致凉遏脾胃，寒温内生，从而使中焦不远。胎儿分娩后，由于寒混凝滞经脉及产后多虚多瘀的特点，使产妇气血虚弱，经脉不畅，气化不利，阳气不展，乳汁失于蒸化，导致部分产妇乳汁不足或无乳，严重影响了婴儿的正常发育，并可导致婴儿出生后大便溏泻不止、受食不进、吐乳腹胀等。

因此，孕期一定要注意饮食的调节，不宜过食生冷，适度为宜，应尽量吃温热的食物。

温馨小贴士

孕妇要注意饮食，不要因为贪吃生冷食物而"冻坏"了腹中的小宝宝。为避免引起腹泻，尽量食用温热的食物。

28 时常散散步

散步不受条件限制，可以自由进行，是增强孕妈妈和胎儿健康的有效方法。散步后会产生轻微的疲倦，适度的疲倦能稳定情绪，有助于增进食欲和睡眠，还可以变换心情，消除烦躁和郁闷。但是孕妈妈散步时还要注意以下问题：

①选好散步的时间。要在风和日丽的天气里，雾、雨、风及天气骤变时不宜外出，以免身体着凉。选择清晨和晚饭后半个小时比较好，此外，城市中下午 4 时到 7 时之间，空气污染会相对严重，孕妈妈最好避开这段时间锻炼和外出。每天散步的时间总和在 1.5 小时左右比较好。

②要选好散步的地点。花草茂盛、绿树成荫的公园和熟悉的乡间小路是最适宜散步的场所。这些地方空气清新、含氧量高，尘土和噪声少。孕妈妈在这样宜人的环境中散步，会感到身心愉悦。还可以一边欣赏大自然的景色，一边聊天、谈心。空气不佳、噪声大、人流拥挤的马路、商场或闹市，会威胁到孕妈妈及胎儿的安全与健康，一定要远离。

③孕妈妈散步前要先找好线路，避开车多、人多、不平的线路。注意躲避周围的车辆、行人及玩耍的儿童，以防被撞倒。孕晚期时，孕妈妈更要选择平坦的道路缓缓地走。若途中感到不舒服，要找一个安全、干净的地方略微休息一下，感觉好点后再往回走。准爸爸最好陪孕妈妈一起散步，这样既可以加深夫妻间的感情交流，又建立了与胎儿的感情。

④散步时，要穿宽松舒适的衣服和鞋。眼睛平视前方，双肩放松，背部不要弯曲，避免拉伤。散步时切勿走得太急，以缓慢悠闲为宜。

炎热的夏天，孕妇散步时要多注意防晒，避开强烈的阳光，打遮阳伞或戴遮阳帽，选择温度不太高的时候出去，最好到有树荫的地方散步。涂防晒霜时一定要选择不含铅的，回到家后要尽快清洗干净。冬季散步一定要注意保暖和安全。

温馨小贴士

怀孕第 4 周时，胚胎已经在子宫内"着床"。这个时期孕妇或许会有轻微的不舒服，有时还会感觉到疲劳。此时的小胚胎只有 6 毫米长，1 克重，大小和一粒苹果籽一样，但却有个约占身长一半的大脑袋，还有一条小尾巴，像极了一只可爱的小海马。

孕2月
（第29～56天）

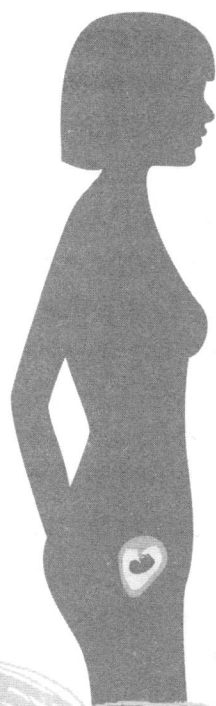

29 准爸爸参与环境胎教

胎教不能少了准爸爸，尤其是在环境胎教中，准爸爸可以发挥的作用更大。

避免不良色彩影响孕妇的心理

不同色彩对孕妇有着不同的影响。绿色可使孕妇精神镇定，心神宁静，有助于呼吸平缓，心跳减慢，有利于胎宝宝发育，同时还可以缓解妊娠反应或不适。所以，最好把居室的主色调设计为绿色。

给孕妇提供整洁温馨的家居

妻子怀孕后，需要安静舒适的环境才能健康地孕育胎宝宝。所以，准爸爸无论多忙都应抽一些时间或请个小时工，经常帮助整理家居环境。也可在居室里挂几张可爱宝宝的图片，摆几件充满童趣的玩具，或者养一些金鱼或花草，使家里增加几分温馨的气氛。

避免让孕妇受到居室污染

空调房间里最好安置空气负离子发生器，并要及时清洗、消毒空调器，每天注意通风换气。如果是新装修的房子，除了选用绿色环保材料外，至少在装修完 4 个月之后再搬进去，搬入后每天上、下午通风 30～60 分钟。

可在居室里养一些花草，如吊兰、茉莉花、菊花、兰花等，既可杀菌又可吸尘，是一种祛除居室有害物质的好方法。

准爸爸不要在居室里吸烟

假如准爸爸是个烟民，那么在妻子怀孕阶段最好先收敛一下个人嗜好，暂时不要吸烟。如果难以做到，至少应该避免在孕妇面前吞云吐雾。要知道，孕妇被动吸烟对腹中的宝宝会造成不良影响。如果孕妇长时间置身于烟雾缭绕的环境中，不仅呼吸道抵抗力下降，易患感冒，还会增大宝宝发生腭裂、唇裂的概率，并使肝、肾、肺等器官受到损害。

🍀 避免噪声对胎宝宝造成损害

孕妇的卧室里不宜摆放家电产品，特别是电冰箱，要严格控制音响的音量和使用时间。如果居住在闹市或机场附近，有条件的可以先暂住到较安静的地方。

温馨小贴士

外出时尽量避免在嘈杂的场所久留，以免引发流产、早产甚至畸胎。

第 30 天

30 重新挑选化妆品

爱美之心，人皆有之，毕竟在化妆之后，会让你显得更加年轻漂亮，神采奕奕。但是在怀孕之后，孕妇们要特别警惕某些化妆品中含有的化学成分对胎宝宝的伤害。以下几种化妆品应禁止使用：

🍀 口红

口红是由多种油脂、蜡质、颜料和香料等成分组成的。其中的羊毛脂具有很强的吸附性，既能吸附空气中各种对人体有害的重金属微量元素，又能吸附进入胎儿体内的大肠杆菌等微生物，同时还有一定的渗透作用。孕妇在涂抹口红之后，空气中的一些有害物质就容易吸附在嘴唇上，并随着唾液进入孕妇体内，危害胎宝宝的健康。

🍀 指甲油

指甲油中含有高浓度的甲醛、邻苯二甲酸酯、钛酸酯及化学染料等有害的化学物质，很容易穿透你的指甲层，进入皮肤及血液。孕妇多喜欢吃零食，指甲油中的有害成分很容易随着食物进入孕妇体内，严重者会影响胎儿健康。

❀ 染发剂

染发剂中大多含有硝基苯、苯胺、铅等有毒的化学物质，可诱发皮肤癌、乳腺癌和胎儿畸形。

当然，也有一些相对安全的化妆品可供孕妇们使用，例如：

①婴儿油、婴儿霜。婴儿的护肤品一般含化学添加剂相对较少，性质温和，刺激性也相对较低，具有基本的保湿润肤效果。

②孕妇专用护肤品。这一类的护肤品是专门针对孕妇设计的，安全无刺激，在整个孕期都可以使用。

③纯植物护肤品。植物护肤品用料比较天然，很少有过敏的情况发生。当然，市场上的化妆品鱼龙混杂，因此在选购时要精挑细选。

温馨小贴士

孕妇最好避免使用化妆品。在孕早期，胎儿是最不稳定的，对于护肤品和化妆品等的使用要格外注意。另外，做按摩是一件可以让孕妇舒服的事情，这时候在美容院做适当的按摩，可以放松心情，减缓怀孕的不适。

第31天

31 情绪胎教应该是一件很自然的事情

胎教最根本、最朴实的内容就是准爸爸妈妈的好精神、好心情。怀孕是件值得高兴的事，必将给准爸爸妈妈带来无限的快乐和希望。

孕妇想："他一定是个聪慧、可爱的宝宝，眼睛像爸爸，嘴巴像妈妈，一定很漂亮。"准爸爸妈妈沉醉在美好的幻想之中，因为宝宝是他们爱情的结晶，是他们生命的延续。于是会特别珍惜这个宝宝，慎起居、美环境、均衡营养、戒烟酒，以广博的爱时刻关注胎宝宝的变化。这其实是一种极好的自然胎教。胎教最好的过程就是让胎宝宝感受到健康的、积极的、乐观的信息。

相反，当孕妇还未在感情上接受胎宝宝的到来时，内心必将充满不安和不快，她不高兴胎宝宝的到来，也不愿背负做母亲的责任；或者持一种不置可否的态度。准爸爸对此也漠然置之。这种心理状态下的10个月孕期，必定是一个痛苦的过程，一种沉重的精神压力。

胎教是建立在自然基础之上的，是经过科学的学习并加以升华所形成的，胎宝宝感受到的应该是轻快、温馨、平静、舒畅和幸福的内外环境。所以，准爸爸妈妈应树立高度的责任感，怀揣美好的希望，注重身心的修养，安静地等待心爱的宝宝出生。

温馨小贴士

准父母愉悦的心情就是一种胎教。

32 频繁孕吐让孕妇没心情胎教怎么办

尽管目前还没有办法从根本上防治妊娠期的孕吐，但是在饮食结构和生活习惯上做一点小小的调整也会起到一定的改善作用。

🍀 关于气味

因为孕妇的嗅觉非常敏感，所以应该远离浓烈的味道。烹调时的味道太强烈，要加强厨房的通风状况，打开窗户或排风扇。利用微波炉烹调，可以减少油烟等气味的产生，但是孕妇要与微波炉保持一定的距离。

如果孕妇无法避开骚扰自己的讨厌的味道，可以准备一块手帕，撒上几滴不会引起恶心的植物油、柠檬等，必要的时候还会起到一定的缓解作用。

🍀 关于饮食

少吃多餐，可以将一日三餐改为每天吃 5 ～ 6 次，每次少吃一点。或者每隔 2 ～ 3 个小时就吃点东西。在床边放一些小零食，如糖果、饼干之类，每天在睡觉之前或者起床前都可以吃一点。不要错过任何的就餐时刻，避免空腹。

在餐前半小时或餐后半小时适当喝饮料，而不要在进餐的同时喝饮料。有些孕妇的唾液分泌较多，这也会刺激呕吐，酸性饮料有助于减少唾液分泌。茶或甜的碳酸饮料有助于平息反胃的状况，孕妇也可以试试柠檬水。

要多喝水，只有吸收足够的水分才能避免因呕吐而造成的脱水。

想吃什么就吃什么，不要因为超出了你的饮食计划而勉强自己放弃想吃的东西。

因为冷食散发的味道没有那么强烈，孕妇可以尝试用冷的食物代替热的，但切记适可而止，不能贪凉。

避免吃太过油腻或者辛辣的食物。常吃一些富含蛋白质的食物，如低脂肉类、海鲜、坚果、鸡蛋以及豆类。在饭前吃点咸的食物，可以帮助孕妇顺利地度过这一餐。

🍀 其他

起床或站起来时动作要慢，刚吃完饭时不要马上躺下。

强烈的运动或嘈杂的环境都会加剧孕妇的孕吐。

在疲惫的情况下，孕吐会加重，所以孕妇要多注意休息，最好能在每天中午小睡片刻。

如果呕吐得厉害，可以向医生描述你的症状，他会建议服用安全有效的药物来缓解孕吐，从而避免引起更多的不适。

减缓走路的速度也会对缓解孕吐有一定的帮助。

晚上要充分休息，可以早一些就寝。

保持室内的空气清新，睡觉的时候将窗户略微打开一点，但不要直接被风吹到；多到户外散散步，但要小心着凉。

因为太热的空气会增加恶心的感觉，所以孕妇尽量不要待在温度过高的地方。

心情的变化对生理反应也会产生影响，压力大会加剧孕吐。孕妇要让自己保持心境平和、轻松，不要太紧张、焦虑。

温馨小贴士

清晨刷牙经常会刺激孕妇产生呕吐，孕妇不妨先吃完早饭再刷牙。

33 准爸爸要做哪些事

🍀 怀孕早期

①带孕妇去买一双舒适好穿、防滑的平底鞋，如旅游鞋。

②在孕妇孕 3 个月时，尽量找好做产检及生产的医院，并陪伴她去做产检。

③调适好自己的心情，尽量让夫妻双方都拥有轻松、愉快的情绪。

🍀 怀孕中期

①带孕妇去买孕妇装。如果孕妇的脚发生水肿或变大，要及时更换一双合脚的鞋。

②可以让胎宝宝听听柔和优美的音乐，多跟宝宝说说话，并提醒孕妇养成良好的生活习惯和饮食习惯。

③可以规划一个轻松、安全、愉快的旅游行程。

④可以陪孕妇参加关于孕育方面的讲座，了解一些孕期和分娩的知识。

⑤可以给胎宝宝起一个乳名，也可以起一个学名。

⑥可以帮孕妇按摩乳房和在肚子上擦乳液，消除其乳房肿胀和妊娠纹。

⑦可以与其他父母交流育儿经验。

🍀 怀孕晚期

①继续胎教。

②学习分娩呼吸法，认识生产预兆，了解生产过程。

③尽量不要出外旅行，因为此时孕妇行动不方便，而且随时会分娩。

④若孕妇还在上班，就要计划好请产假的时间。

⑤若孕妇产后必须马上上班，应先找好尽职尽责的保姆。

⑥应和医师、孕妇商量，决定分娩方式。

⑦应准备好孕妇的待产和产后用品，以及宝宝的用品和房间。

⑧让孕妇随时随地找得到你。

准妈妈怀孕后，准爸爸可能会忙得顾此失彼，这时一定要调整好自己的心情，不能因此影响了孕妇。

第 34 天

34 开始推算预产期

在确定怀孕之后，夫妻双方都很想知道小宝宝到底会在哪一天出生，也就是推算预产期。一般地说，妇女的怀孕期为 280 天（即 40 周）左右，也就是我们常说的"十月怀胎"。推算预产期的方法有以下几种：

🍀 最后一次月经计算法

这是最简单也是最常见的一种方法，从末次月经第 1 天算起，月份减 3 或加 9，日数加 7。例如，孕妇的末次月经是 2010 年 8 月 8 日，根据公式，月份减 3，日数加 7，则预产期应是 2011 年 5 月 15 日。

孕妇反应推算法

当出现月经周期不规律或记不清末次月经日期的时候，可以从恶心、呕吐等早孕反应的出现时间进行推算。一般来说，早孕反应出现在 6 孕周左右，所以预产期 = 早孕反应出现日期 +34 周。

根据胎动的日期计算

在记不清末次月经日期的时候，也可根据胎动日期做大概的计算。一般情况下，胎动日期大约始于怀孕后的 18 ～ 20 孕周，再加上 20 周就能推算出大约的预产期。

根据 B 超结果推算

对于记不清最后一次月经日期的孕妇而言，这是较准确的方法。因为通过 B 超可以计算出胎囊大小和胎儿头部至臀部的长度，以及胎头两侧顶骨间径数值，用测得的数值同正常数值进行对照，可推算出怀孕周数和预产期。

按子宫底高度推算

把测得的子宫底高度数值同正常数值进行对照，即可推算出孕周及预产期。

温馨小贴士

经过推算得出的预产期只是一个大概的时间，通常情况下，推算出的预产期与实际的分娩日期可能会相差 1 ～ 2 周，若平时月经周期长短变化较大者，误差可能会更大。

35 加强微量元素的摄取

对于每个人而言，微量元素都是必不可缺的。虽然微量元素占的含量非常少，与体重相比几乎可以忽略不计，但微量元素的缺乏，很容易导致我们的身体健康遭受损害，而孕妇更容易缺乏微量元素，因为胎儿要从母亲身体上汲取足够的营养。

可以想象，孕妇如果缺乏必需的微量元素，不仅会危及自己的健康，还会对胎儿造成无法预料的负面影响。所以说，孕妇应该补充必需且充足的微量元素。下面介绍几种非常重要的微量元素。

铁

在怀孕期间，孕妇每天都应摄入、储存一定量的铁。在妊娠 30 ～ 32 周时，如果缺铁过多，很有可能造成"妊娠生理性贫血"，既影响孕妇健康，又影响胎儿的发育。

锌

锌也是人体必需的微量元素，对人的许多正常生理功能的完成起着重要的作用。如果孕早期缺锌，可导致胎儿生长迟缓，骨骼和内脏畸形，还可使中枢神经细胞的分裂和分化受到干扰，导致中枢神经系统畸形。

锰

缺锰可造成智力低下，妇女在妊娠期缺锰对胎儿的影响更大。实验表明，母体缺锰会使后代产生畸变，尤其对骨骼的影响最大，常出现关节严重变形，而且死亡率极高。

铜

铜摄入不足，也可导致胎儿骨骼、内脏畸形。

🍀 碘

妊娠期甲状腺机能旺盛，碘需求增加，缺碘易发生甲状腺肿大，并影响胎儿蛋白质生物合成，造成先天性甲状腺机能不全。每日供给孕妇175微克碘即可满足需要。

若孕妇缺乏微量元素，会出现和常人一样的病症，如厌食、贫血、睡眠不好、记忆力下降、免疫力下降等。

第 36 天

36 中外各国的胎教

🍀 我国的胎教

我国胎教历史悠久，但是由于种种原因，胎教在我国的推行并不普及。直到20世纪70年代以后，由于国外有关胎教的科学研究情况和胎教儿智力超常的新闻陆续报道，才引起人们的充分重视，胎教才开始在中国这片古老的大地上苏醒。有些家庭按国外介绍的一些胎教方法进行了胎教尝试，并取得了成果，在社会上，特别是在医学界和教育界产生了很大影响。此后，胎教在中国有了很大的发展。许多单位进行了一系列的科学实验和研究，有关胎教的论文和著作也纷纷问世，许多胎教音乐不断出现，各种推广胎教的活动也在全国各地陆续展开，并随之涌现出一支由专家学者及广大计划生育工作者组成的人数众多的胎教宣传和推广队伍，使我国的胎教宣传和实施工作有了长足的发展和进步。

🍀 俄罗斯人的胎教

俄罗斯人历来十分注重胎儿的教育问题，育儿经验在民间也十分丰富。俄罗斯的孕妇常唱优美的俄罗斯民歌给胎儿听，参加欢快活泼的民间音乐会、舞会，品位高雅的孕妇总会去音乐厅听优美的音乐演奏，去艺术博物馆看名画，在家读精美的小说散文，这使得不少俄罗斯孩子具有较高的艺术素质，无论在舞蹈、音乐、体操、文学、绘画等方面都表现出相当高的天赋，从而使这个民族在艺术上显得得天独厚。

🍀 日本的"有刺激"和"无刺激"实验

日本科学家经过实验也发现，充满爱意的语言胎教，是一种对胎儿的积极刺激，有助于消除孕妇不经意间出现的对胎儿的不良语言刺激，使胎儿大脑活动变得积极，反应变得灵敏，语言辨别力得到提高。他们发现经过语言胎教的宝宝出生后 3 天就可以辨别自己母亲的声音，而一般的宝宝要到十多天以后才会对母亲的声音有明显反应。

🍀 英国的音乐胎教实验

英国胎儿心理学会的专家发现，在怀孕期间如果孕妇能够经常对胎儿唱歌，并将这些歌录下来，在宝宝出生后再给他播放这些录音，宝宝会表现得很激动，这说明胎儿是有记忆力的，对所熟悉的音乐有很好的反应能力，这种能力可以通过音乐胎教得到强化和提高。

37 不要过量补充维生素

维生素对维护人体的健康极为重要，不仅可预防多种疾病，甚至有助于延缓衰老。但是，孕妇如果服用过多的维生素，不仅不利于顺利分娩，还会给胎儿以后的健康成长带来隐患。

①在怀孕期间，胎儿的机体生长发育和母体各组织的增长和物质储备都需要大量的维生素 A，维生素 A 严重不足时，可导致胎儿骨骼和其他器官畸形。但是，如果孕妇服用过量维生素，不仅可引起流产，还有引发胎儿神经和心血管缺损及面部畸形。

②维生素 B_6 是中枢神经活动、血红蛋白合成及糖原代谢所需的辅酶。人体缺乏它可引起小细胞低血色素贫血、神经系统功能障碍、脂肪肝、脑溢性皮炎等。但是，如果过量地补充，会使胎儿对维生素 B_6 产生依赖，使胎儿在出生后容易出现哭闹、眼球震颤、反复惊厥等异常表现。

③维生素 C 可促进人体胶原组织形成，维持骨骼、牙齿的正常发育，也参与叶酸转化为四氢叶酸的过程，而且对铁的吸收也有利，所以孕期不能缺少。但是，如果孕妇每日过量（超过 1000 毫克）摄入，容易使体内形成酸性体质，不利于生殖细胞的发育，长期过量服用还会使胎儿出生后发生坏血症。

④缺乏维生素 D 可导致孕妇骨质软化，骨盆畸形，也会使胎儿骨骼钙化和牙齿萌出受到影响，严重者可引发先天性佝偻病。但是，如果补充过多，如每日超过 15 毫克，则会造成软组织钙化。

⑤维生素 E 能促进人体新陈代谢，增强机体活力，维持正常的循环功能。如果补充过量，会造成胎儿出生后腹痛、腹泻及乏力。

温馨小贴士

适量摄入维生素才是最重要的，孕妇应深知过犹不及的道理。

第 38 天

38

怀孕 2 个月的营养胎教

孕 2 月是胎儿器官形成的关键时期，如果营养供给不足，很容易发生流产、死胎和胎儿畸形。孕妇要尽量均衡营养，不挑食、不偏食。

有些孕妇会发现自己在刷牙时牙龈出血，适量补充维生素 C 能减少牙龈出血的现象。同时，可以帮助提高机体抵抗力，预防牙齿疾病。生活中的维生素 C 来源于新鲜的水果、蔬菜，比如青椒、菜花、白菜、番茄、黄瓜、菠菜、柠檬、草莓、苹果等。

对于那些受孕吐困扰的孕妇来说，维生素 B_6 便是妊娠呕吐的克星。

维生素 B_6 在麦芽糖中含量最高，每天吃 1 ～ 2 勺麦芽糖不仅可以抑制妊娠呕吐，而且能使孕妇精力充沛。富含维生素 B_6 的食品还有香蕉、马铃薯、黄豆、胡萝卜、核桃、花生、菠菜等植物性食品。动物性食品中以瘦肉、鸡肉、鸡蛋、鱼肉等含量较多。

为确保营养胎教的实施，孕妇应注意摄入含有适量的蛋白质、脂肪、钙、铁、锌、磷、维生素 A、B 族维生素、维生素 C、维生素 D、维生素 E 和叶酸等的食物，这样才能使胎儿得到赖以实施营养胎教的物质基础，也是确保胎儿正常生长发育的必备条件。倘若这个时期营养供给不足，孕妇很容易发生流产、死胎和胎儿畸形。

温馨小贴士

孕妇应注意主食及动物脂肪不宜摄入过多，因为摄入过多的脂肪会产生巨大儿，造成分娩困难。

39 先兆流产要注意

先兆流产是指有流产的表现，但经保胎处理后，可能继续妊娠不能至足月者，常发生在妊娠早期。先兆流产的特点是，停经后出现少量的阴道出血，少于月经量，无血块，伴有轻微的间歇性子宫收缩，早孕反应依然存在。妇科检查子宫颈口未开大，羊膜囊未破裂，子宫大小与停经月份相符，尿妊娠试验呈阳性。如果胚胎正常，经使用保胎药治疗，可继续妊娠。

先兆流产应以预防为主，措施如下：

①保持心情舒畅。一部分自然流产是因为孕妇中枢神经兴奋所致，孕妇要了解流产的可能原因，注意调节自己的情绪，尽量保持心情舒畅，避免各种不良刺激，消除紧张、烦闷、恐惧心理，解除不必要的顾虑。

②注意休息。起居以平和为上，不要进行过重的体力劳动，尤其是增加腹压的负重劳动，如提水，每天要保证充足的睡眠，保证自己体力充沛、精力旺盛。若出现阴道出血、肚子闷痛等情况，需尽快就医。

③关注阴道出血量和性质，随时观察排出液中是否有组织物。如有必要，可保留会阴垫供医生观察。同时，根据出血量和腹泻情况，随时了解先兆流产的发展。

④减少刺激，禁止性交，避免不必要的妇科检查。

⑤如下腹阵痛加剧，而出血量不多，应检查是否有其他并发症，并及时报告医生。

⑥当遇到有组织物排出或出血量增加时，应马上去医院就诊。

温馨小贴士

怀孕期间，孕妇要摄取均衡的营养，远离烟酒，不吃辛辣食物。维生素 E 有保胎作用，因此，孕期应多摄入富含维生素 E 的食物，如硬果类（松子、花生、核桃等）、豆制品等。

40 孕妇如何进行情绪胎教

孕妇的心情和脑力活动会直接影响到内分泌系统，内分泌物质经血液流到胚胎内，从而使胎宝宝受到或好或坏的影响。如果孕妇情绪稳定，就会产生好的激素，经由内分泌系统传输到胎盘，从而影响胎宝宝潜力的开发。孕妇保持情绪愉快可从以下几方面着手：

①尽量创造一个舒适的居住环境，以调和室内颜色，保持房间清洁整齐。可在室内放置一些花卉和盆景，也可以在墙上挂几张色彩明丽的风景图画或者是可爱小宝宝的照片。孕妇可以天天看，想象腹中的宝宝也是这样健康、美丽、可爱。把生活环境布置得整洁美观，赏心悦目。多欣赏花卉盆景、美术作品和大自然美好的景色，多到野外呼吸新鲜空气。

②应尽量避免观看情节紧张的电视节目或电影；应避免收听令人紧张的广播节目；也应避免听一些重金属和摇滚类音乐。不看恐惧、紧张、色情、斗殴类的电视剧、电影、录像和小说。如果孕妇受到惊吓，其肾上腺素分泌会增加，会使子宫的血流量减少，进而影响胎宝宝的智力发育。

③应该过有规律的生活，忘掉忧愁和烦恼，凡事往好处想，要特别重视心理和精神健康，可憧憬一些美好的未来。饮食起居要有规律，做行之有效的劳动和锻炼。衣着打扮、梳洗美容应考虑有利于胎宝宝和自身健康。

④选对情绪胎教的"工具"。常听优美的音乐，常读诗歌、童话和科学育儿书刊。好的衣着、形象、音乐、图片、书籍、环境都是情绪胎教的工具。现代孕妇具有漂亮、时尚的形象，就是健康的情绪胎教的体现。孕期支持情绪胎教的决定因素就是夫妻双方的心理健康，情绪胎教承载着家庭教育的重要使命。

⑤阅读相关的育儿书籍，已经是现代孕妇的习惯，但是真正的胎教成功不在书上，而是在准爸爸妈妈的心里。准爸爸妈妈有多大的决心，成功育儿就有多大的保障。

⑥孕妇孕中期可以做简单运动，如游泳，另外可以找一些活干，收拾收拾家，布置宝宝的房间，思考在将来如何教育宝宝等。

⑦孕妇应乐观舒畅，胸怀宽广，多想宝宝远大的前途和美好的未来，避免烦恼、惊恐和忧虑。

⑧写怀孕日记，这是给宝宝最好的礼物，回头再看这个过程会很美好！

41 情绪胎教注意事项

情绪胎教首先要求夫妻双方共同参与，确定准爸爸妈妈的定位。首先孕妇要有事业心、爱心、安全感，准爸爸要有责任心、事业心、安全感。孕妇的行为与准爸爸的责任，决定着未来家庭教育是否成功。

情绪胎教，顾名思义，就是要求孕妇有一个好的心情，必须先有好的心态，才能保证在孕期坚持有好的心情。其实，一颗平常心可以孕育一个天才；一双勤劳的手可以描绘出一个漂亮宝宝；一个好的起居习惯，可以保障整个孕期的顺利和安全，是母子平安的保障，也是母子亲密、和谐，合为一体，共渡难关的人生体验。只有母亲选择坦荡、平常的心态，才会使胎宝宝远离伤害和痛苦。

孕妇所选择的音乐、书籍、图片、衣着、形象、环境都是情绪胎教的工具。现代孕妇具有时尚、漂亮的形象，体现出的就是健康的情绪胎教，好的音乐、书籍、环境，潜移默化地影响着母子及家庭关系的和谐。豁达、宽容，敬畏生命、热爱生命，是为我们后天培养亲情奠定心理准备。孕期夫妻双方的心理健康，是支持情绪胎教的决定因素。如果这时，夫妻双方对是否生育还不能达成一个共识，真正做到热爱宝宝是非常困难的。情绪胎教承载着家庭教育的重要使命。阅读相关的育儿书籍，已经是现代孕妇的习惯，但是胎教的成功不在书上，而在准爸爸妈妈的心里。准爸爸妈妈有多大的决心，胎教成功就有多大的保障。

情绪胎教禁忌孕妇在怀孕初期懒散、精神不振、贪吃多睡、消化不良。由于生理原因，此时的孕妇情绪反常，心理波动较大，且易激动、紧张，情绪失控，孕妇的修养和自我约束应该提到日程上来。女性为女则弱，为母则强。想想自己作为母亲的责任，相信情绪胎教会对准妈妈的胎教产生积极的支持。同时，还可以帮助孕妇调整体内激素，减少不适。孕妇要尽量清洁身体，美化心灵，让准爸爸妈妈更多地关爱胎宝宝的生长发育。

情绪的想象可以塑造胎宝宝的长相。初为父母者，都希望有一个健康漂亮的宝宝，"新手"准爸爸妈妈可以共同探讨、描绘未来宝宝理想的长相，并不断重复。准爸爸帮助孕妇，定期想象描绘，并对宝宝未来的教育及发展蓝图进行描绘，将这一美好愿望实现。我们常常可以看到一对长相平常的父母生下的是健康、漂亮的宝宝。其实，这就是情绪胎教的贡献。

情绪胎教切忌不良想象。怀孕时期，孕妇有一种不能自控的担心，害怕宝宝先天畸形或残疾。情绪胎教中，准爸爸妈妈千万不要将这种不良的想象和担心扩大化，更不可将它变成语言，无休止地咨询、传递，最好的方式是做好产前检查，配合医生使用现代仪器，了解胎宝宝的状况。孕妇要相信自己的宝宝是优秀的！只有孕妇自信，才能建立胎宝宝的自信，才能使胎宝宝的性格及身体器官发育到最佳状态。

温馨小贴士

情绪胎教也是一种交流胎教。孕期避免封闭自我、孤独，孕妇应多做户外运动，孕早期应积极与准爸爸或者其他亲人外出，在大自然的山水中将自己的心灵稳定到安静、平实的状态。

42

易流产食物要杜绝

妊娠期间，孕妇在注意营养摄入的同时，也要注意合理饮食。如果吃错了食物也会对胎儿产生不良影响，甚至引发流产。虽然听上去有些不可思议，但事实就是这样。在此，我们介绍几种孕妇不宜吃的食物以供参考。

①芦荟：中国食品科学技术学会提供的资料显示，怀孕中的妇女若饮用芦荟汁，会导致骨盆出血，甚至造成流产。对于生产后的女性，芦荟的成分混入乳汁，会刺激宝宝，引起下痢。芦荟本身就含有一定的毒素，中毒剂量为 9 ～ 15 克，一般在食用后 8 ～ 12 小时内出现恶心、呕吐、剧烈腹痛、腹泻、出血性胃炎等中毒反应。

②黑木耳：黑木耳虽有滋阴养胃的作用，但同时也有活血化瘀的功效，不利于胎盘的稳固发展，故忌食。

③甲鱼：虽然甲鱼具有滋阴益肾的功效，但是其性味咸寒，有着较强的通血络、散瘀块的作用，因而有一定的堕胎之弊，鳖甲的堕胎之力比鳖肉更强。

④杏子及杏仁：杏子味酸性大热，且有滑胎作用。杏仁中含有剧毒物质氢氰酸，能使胎儿窒息死亡。

⑤马齿苋：它既是草药又可做菜食用，其药性寒凉而滑利，实验证明，马齿苋亦对子宫有明显的兴奋作用，易造成流产。

⑥山楂：孕妇较喜欢吃酸东西，山楂便成了首选果品。山楂对子宫有兴奋作用，孕妇过食可使子宫收缩，易导致流产，故要少吃。

温馨小贴士

怀孕第 6 周，胚胎在孕妇的子宫里迅速成长，心脏已开始划分心室，并有规律地跳动及开始供血。胚胎有 0.6 厘米长，细胞还在迅速地分裂。主要器官（包括初级的肾和心脏的雏形）都已形成，神经管开始连接大脑和脊髓，原肠也开始发育。胚胎的上面和下面开始长出肢体的"幼芽"，是将来宝宝的手臂和腿。有一些小皱痕，在日后形成嘴的地方的下部，会发育成脖子和下颌。面部的基本器官也已开始成形，能清晰地看到鼻孔和眼睛的雏形。

第 43 天

43 需要充足的热量

在怀孕期间，孕妇自身和胎儿都需要足够的热量和营养，而这些主要是从孕妇每天所吃的食物中摄取。从事轻体力劳动的妇女，每日大约需要 2100 千卡的热量。在怀孕初期，胎儿的主要器官已分化而成，但生长速度较慢，孕妇每天只需要增加约 50 千卡的热量即可。这一时期要以健脾和胃的食物为主，不要吃油腻的东西，最好少食多餐。在怀孕中晚期每天可增加约 200 千卡的热量，200 千卡的热量相当于大半碗米饭，一个中等大小的鸡蛋加 200 克牛奶，一片面包加一杯 130 克的酸奶，或一片面包加一个中等大小的苹果。有的孕妇怕自身发胖或怕胎宝宝长得过大，有意控制热量的摄入，这对胎宝宝和孕妇都是不利的。

糖类、蛋白质和脂肪是人体产生热量的主要来源，也是组成人体器官的主要部分。蛋白质是怀孕期间需求量最大、最重要的营养成分，母体和胎儿身体成长、细胞修复都要依靠它。女性每天大约需要 46 克蛋白质，怀孕期间每天的需求量上升到 75 ～ 100 克。在怀孕末期，更需要储备一定量的蛋白质，以备产后提供乳汁的需要。对糖类和脂肪的需求，也比未孕时有所增加。

含糖较多的食物有五谷、土豆等；鱼类、肉类、蛋类、奶酪等食物中含有大量的动物蛋白，豆类及其制品中含有大量的植物蛋白；脂肪多存于动物油、植物油、肉类和豆类食品中。

温馨小贴士

大脑是智力发育的基础，胎儿的大脑发育最容易受到母体营养的影响，如果母体营养不足，胎儿的脑细胞增殖数就会低于正常水平。因此，孕妇要在科学合理的饮食基础上，保证充足的营养，以确保自身的健康和胎儿正常的身心发育。

第 44 天

44 宝宝的大脑是怎样发育的

做父母的都希望生出一个活泼可爱、聪明伶俐的宝宝。然而，聪明宝宝的前提却取决于胎儿期大脑的发育情况。

早在受孕之后的第 20 天左右，胚胎中已有大脑原基存在；妊娠第 2 个月时，大脑里沟回的轮廓已经很明显；到了第 3 个月，脑细胞的发育进入了第 1 个高峰时期；妊娠第 4 ～ 5 个月时，胎宝宝的脑细胞仍处于迅速发育的高峰阶段，并且偶尔出现记忆痕迹；从第 6 个月起，胎宝宝大脑表面开始出现沟回，大脑皮质的次结构已经基本定型；第 7 个月的胎宝宝大脑中主持知觉和运动的神经已经比较发达，开始具有思维和记忆的能力；第 8 个月时，胎宝宝的大脑皮质更为发达，大脑表面的主要沟回完全形成。

其实，宝宝的脑从妊娠第 6 个月起就已具有 140 亿个脑细胞，也就是说，已经基本具备了一生中所有的脑细胞数量。其后的任务只是在于如何提高大脑细胞的质量，若想再增加一些脑细胞，恐怕是回天无力了。

由此可见，胎儿期是脑发育的一个十分关键的时期，仅仅从这一点来看，从胎儿期开始系统科学的胎教势在必行。

温馨小贴士

妈妈肚子中胎宝宝大脑的发育还不够成熟，尤其起重要作用的脑神经梢尚未完全形成，要到胎宝宝出生后 10 岁左右才能全部发育完成。准爸爸妈妈在胎教过程中应注意到这一问题，千万不可急于求成，否则只能欲速则不达。

胎教一天一页

45 宝宝具有学习能力吗

人们发现，宝宝从出生的第一天起就能辨认出母亲的声音，并且对母亲的声音表现出极大的兴趣。这个小生命在胎儿时期就已经具备了学习的能力。

人们都说婴儿简单得就像一张白纸。其实，早在胎儿时期这张白纸上就已经开始描绘图画了。深居在孕妇子宫内的小生命会伸出小脚来探测他的胎盘："这是什么东西？"经过几个回合的试探，他终于放心了，并且已经确认这是一个柔软、安全的物品；又是一个偶然的机会，胎宝宝的手碰到了漂浮在他旁边的脐带："这又是什么东西？"很快，脐带就成了胎宝宝的玩具，一有机会胎宝宝就会抓过来玩弄几下；对于包围着他的羊水，胎宝宝更是潜心研究，不时地还吞咽几口品尝一下；母亲子宫的血流声、肠道的蠕动声以及心跳的搏动声，对于胎宝宝来说无异于一首美妙动听的曲子，都统统被胎宝宝收入其大脑，并储存进记忆系统，以至于在出生后依然念念不忘；对于外界传入的音乐声，胎宝宝也颇感兴趣，转动头部，将耳朵贴近外部的世界认真倾听。久而久之，一旦这种声音传来，胎宝宝便产生一连串的动作反应。

总之，子宫内的小生命具有非凡的学习能力，胎宝宝将利用一切可能的机会抓紧学习。他学习吮吸、学习吞咽、学习呼吸、学习运动……当然，他还是一个小小的"心理学家"，通过孕妇传递过来的一切信息揣摩着母亲的心绪，学习心理感应。

温馨小贴士

正是鉴于胎宝宝这种潜在的学习能力，母亲在妊娠期间，尤其是后半期应强化与胎宝宝的交流，及时施行早期胎教，通过各种可能的渠道，使胎宝宝接受有益的刺激，获得良好的胎内教育。

46 注意合理的营养搭配

在妊娠期间，孕妇的饮食要含有各种必需的营养素，营养也要合理搭配，既要做到充足丰富，又不能过量过剩。营养不良会导致胎宝宝发育迟缓或流产，营养过剩也可能导致胎宝宝巨大和各种并发症，造成难产。合理的营养摄入应当使饮食在质和量上都能满足孕妇和胎宝宝的需求，同时注意饮食的多样性，保证饮食结构合理，做到粗细兼备，荤素搭配。

根据妊娠期的营养需求，要合理地改变饮食结构。处于孕早期的孕妇大多受妊娠反应困扰，胃口不佳。这个阶段，孕妇并不用刻意让自己多吃些什么，与其每天对着美味佳肴发愁，不如多选择自己喜欢的食物，以增进食欲。

进入孕中期，孕妇的食欲逐渐好转，这时，不少孕妇在家人的建议和全力配合下，开始了大规模的营养补充计划。不仅要把前段时间的营养损失补回来，还要在孕晚期胃口变差之前，把营养储存个够。孕中期是胎儿迅速发育的时期，处于孕中期的孕妇体重迅速增加。这时，孕妇要补充足够的热能和营养素，才能满足自身和胎儿迅速生长的需要。当然，孕妇也不能过度进食。过度进食不仅会造成孕妇身体负担过重，还可能导致妊娠糖尿病的发生。

最后 3 个月是胎儿生长最快的阶段，孕妇的膳食要保证质量、品种齐全。由于各个孕妇的具体情况不同，产科医生通常会根据孕晚期的营养特点，结合孕妇的具体情况，让孕妇的饮食作出相应调整。

温馨小贴士

怀孕期间多吃虾或虾皮可以补充钙、锌等微量元素。如果孕妇吃虾后没有什么不良反应（如过敏、腹痛等），就可以尽情地吃。

47 确保孕妇情绪稳定

　　孕妇的情绪变化对胎儿的生长发育有着重要的影响，在孕早期，孕妇的情绪过度不安，可能导致胎儿口唇畸变，出现腭裂和唇裂。在妊娠后期，孕妇精神状态的突然改变，如惊吓、恐惧、忧伤、严重的刺激或其他原因引起神经过度紧张时，其大脑皮层和内脏之间的平衡关系会失调，可引发妊娠并发症，如早产、胎儿宫内发育迟缓、妊娠高血压综合征等。

　　既然情绪如此重要，孕妇应该怎样控制好自己的情绪呢？

　　①要保持平和的心态，凡事要往好处想，遇事不要着急，更不要杞人忧天，或莫名其妙地多愁善感，喜怒哀乐都不要太过。

　　②遇到让自己烦恼的事情时，要保持豁达，学会调整情绪状态，有意地用其他事情去调整自己的不良情绪，尽早摆脱不愉快的心理。

　　③当自己出现不良情绪时，要多与人交流、倾诉，让心情逐渐开朗，因为倾诉本身就是一种减压方式。

　　④多置身于欢乐的人群中，使自己的情绪被感染，让不良情绪得到疏导。

　　⑤多听喜欢的乐曲，多看喜欢的书籍。

　　⑥到附近草木茂盛的宁静小道上散散步，放松心情。

　　总而言之，为了胎宝宝的健康成长，孕妇要善于控制自己的情绪，尽量给自己创造良好的心理环境。

温馨小贴士

　　妊娠期间，在孕妇确保情绪稳定的同时，丈夫和家人也必须了解一些妊娠相关知识，以良好的情绪和积极的态度鼓励和支持孕妇的日常活动，对孕妇的情绪波动尽量多多包容和理解，帮助孕妇顺利度过妊娠期。

48 一定谨慎服药

对孕妇来说，在怀孕期间用药是一个十分值得关注的问题，因为不合理的用药，可造成胎儿的各种畸形。如果在怀孕早期用药，有些药物就能通过胎盘进入胎儿体内。这个时期正是胎儿组织胚胎器官发育的关键时期，更是胎儿对药物的高度敏感时期。在孕中期和孕晚期用药，虽然很少引起胎儿的器官畸形，但有可能导致胎儿出生后的器官功能障碍。

女性在孕期禁用的药物有：

①激素类药物，尤其是性激素类药物，容易造成胎儿生殖器官发育障碍或畸形。

②抗肿瘤药物，这类药物会引起胎儿畸形或流产。

③某些抗生素类药物，如氯霉素、四环素类药物等都会对胎儿产生严重的不良影响。

④磺胺类药物，在孕早期服用这类药物会导致胎儿畸形，在孕晚期可引起胎儿高胆红素血症等。

⑤维生素类药物，服用这类药物过量也会产生副作用，如维生素 D 过量会使胎儿血钙过高、智力发育障碍。

⑥对神经中枢起作用的药物，如镇静催眠药、抗癫痫药。

孕前及孕期的用药原则是：

①在发觉有怀孕可能的情况下，女性若发现身体不适，应谨慎用药。

②在孕早期应尽量少用药或不用药。一般说来，用药时间越早，持续用药时间越长，用药剂量就越大。

③能用一种药物治疗就不用两种药物，能用口服药物就不用注射药物，能用中药就不用西药，能用无毒副作用的药物就不用低毒副作用的药物。

④如果病情严重，不用药会出现生命危险，不可因小失大，顾此失彼。即使用药对胎儿有害，也要在医生的指导下，权衡利弊，合理用药。

怀孕期间，要想真正做到少用药，提高自身免疫力和抵抗力才是最重要的。孕妇平时应加强营养，适量运动，注意休息。

第49天

49 防辐射应该做全面准备

在各种先进的电子设备给人们带来便利的同时，也带来了人们不想要的部分——辐射。辐射会影响人类的健康，特别是对于孕妇，它会给孕妇及胎儿带来极大的危害。

怀孕1～3个月时，胎儿还处于胚胎期，胚膜、胎盘正在形成之中，辐射会使受精卵异常，遗传基因和染色体发生突变，可能造成孕妇流产或胎儿畸形。

怀孕4～5个月时，胎儿正处在大脑形成期，也是胎儿智商发育的初期。辐射能直接影响胎儿的甲状腺素的产生数量和质量，同时使血流量减少，引起胎儿营养缺乏和脑缺氧，从而影响锌和钙的吸收速度，造成胎儿智力低下，甚至是痴呆。

怀孕6～10个月时，胎儿正处在成长期，主要后果是直接影响胎儿的免疫力，造成胎儿出生后体弱多病。

下面是辐射最强的家电排行。

❧ 电磁炉

电磁炉被称为"隐形杀手"，长期或长时间使用对人的身体健康会产生较大的影响。

❧ 手机

手机在播出但还没有接通时辐射最强，因此，接听电话时要尽量佩戴耳机，长话短说，更不要把手机挂在胸前。

🍀 电脑

电脑辐射最强的部位是键盘，然后是鼠标、屏幕和主机。在使用电脑时，要让身体与电脑保持 30 厘米以上的距离，更要避免在其他电脑的背面作业，用完之后最好洗脸。

🍀 电吹风

电吹风在运作时产生的辐射量非常大，尤其是在开启和关闭的瞬间，而且功率越高，辐射越大，建议孕妇不要使用。

🍀 电视机

电视机的背面辐射较强，尽量不要朝向有人的地方。

有人认为穿防辐射衣可以防辐射，实际上即使穿了防辐射衣，辐射仍可从衣领、袖口渗透进去。最好的防辐射方法就是尽量少面对或远离这些辐射源。

第 50 天

50　孕妇，请远离烟酒茶

吸烟，包括"被动吸烟"，对孕妇和胎儿都是非常不利的。在缭绕的烟雾中，含有尼古丁、氰化物、一氧化碳和焦油等有害化合物。

尼古丁可使胎盘血管收缩，使胎儿血液供应不足；氰化物阻碍组织器官的氧化过程，使其供氧不足；母体血液中的一氧化碳增多，胎儿的血液中一氧化碳也增多，使胎儿处于低氧状态。胎儿受到这些有害物质的影响，出生后会出现体重轻、智力低下的情况。由于这些有害物质的共同作用，孕妇经常吸烟容易导致流产、早产或出现胎膜早破、妊娠高血压综合征等。所以，喜欢吸烟的孕妇应当戒烟，并且避免被动吸烟。

孕妇饮酒也会产生许多有害的影响。由于酒精是一种致畸因素，孕妇如果过多饮酒，可造成胎儿慢性中毒，即"胎儿酒精综合征"。有此类病征的胎宝宝可表现为头部、面部、尿路和其他器官的畸形，神经功能障碍和发育迟缓。因此，在整个孕期，孕妇最好不要饮酒或酗酒，最好做到滴酒不沾，以免影响胎儿器官的正常发育。

茶叶中含有较丰富的咖啡因，孕妇喝浓茶（少量淡淡的茶除外）会影响铁和多种营养物质的吸收，容易发生贫血，进而会影响胎儿的生长发育。茶中的咖啡因还有刺激性，可加速心率和增加排尿，加重心脏和肾的负担，影响母体和胎儿的健康。咖啡中含有的咖啡因更多，孕妇饮用咖啡，其中的咖啡因会通过胎盘进入胎儿体内，可引发流产、早产。所以，孕妇不宜喝浓茶和咖啡。

温馨小贴士

孕期孕妇可多喝点果汁或奶制品来代替茶或咖啡，有益于自身和胎儿的健康。

51 高龄产妇要小心

由于观念的转变，现代女性越来越多地选择将精力先放在工作上，而选择怀孕的时间则越来越晚。如果你选择成为高龄产妇，那就要比年轻妈妈更加细心地进行孕前准备和孕期检查。因为相对而言，高龄产妇出现胎儿宫内发育迟缓和早产的可能性较大。

下面是高龄产妇需要面对的一些难题：

①难产与早产。孕妇年龄越大，高血压、糖尿病和其他疾病发生的概率就越大。这些情况对孕妇和胎儿都会产生不良影响。

②流产的可能性增大。由于高龄产妇压力比较大，从而导致体内黄体酮的分泌水平下降，免疫系统排斥胎儿而造成流产。此外，常见的妇科疾病如心脏病、肾脏病、子宫内膜异位等也会导致高龄产妇提前终止妊娠。

③畸形婴儿的概率较大。虽然高龄产妇能够正常怀孕，但由于卵子老化，易造成胎儿染色体异常，故宝宝畸形概率较大。

因此，建议高龄产妇怀孕前后注意以下几点：

①准备怀孕前，夫妻双方都应进行全面的身体检查。特别是准备怀孕的女性，除了常规检查外，还要重点检查生殖器系统。

②在怀孕期间要比一般孕妇更加谨慎，加强自我保健。

③保证定期进行产前检查，若发现异常，及时采取有效措施。

④高龄孕妇容易患妊娠合并心脏病、妊娠高血压综合征等，要多关注血糖、血压等指标。

⑤高龄产妇自然分娩难度更大，需要提前做好准备。为确保母婴安全，要比一般产妇提前几天或十几天入院待产，以保证分娩顺利。

温馨小贴士

一般说来，23～28 岁是最佳生育年龄，过晚生育，尤其是 35 岁以后生育，不利于健康和优生。

第 52 天

52 酸儿辣女的可信度

在我国民间，有"酸儿辣女"的说法。

所谓"酸儿辣女"，就是根据怀孕后孕妇饮食习惯的改变来判断胎宝宝的性别，如果喜欢吃酸的就会生男孩，如果喜欢吃辣的就会生女孩。一些家庭生怕无法延续后代，如果家里的孕妇喜欢吃酸的食物，便十分欣喜；如果孕妇喜欢吃辣的食物，则会对孕妇颇有微词，有的甚至强迫其做人工流产，期盼在下次怀孕时有所改观。

实际上，孕妇出现食欲和味觉方面的变化，如食欲下降、对气味敏感，甚至吃一些平时压根儿就不喜欢吃的食物，这些都是正常的妊娠生理反应。怀孕后，孕妇的内分泌活动比平时有所改变，新陈代谢活动也随之发生变化，继而影响到消化系统。这与胎儿的性别是没有关系的。

此外，孕妇的口味还会受到地域、饮食习惯的影响。比如南甜北咸、西酸川辣，但是各地孕妇所生的新生儿的性别比率，并没有明显的差异。由此可以看出，仅从孕妇口味的变化来判断胎儿的性别是没有科学依据的。

孕妇喜欢吃酸性食物是符合生理和营养需求的，妇女在怀孕后，母体与胎儿的胎盘会分泌一种叫作绒毛膜促性腺激素的物质，有抑制胃酸的作用，使胃酸减少，消化酶活性降低，从而影响胃肠的消化吸收功能，使孕妇产生恶心、呕吐、食欲下降等妊娠反应。为了补偿体内胃酸的不足，孕妇自然就想吃酸的食物了，犹如流汗后想喝水一样，是一种很自然的反应。

温馨小贴士

孕妇要有选择性地吃酸性食物。对自身和胎儿的健康会造成不良影响的食物，如米醋、酸酒、腌制酸菜和酸性较大的刺激性食物不宜多吃。

53 孕妇寝具的选择

怀孕期间，选择一套好的寝具，不仅能够为孕妇创造一个良好的休息环境，提高睡眠的质量，也有利于胎宝宝的健康成长。在选择寝具的时候，需要考虑以下几点：

①孕妇适宜睡木板床，床上要铺上较厚（约10厘米）的棉垫，避免因床板太硬给孕妇带来不舒适感。床的高度最好略高于孕妇的膝盖2～3厘米。床铺的面积要大，让孕妇在睡觉时能自由翻身。如果床铺太软，会让孕妇感到不适，时间长了会让孕妇感到全身酸痛。

②枕头以9厘米（平肩）高为宜。枕头过高会迫使颈部前屈而压迫颈动脉，而颈动脉是大脑供血的通路，受阻时会使大脑血流量降低而引起脑缺氧。另外，枕头的材质及填充物也会影响睡眠，最好选用荞麦皮或决明子枕芯。

③理想的被褥是全棉布包裹棉絮，不宜使用化纤混合纺织物做床单或被套。因为化纤布容易刺激皮肤，引起瘙痒。

④蚊帐的作用不仅仅局限于避蚊，它还能防风，吸附空气中的尘埃，达到过滤空气的效果。由于蚊帐有吸尘的作用，所以要经常清洗，保持卫生。

⑤孕妇怀孕后，睡觉时不可以把大部分的支撑点作用于背上，而应该将大部分支撑点作用于两边，如侧睡。如果侧睡时孕妇感到肚子底下空空的，且腰部也会感到疲劳，这时，还应该考虑使用专门的孕垫。

给孕妇多一份舒适，胎宝宝就多一份健康，让我们在喜悦的氛围中迎接新生命的到来吧！

温馨小贴士

左侧卧位可以减轻增大的妊娠子宫对孕妇主动脉及髂动脉的压迫，也可以维持正常子宫动脉的血流量，保证胎盘的血液供给，从而给胎儿提供生长发育所需的营养物质。

第 54 天

54

孕早期怎样工作

一般来说，孕妇如果不是从事体力劳动，是可以坚持工作的。由于受工作环境的影响，孕妇可以得到身心两方面的调剂，更利于自己和胎儿的健康。当然，如果从事的是搬运、建筑等重体力劳动，或需长时间站立、震动大、接触放射线或辐射等的工作时，在怀孕后应立即停止或改换其他工作，以防止这些工作给胎儿带来不良影响。

工作时，孕妇可根据自己的身体状况随时调整工作强度和时间，一旦觉得累了，要及时休息。在休息时间，可以吃一点水果或点心，并到室外呼吸一下新鲜空气。中午吃完饭以后，要尽可能睡上一会儿，即使没有睡觉的条件，也要在桌子上趴一会儿。

上下班时，要注意保暖，以防感冒。如果有条件的话，尽量不要挤公共汽车，以免人多时腹部被撞。公司离家比较近的孕妇，尽量步行上班。

温馨小贴士

按照国家规定，育龄妇女可以享受不少于98天的产假。许多人以为这98天均为产后休息的日子，事实上她们也是这样做的。但是，从妇女保健的观点来说，这98天的"产假"实际上有两周是为产前准备的。因此，怀孕满38周的孕妇，就可以在家中休息，一方面调整身体，另一方面为临产做一些物质上的准备。

55 电视对胎教的影响

　　孕妇长时间地看电视对胎儿是十分不利的。据专家调查，孕妇每天收看电视 2.8 小时以上，常会出现不良反应。例如，在对怀孕早、中期孕妇的调查中，发生不良反应的有 9% 左右，孕妇会出现眩晕、疲倦、乏力、食欲减退、心情烦躁、焦虑不安及妊娠高血压综合征等症状。

　　研究人员发现，电视机能产生静电环境，即大量的阳离子从电视机的荧光屏中释放出来，吸收室内的阴离子，而空气中的阴离子不仅具有促进孕妇的机体代谢、促进胎儿生长发育与清除代谢废物的作用，还可增强孕妇的免疫力、保持血压稳定、消除疲劳，并伴有催眠作用，一旦空气中阴离子不足，孕妇的健康就会受到影响，胎儿发育也会受到影响。因此，孕妇不能长期在这种缺少阴离子的环境中工作和生活。所以，孕妇最好不要长时间看电视。

温馨小贴士

　　有的孕妇认为电视既有声音又有图像，是一种变相的胎教方法，事实上这种想法是错误的，长时间看电视对孕妇和胎儿都有不良影响。此外，孕妇平时看电视时，一般应该距荧光屏 2 米远，并注意开启门窗。看完电视后，切记要洗脸。

第 56 天

56 孕妇睡眠时间多少为宜

　　孕妇的睡眠时间应比平时多一些。充足的睡眠对孕妇尤为重要，因为怀孕后身体各方面的变化，孕妇容易疲劳，所以，应当获得足够的睡眠才有利于孕妇精神和体力的恢复。

　　常人一般每天需要 8 小时的睡眠，而孕妇睡眠时间最低不少于 8 小时，最好每天睡眠量增加 1 个小时，这更有利于孕妇的休息和身体的健康。这一个小时的睡眠时间可以加到午睡上，也可以每天晚上比平时早睡 1 小时。

　　胎儿通过胎盘与母体进行气体和物质交换，获得氧气、养料，排出二氧化碳和废物。胎盘血液灌注与否，直接影响胎儿的发育与生存。因此，孕妇既要保证充足的睡眠，又要采取适于胎儿发育的睡眠姿势。

　　孕妇下班回家后，要从容不迫地吃晚餐，并且尽量放松。吃完饭后，做一些安静的活动，比如读书或洗个温水澡放松一下。还有，试着每天早晚都在同一时间起床和睡觉，以调整身体的生物钟。这些可以帮助孕妇建立有规律的、轻松的睡前程序，进而保证睡眠的时间和质量。如果躺下很久（不过很可能只有 20 ～ 30 分钟而已）孕妇仍然睡不着，可以起来去另一个房间，听听舒缓的音乐或看看杂志。等有睡意时，再回到床上去。

温馨小贴士

　　在第 8 周时，胚胎能长到 14 ～ 20 毫米长，看上去像颗葡萄。小胚胎的面部器官终于变得有点似模似样了，眼睑几乎可以盖住眼睛。两个鼻孔虽然已经形成，并且看起来有个鼻尖，但还不具备呼吸功能。两侧颌骨联合起来形成了口腔，牙和颚开始发育，小舌头也在里边不动声色地探出了头。负责平衡和听力的内耳正在形成。皮肤像纸一样薄，血管清晰可见，手指和脚趾长得更长，虽然隐约还有少量的蹼状物，但越来越清楚。臂和腿也长长了很多，肩、肘、髋及膝等关节都可以明显地看出来。

　　这个时候，胚胎像跳动的豆子一样开始有了运动，虽然孕妇感觉子宫里静悄悄的，其实他已经会做踢腿、伸腿、抬手、移动双臂等小动作了。骨髓还没有成形，现在由肝脏来生产大量的红细胞，直到骨髓形成后去接管肝脏的任务。

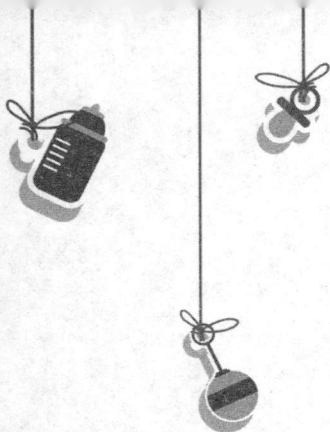

孕3月

（第 57 ~ 84 天）

57 吃工作餐要"挑三拣四"

工作餐是为普通人设计的，不可能对孕妇进行特殊照顾。因此，孕妇在拿到工作餐时要秉持"挑三拣四"的原则对其进行筛选，丢弃以下这些对孕期不利的食物：

①油腻的食物：油腻的食物不易消化，会加重早孕反应的症状，如肥肉和炸鸡翅等油炸品。

②刺激性食物：刺激性食物容易刺激胃黏膜，加重怀孕末期的胃灼热感，如辣椒、咖喱、芥末等。

③生冷食物：如生鱼片、生肉等，容易感染弓形虫等疾病。

④过度加工的食物：加工食品往往添加了大量的盐和糖，对孕妇的健康不利，如酸菜、咸菜等。

⑤浓茶和含咖啡因的饮料：浓茶中的单宁酸会与铁结合，降低铁的正常吸收率，易造成缺铁性贫血。可乐等含咖啡因的饮料则会通过胎盘来影响胎宝宝的心跳及呼吸。

温馨小贴士

孕妇可以自备一些零食，如水果、面包、牛奶、坚果等，饿了就吃，不必非要等到午餐时再吃。为了弥补工作餐的营养不足，孕妇可以在饭前30分钟吃个水果，以补充所需维生素。此外，孕妇也可以在前一天晚上或当天早晨在家里提前做好一些菜品，如煎几块带鱼，切几片熟牛肉，拌一碗水果蔬菜沙拉，用保鲜盒密封，带到单位加入午餐中，这样工作餐的营养就丰富多了。

58 心情不好就听听音乐

在日常生活和工作中，难免会碰到一些不如意的事情，让孕妇感到不快；而孕妇自身有时也会出现情绪"异常"的情况，容易动怒。

音乐对缓解孕妇紧张的情绪有明显的积极作用，每当心情不好的时候，不妨在一个安静的地方，听听自己喜欢的优美音乐，给自己创造一个恬淡平静的心境。听音乐时，要注意以下几个问题：

①要选择好的、合适的音乐，其主要要求是舒缓轻柔、欢快相间。摇滚乐过于激烈，长期听这种音乐会使孕妇的神经系统受到强烈刺激。好的音乐才能使孕妇心旷神怡，从而起到缓解不良情绪的作用，产生良好的心境。

②听音乐的时候，要选择一个舒适的坐姿，最好是半坐姿势，或者靠在沙发上，切忌平躺，以免胎儿活动不方便。

③听音乐时，放松心情，不要受到外界的干扰，沉浸在音乐之中。伴随着音乐的节奏，想象自己正置身于一个田园般的环境。

温馨小贴士

孕妇早晨听欢快活泼的音乐，使心境明朗；午后听一听积极的音乐，可振奋精神；晚上听轻柔的音乐，有助于入睡。

第 59 天

59 孕妇不要多吃油条

油条是人们常见的早餐食物，虽然油条吃起来很可口，但孕妇却不宜多吃。

因为油条在制作过程中必须加入一定量明矾，而明矾正是一种含铝的无机物。炸油条时，每 500 克面粉就要用 15 克明矾，也就是说，如果孕妇每天吃两根油条，就等于吃了 3 克明矾，这样天天积蓄起来，其摄入的铝则相当惊人。

这些明矾中含的铝通过胎盘，侵入胎儿的大脑，会使其形成大脑障碍，增加痴呆儿的概率。

温馨小贴士

孕妇还应该注意，加工油条的热油也是经过反复加热的，其中有害物质的含量过高，不利于身体健康，故这类食物少吃或不吃为好。

60 不要吃得过精、过细

人体必需的微量元素对孕妇、乳母和胎儿来说更重要，因为缺乏微量元素时会引起更严重的后果。现在常有这样的情况，由于孕妇是家庭的重点保护对象，故平时都吃精米、精面，不吃小米、麦片等粗粮，以致造成维生素 B_1 严重缺乏，这不仅会使体内糖类代谢发生障碍，还将影响机体整个代谢过程，而且，由于丙酮酸不能继续代谢，还会影响氨基酸与脂肪的合成。此外，孕妇缺乏维生素 B_1 易患脚气病。

孕妇在生活中应注意不偏食，要尽可能将"完整食品"（指未经细加工过的食品或经部分精制的食品）作为热量的主要来源，少吃精制大米和精制面等。因为"完整食品"中含有人体所必需的各种微量元素及维生素 B_1、维生素 B_6、维生素 E 等，它们在精制加工过程中常常发生损失，如果孕妇吃得过精、过细，则易患营养缺乏症。

温馨小贴士

有的孕妇偏食鸡、鸭、鱼、肉和高档的营养保健品，有的只吃荤菜，不吃素菜，有的不吃内脏如猪肝等，还有的不吃牛奶、鸡蛋等。这些饮食方式很容易造成营养单一，并且影响胎儿正常的生长发育。所以，孕妇不应偏食，饮食要荤素搭配，保持营养的均衡摄入，以保证自己和胎儿的健康。

第 61 天

61 正确的坐、立、行、卧姿势

妊娠早期，孕妇身体没有明显的变化。随着孕期的推进，孕妇的腹部也逐渐向前凸出，行动变得越来越不方便，可算是"大腹便便"了。这个时候，为了保证孕妇的健康，保护胎宝宝的安全，孕妇在一些生活细节上要多加注意。

🍀 关于坐

孕妇要选择带靠背的椅子，要深深地坐在椅子上，上半身伸直，靠在椅背上，这样可以减轻上半身对盆腔的压力。最好在脚下放个小凳子，这样会觉得舒服很多，有利于背部的放松。如果坐的时间久了，应该站起来活动活动，有助于血液循环，最好每隔 1 小时起来活动一下。

🍀 关于立

孕妇长时间站立会使腿部血液循环减缓，导致水肿及静脉曲张。因此，要选择一种让身体感到最舒适的站姿，比如收缩臀部，就会体会到腹腔肌肉支撑脊椎的感觉；要尝试把重心从脚指头移到脚后跟，从一条腿换到另一条腿，这样，身体就没那么容易疲劳了。孕妇不宜长时间站立工作，一定要让自己定时休息一会儿。

关于行

徒步行走对孕妇是很有益的，它可以增强孕妇腿部肌肉的紧张度，预防静脉曲张，当感到疲惫时，要停下来休息。尽量选择到一些空气较好的地方散步，如公园。走路时，身体保持平直，双肩放松。散步前要选择舒适的鞋子，以低跟、掌面宽松为宜。上下楼时要扶着扶手，千万不要踏空，也不要只用脚尖踩台阶，否则容易摔倒。

关于卧

孕妇最好采用左侧卧睡姿，这样有助于消除肌肉紧张，缓解疲劳，也有利于睡眠。

温馨小贴士

妊娠6个月后，胎儿的体重会给孕妇的脊椎带来很大的压力，并引起孕妇背部疼痛。因此，孕妇在俯身弯腰时应尽量先屈膝，将身体的重量转移至两膝上，这样可以减轻对脊椎的伤害。

62 孕妇贫血怎么办

贫血是孕妇比较常见的营养缺乏症之一，孕妇贫血通常会出现头晕乏力、目眩心悸等症状。很多女性有些疑惑，为什么在怀孕前没有贫血的现象，怀孕后却出现了贫血呢？原因有以下几点：

①孕妇在怀孕前，体内就缺少构成血红蛋白的主要原料——铁；怀孕后，由于出现了妊娠反应，影响了食物的摄入，影响了铁的吸收，造成铁的缺乏。

②怀孕后，为了适应胎儿的生长需要，孕妇体内血容量增加，但由于红细胞的增长幅度小于血容量的增加，血液就相应被稀释，血红蛋白相对下降，形成生理性贫血。

③怀孕后，随着胎儿的生长发育，需铁量大大增加，如果膳食中铁的含量少，孕妇又没有额外补充，容易发生缺铁性贫血。

怎样预防贫血呢？

①如果孕妇属于轻度贫血，可以从改善饮食入手，吃一些富含铁的食物，如动物的肝脏、黑木耳、芝麻、瘦肉等。

②如果孕妇属于中度贫血，最好配合药物治疗。重度贫血则需要输血及时纠正，否则会对身体健康产生严重的影响。

轻度贫血对孕妇和胎儿的影响较小，如果是重度贫血，则可增加母体妊娠期并发症，如妊高症、感染，甚至是贫血性心力衰竭，对胎儿的影响较大，如早产、胎儿发育不良、胎儿宫内窘迫等发病率均增加。因此，孕妇要谨慎对待贫血，一旦出现贫血的症状，应立即就医。

温馨小贴士

谷类食物中铁的吸收率很低，而动物性食物所含的铁吸收率很高，可以达到20%～30%，且不易受到外界因素的影响，所以，贫血的孕妇应多吃瘦肉。

63 抚摩胎儿益处多

轻柔的抚摩，是父母与胎儿最早的触觉交流。父母可以通过手来感受宝宝的胎动，宝宝也可以通过温柔的爱抚感受到父母的爱。胎教就是从爸爸妈妈的抚摩开始的。

在妊娠期间，孕妇可经常温柔地抚摩一下腹内的胎儿，这是一种简便有效的胎教运动，值得每一位孕妇积极采用。具体而言，抚摩胎儿有以下益处：

①抚摩的过程中可以锻炼胎儿皮肤的触觉，并通过触觉神经感受体外的刺激，从而促进胎宝宝大脑细胞的发育，加快胎儿智力的发育。

②抚摩还能激发胎宝宝活动的积极性，促进运动神经的发育。经常受到抚摩的胎儿，对外界环境的反应也比较机敏，出生后翻身、抓握、爬行、坐立、行走等大运动发育都明显提前。

③抚摩胎教的过程中，不仅让胎儿感受到父母的关爱，还能使孕妇身心放松、精神愉快。

④通过对胎儿的抚摩，母子之间沟通了信息，交流了感情，从而激发了胎儿的运动积极性，可以促进出生后动作的发展。在动作发育的同时，也促进了大脑的发育，会使宝宝更聪明。

一般过了孕早期，抚摩胎教就可以进行了。在胎儿发脾气胎动激烈时，或在各种胎教方法之前均可应用抚摩胎教。做抚摩胎教时，孕妇可仰卧在床上，头不要垫得太高，全身放松，呼吸匀称，心平气和，面部呈微笑状，双手轻放在腹部，也可将上半身垫高，采取半仰姿势。不论采取什么姿势，一定要感到舒适。

温馨小贴士

从第9周开始，胚芽已经开始发育为一个五脏俱全、初具人形的胎儿了，怀孕9周以后称为胎儿期。这段时期胎儿的变化很大，首先是小尾巴的消失，且开始发育形成器官系统。胎儿的胳膊已经长出来了，在腕部两手呈弯曲状，并在心脏区域呈交叉样；腿在变长，脚已经长到能在身体前部交叉的程度；胎儿会不断地动来动去，不停地变换着腿和手臂的姿势，但孕妇仍然感觉不到。现在还不能确定是男孩还是女孩。

另外，此时胎儿内在精神也开始产生。这种内在精神对于胎宝宝是否能正常地生长发育非常关键，这与孕妇的情绪息息相关。

第 64 天

64 要了解胎教与智商的关系

胎宝宝的大脑细胞分裂增殖有两个高峰期，主要是在胎儿期完成的。第一个高峰期是怀孕后的第 2 ~ 3 个月，第二个高峰期是怀孕后的第 7 ~ 8 个月，这为宝宝具有一定智商奠定了基础。受过胎教（包括音乐胎教和运动胎教）的胎宝宝明显比没有受过胎教的胎宝宝的智商和情商有优势。

其实，胎宝宝并非人们以前认为的那样——在母亲腹中没有感觉，相反，胎宝宝在母体中是具有奇异的潜在能力的。孕妇怀孕第 4 个月时，胎宝宝有了脸部的表情，能够眯眼、皱眉。在 5 个月左右开始有听觉，能听到母亲器官的嘈杂声。胎龄在 4 ~ 5 个月以上的正常胎宝宝，已经具备了人的一些感知能力，尤其是听觉、视觉和触觉开始形成。当 7 ~ 8 个月时，便萌发出意识，具有记忆能力。胎宝宝的这种感觉、思维和记忆能力，使胎宝宝有可能与母体进行感情信息的传递，建立具有导致暗示作用的情绪联系，这在胎宝宝出生长大后，仍能发挥很大作用。

以上发现可以说明实施胎教是有科学根据的，胎教可促进宝宝的智力发展，这一观点到现在已成为不可争辩的事实，目前胎教正作为一门学科在不断发展，越来越多的人投入其中，并取得了累累成果。从生理的角度讲，母亲的感情波动会通过激素及大脑产生的某些物质传递给胎宝宝，促使其智力发展。这种学习方法被称为"子宫对话"。

教胎宝宝的内容可涉及各个方面，除了读英文字母外，还可唱歌、数数以及朗读诗歌等。对愉快的故事用欢快明朗的声音，涉及科学知识内容则用严肃的语调，音量适中、一字一句地读给胎宝宝听。为了使胎宝宝与自己合拍，母亲可先给胎宝宝一个信号，然后进行胎教。教数数一天不能超过 5 次，忙时只教两三次，教到 50，再回到 0。孕妇用数字做些彩色的算式卡片，待宝宝出生后，可将其作为幼儿期教材。准爸爸也可在胎宝宝旁朗读画册，把各种知识告诉胎宝宝。若准爸爸会演奏乐器，如口琴、手风琴等，可在胎宝宝旁以其容易接受的旋律演奏。

经过胎教的宝宝记忆力好，语言学习能力强，胎教还会使胎宝宝的思维敏捷、动作灵巧，多种能力也会得到锻炼。在怀孕 5 个月后，胎宝宝已能在腹中听到母亲亲切的声音。

65 葡萄胎是怎么回事

所谓葡萄胎，是指妇女怀孕后，在子宫内生长的不是胎儿，而是无数成串的大小不等的透明水泡，水泡形似葡萄。葡萄胎是由于早期妊娠的绒毛中滋养细胞增生过度及其间质水肿而形成，生育年龄妇女月经推迟，出现恶心、呕吐等早孕反应，但比一般情况严重。由于葡萄状物与子宫壁剥离而引起阴道出血，或持续不断，或间断反复发生，时多时少。有时在血块中可以见到一些葡萄样的大小不等的水泡状物，如大片脱落可引起阴道大出血。半数患者可发现腹部明显增大，与妊娠月份不符，往往妊娠 2～3 个月，腹部却像4～5 个月大小，而且没有胎动。少数患者由于葡萄状物坏死或排出，子宫也可与妊娠月份不符，甚至小于妊娠月份。有些患者还会出现高血压、水肿、蛋白尿等现象。因此，孕妇凡有月经过期，出现阴道流血或腹部增大迅速等现象，应到医院进行检查。

一旦确定是葡萄胎，要立即治疗，清除子宫内的异物。为了彻底摘除异常组织，手术要分两次或三次进行。葡萄胎处理后两年内不应再怀孕。避孕方法宜采用避孕套或阴道隔膜避孕。如果采用宫内节育器，容易混淆子宫出血的原因，使用避孕药又有促进滋养细胞成长的作用，所以这两种方法都不宜使用。

温馨小贴士

葡萄胎有家族易感性和再发倾向，有过一次葡萄胎者，再次怀孕后 2%～3% 的人群可重复发生。

66 怀孕 3 个月的营养胎教

　　孕期第 3 个月虽然是关键期，但由于胎儿尚小，所需的营养最重要的不是量的多少，而是质的高低，尤其需要蛋白质、糖类。充足而均衡的营养是保证胎儿健康发育和成长的关键因素，也是积极开展胎教的基本条件。

　　由于一系列的早孕反应，以及增大的子宫压迫着胃和其他消化器官，孕妇常会出现消化不良、食欲不振等情况。

　　这时孕妇除了少食多餐外，在饮食结构方面也应选择容易消化的、新鲜的食物，尽量避免吃油炸、辛辣的食物。

温馨小贴士

　　如果孕妇胃口好转，可适当加重饭菜的口味，但仍需忌辛辣、过咸、过冷的食物，以清淡、营养的食物为主。

67 宫外孕怎么回事

正常情况下，受精卵会由输卵管迁移至子宫腔，在子宫内膜上着床，并开始发育成长。但是，由于受到一些原因的影响，受精卵没有在子宫腔内着床，而是在别的地方停留下来，这就造成了宫外孕，又称为"异位妊娠"。宫外孕的发生位置多见于输卵管，约占异位妊娠的90%，也可能发生在其他部位，如腹腔妊娠、阔韧带内妊娠、卵巢妊娠等。发生宫外孕时，受精卵不但不能正常发育，还会危及孕妇的生命，如果发生破裂，会造成腹腔内大出血。

出现宫外孕时，下腹会坠痛，有排便感，破裂时患者突然感到下腹部一侧有撕裂样疼痛，常伴有恶心、呕吐，同时还有不规则的阴道出血。由于出血量少，呈深褐色，容易被认为是正常的月经。如果是腹腔内急性出血，会引起血容量减少及剧烈腹痛，轻者晕厥，重者会出现休克现象。

既然宫外孕是一种十分危险的疾病，就要对其保持高度警惕。防止宫外孕的关键，在于预防输卵管的损伤及感染，做好保健工作，尽量减少盆腔感染。大多数盆腔感染患者是由于上行性感染造成的，即由阴道内的病原体沿着黏膜上升而感染到盆腔器官，主要是输卵管。阴道内的病原体是由于不注意卫生，不经常清洗外阴，使阴道受到污染而造成的。一旦阴道受到机械性外力作用，如妇科阴道检查、性交等，造成阴道黏膜损伤，而病原体就会在此时借机上行感染，首先经输卵管进入腹腔。

女性一旦有盆腔感染，要尽早彻底治疗。已经发生输卵管妊娠者，在手术时应保留对侧输卵管，尽量避免对侧输卵管的医源性损伤，以免再次发生输卵管妊娠。

温馨小贴士

宫外孕也是一种怀孕，其反应往往与正常妊娠差不多，如停经、恶心、呕吐等，孕检尿液也呈阳性反应。所以，一旦发现异常后必须找医生诊断。

第 68 天

68 不宜过度素食

　　孕早期是孕妇补充营养的关键时期，由于此前胎儿体积尚小，所以所需要的营养关键不在于多，而在于精，尤其是蛋白质、糖类和维生素较多的食物。然而，随着胎儿的迅速成长和发育，需要的营养也日益增多。因此，从这个时期起，不仅要求食物的质量要高，分量也要逐渐增多，以提供给胎宝宝充足的营养。

　　有些孕妇为了让自己在孕期也能保持满意的身材，平时就以素食为主，再加上怀孕后有妊娠反应，就更不想吃荤食了，结果形成了全吃素食，这对胎儿的发育是不利的。孕期全吃素食易导致蛋白质供给不足，会使胎儿营养不良，脑细胞数目减少，对其日后的智力产生影响，还可使胎儿发生畸形。如果脂肪摄入不足，容易导致胎儿出生时体重偏低，婴儿抵抗力低下，存活率也较低。吃素食的孕妇所生的婴儿，由于缺乏维生素 B_{12}，往往会患不可逆的脑的损害，婴儿出生 3 个月后就显示出感情淡漠，丧失控制头部稳定的能力，出现头和腕等不自主运动，如不及时治疗，就会引起巨幼细胞性贫血或显著的神经系统损害。对于孕妇本身而言，全吃素食也可能引发贫血、水肿和高血压。

　　此外，通常所说的素食，大多是指那些来源于植物界的食品，虽然这些食物中含有较多的维生素等营养物质，但却普遍缺少一种被称为牛黄酸的营养成分。根据研究发现，孕妇全吃素食，会造成牛黄酸缺乏。为了维持正常的生理机能，人类需要从外界摄入定量的牛黄酸，对孕妇而言，尤其应当如此。

温馨小贴士

　　如果孕妇不想吃荤，应当尽快食用些动物血、鲜鱼、鲜蛋等，避免全吃素食。

69 防治妊娠期鼻炎

妊娠期鼻炎，又叫血管收缩性鼻炎，是指妇女在怀孕后，鼻涕增多，鼻孔堵塞，严重者常用口呼吸，以致口干舌燥，影响睡眠，分娩之后，鼻炎即可痊愈，不留后遗症。

20% 的孕妇有发生妊娠期鼻炎的可能，尤其是怀孕 3 个月以后会更为明显。究其原因，这是由怀孕后雌激素水平增高，引起鼻黏膜的过敏反应，导致小血管扩张，鼻腔细胞水肿，腺体分泌旺盛造成的。患上妊娠期鼻炎的孕妇，会有鼻塞、打喷嚏、流涕等症状。当然，其他雌激素升高的情况，如青春期、月经期等也可诱发鼻炎。

妊娠期鼻炎对孕妇和胎儿都有影响。对孕妇而言，因鼻塞严重，影响呼吸，也影响休息，所以孕妇需要通过睡午觉来补充睡眠。同时，如不及时治疗，也容易引起咽炎，进而影响喉部，引起喉炎，甚至能够导致头晕、多梦、记忆力减退和神经衰弱等情况，影响生活质量。对胎儿而言，妊娠期鼻炎容易造成血液内含氧量减少，使胎儿宫内缺氧，不过倒不必为此担心，因为人体的生理机能会提醒你改变呼吸方式，比如用嘴呼吸。

虽然目前还没有有效的措施来预防妊娠期鼻炎，但是可以对症处理。如果孕妇发生鼻塞、流涕等症状，可适当使用血管收缩剂，但不宜长期使用，以免形成药物性鼻炎。如果有脓性鼻涕，可酌情使用某些抗生素，但那些对胎儿听觉神经有损害的抗生素要禁止使用，如链霉素、庆大霉素和卡那霉素等。如果常规的治疗还无效，在清除鼻腔分泌物后，可用鼻腔喷雾剂，以达到减轻局部水肿和充血的效果。

温馨小贴士

妊娠期鼻炎患者要注意工作和生活环境的卫生，应定时打开窗户，更新室内空气。

第 70 天

70 孕妇可以游泳吗

许多国外专家研究发现，职业游泳女性、热带地区经常游泳的女性及长期从事水上作业的女性，怀孕后经常坚持游泳，分娩时大多顺产。

作为孕期最佳的体育运动，游泳可以达到其他运动所无法达到的效果。游泳时池水的浮力可减轻子宫对腹壁的压力，消除盆腔瘀血，促进血液循环，改善肢体浮肿、静脉曲张；同时，水波的轻柔"按摩"及游泳时体位的变化，有助于纠正不良胎位；此外，游泳还可以增强腹部肌肉的力量，为以后的分娩做好准备。

游泳时要以安全为主，并不是所有的孕妇都适合游泳，比如有流产、早产、死胎史或阴道出血和腹部疼痛者，或患有心脏病、妊娠中毒症、慢性高血压、癫痫症，以及患有耳鼻喉方面疾病的孕妇应禁止游泳。

另外，孕妇参加游泳的最佳时间以怀孕 5～7 个月为宜。在游泳时，要注意以下几点：

①在游泳之前要做好体检，仔细听取医生的意见，了解自己能否游泳或游泳时应注意的事项。

②要选择水质好、清洁度高、过滤设备完善且管理好的游泳场馆，以保证游泳时的卫生和安全。

③游泳前不宜过饱或过饥，过饱容易增加身体负担；过肌容易体力不支，发生危险。

④在游泳时，要有亲人、朋友陪伴，以随时照应，保证安全。

⑤在游泳时动作不要太激烈，入水时切不可纵身跳水，可以在水中漂浮，双足轻轻打水，同时也要防止池内人多拥挤使腹部受到碰撞，最好避开人多的时间段。

⑥如果是在室外泳池游泳，要避开阳光强烈的时间段，上午 10 时至下午 4 时不宜去游泳。

⑦游泳之后，一定要将身体冲洗干净，但不能进行蒸汽浴。

⑧在妊娠末期，怀孕 7 个月之后，最好不要游泳，以免发生羊水早破等意外情况。

71 孕妇上班如何选择交通工具

怀孕期间，大部分孕妇还要到单位上班，在使用交通工具时，要学会保护自己和腹中的宝宝。特别是孕早期和孕晚期的孕妇们，条件允许的话，应尽量避开上、下班高峰时间，选择平稳、舒适的交通工具。

🍀 步行

若孕妇住得离单位不远，毫无疑问，步行上班是首选。这不仅能让孕妇呼吸到新鲜的空气，而且能预防静脉曲张和痔疮的发生，还有利于顺利分娩。当然，每次步行上班的时间不可过长，一般每次不宜超过 30 分钟。

🍀 公交车或地铁

孕妇注意不要站在门口位置，以防上下车的人群拥挤而受到推搡或挤压；站立时最好手扶车椅或竖杆，尽量不要拉车上的吊环，以防吊环摇晃而导致站立不稳。

🍀 出租车或顺风车

如果同事或朋友是有车一族，正好每天上班又顺路，那就商量一下搭乘他们的顺风车吧，孕妇自己赞助一部分油钱，互惠互利，双方都乐意。无论是乘坐出租车还是顺风车，孕妇都最好坐后排，以减轻车辆紧急刹车或转弯时对腹部造成的冲击和压迫。孕吐严重的孕妇，为避免因为车内空气质量差而加重恶心的感觉，最好乘坐出租车，或者选择早点儿出门，既能避开交通拥堵，还可以呼吸到新鲜空气。

🍀 自驾车

孕妇自驾车时最好不要采用前倾姿势，这样容易压迫子宫，产生腹部压力，导致流产或早产。另外，上班孕妇的神经比平时更敏感，容易疲劳，而驾车时精神需要十分专注，会加重疲劳感，所以，选择自驾车的孕妇要量力而行。

🍀 自行车

孕期做运动，只要避免剧烈运动和过度疲劳，不仅不会有危险，还有助于增强心肺功能，对孕妇有益。因此，在不存在高危流产因素的情况下，孕妇在妊娠初、中期适当骑自行车出行、锻炼是没有问题的。

第72天

72　有必要喝孕妇奶粉吗

随着人们生活水平的提高，市场上出现了各种专门为孕妇准备的"孕妇奶粉"，它在牛奶的基础上，特别添加了叶酸、钙、铁、DHA等各种孕期所需要的营养成分。

有些女性从怀孕前的3个月就开始喝孕妇奶粉了，这是有一定道理的。饮食营养调理并不仅仅是从受精卵形成才开始的，尤其是叶酸、DHA（不饱和脂肪酸）等能促进胎宝宝大脑发育的营养素，女性在准备怀孕时就要开始补充，以使体内的叶酸、DHA营养储备在孕初期就要达到理想的水平。

其实，只要膳食均衡、营养全面，人们在正常的饮食中都能获得这些营养物质。比如深海鱼类富含DHA，动物肝脏、瘦肉、蔬菜中含有叶酸等。但不少职场女性长期在外就餐，营养补给不够，很难做好孕前营养储备。这类女性从准备怀孕前的3个月起，每天可以喝一杯孕妇奶粉，约250毫升，以补充必需的DHA、矿物质、维生素等营养素。

当然，是否喝孕妇奶粉要视每个人的身体状况和营养补充情况而定。

有的孕妇询问在孕初期营养需求少的时候，用不用喝孕妇奶粉？

由于怀孕后，孕妇一般会比较注意饮食的营养，而孕妇早期所需的营养又和普通人差不多，不需要马上食用孕妇奶粉，再加上早孕反应，她们可能也喝不下孕妇奶粉。

温馨小贴士

孕妇奶粉的确是好东西，但并没有宣传中所说的强大作用，也不能替代日常饮食。

73 家庭其他成员在胎教中的作用

　　不要以为胎教只是准爸爸妈妈的责任，实际上，家庭里的其他成员，尤其是孩子未来的爷爷、奶奶、外公、外婆等也在胎教中占据一席之地。

　　目前，我国提倡一对夫妻只生一个孩子。但是，一些老人，尤其是爷爷、奶奶总是在胎教中无形地给孕妇施加各种压力，这会产生不良影响。

　　所以，在孕妇怀孕期间，家庭中的所有成员都应给予充分的体谅和热情的帮助，不要给孕妇造成压力，更不要随意指责，而是应该共同努力，在孕妇周围为其创造一个宽松的生活环境，使胎儿在祥和的气氛中健康地成长。这就是家庭的其他成员积极参与胎教，为胎教作出贡献了。

　　老人一定不要重男轻女，如果一心想要孙子，而不要孙女，势必会给孕妇带来一定的精神压力，甚至造成心理障碍，以致影响腹中胎宝宝的发育。

　　此外，还有一些老年人，对怀孕的媳妇不以为意，动辄"我们那时候如何如何"，言下之意就是说眼下的媳妇太娇气。这对于孕妇来说是一种不良刺激，往往会给孕妇原本就烦躁不安的情绪火上浇油，甚至发生口角，进而影响胎宝宝的生长发育。

　　尽量理解孕妇，不要指责她们娇气、太懒惰等。

温馨小贴士

　　应为胎宝宝创造和谐乐观的家庭氛围，一旦出现矛盾，家庭其他成员切不可计较，并尽量用幽默的方式化解。

第74天

74 音乐胎教的方法

　　人们的生活环境、禀赋素质、欣赏水平、文化水平等不可能都一样，有的孕妇喜爱音乐，有的则对音乐不感兴趣。因此，也就不能对所有孕妇都使用固定的曲子，施以音乐胎教时不一定拘泥于一种方式与形式。

　　可供孕妇采用的音乐胎教方法有如下几种：

🍀 音乐熏陶法

　　此方法主要适宜爱好音乐并善于欣赏音乐的孕妇采用。有着音乐修养的孕妇，一听到音乐就进入了音乐的世界，情绪和情感都变得宁静、轻松和愉快。孕妇每天欣赏几支音乐名曲，听几段轻音乐，在欣赏与倾听当中借曲移情，并寄希望于胎宝宝，当然会收到不错的胎教效果。

🍀 器物灌输法

　　利用这种方法进行音乐胎教，可准备一架微型扩音器，将扬声器放置于离孕妇的腹部不远的地方，当乐声响起时，不断轻轻地移动扬声器，将优美的乐曲通过孕妇腹部的隔层，源源不断地灌输给胎宝宝。在使用当中需要注意的是，扬声器在腹部移动时要缓慢轻柔，且播放时间不宜过长，以免胎宝宝过于疲乏。一般每次以5～10分钟为宜。

🍀 母唱胎听法

　　孕妇低声哼唱自己喜爱并且有益于自身以及胎宝宝身心健康的歌曲，以这种方法来感染胎宝宝。在哼唱的时候要凝神于腹中的胎宝宝，因为是唱给胎宝宝听，使自己在抒发情感与内心寄托的同时，让胎宝宝能享受到美妙的音乐。这是一种良好的且不可忽视的音乐胎教方式，适合每一位孕妇采用。

母教胎唱法

当孕妇选好了一支曲子后，自己唱一句，随即想象腹中的胎宝宝也在学唱歌。虽然胎宝宝不具备歌唱的能力，这只是通过充分发挥孕妇的想象力，利用"感通"途径，让胎宝宝得到早期教育。由于本方法更加充分利用了母胎之间的"感通"途径，其教育效果是比较好的。

朗诵抒情法

在音乐伴奏与歌曲伴唱的同时，朗读诗词用来抒发感情，也是一种很好的胎教音乐形式。现代的胎教音乐也正是朝着这个方向发展。在一套胎教音乐当中，器乐、歌曲与朗读三者前后呼应，优美流畅，达到有条不紊的和谐统一，具有很好的抒发感情的作用，能为孕妇与胎宝宝带来美的享受。

适宜孕妇采用的音乐胎教方法还有许多，每一位孕妇都可根据自己的具体情况而采取相应的方法。而音乐胎教也应该根据孕妇身体状态和胎儿发育情况，分段进行。

一般在怀孕的头3个月里，妊娠反应较为明显，孕妇疲劳和忧郁也极为常见；在妊娠中期（4～7个月），孕妇的食欲较旺盛，精力也较为充沛；到了妊娠的晚期（7～9个月），孕妇的身体笨重，思想压力较大，焦虑严重。针对以上这些问题，孕妇灵活地选择胎教音乐可以大大提高胎教的效果。

孕早期：宜听诙谐有趣、优美动听、轻松愉快的音乐，应力求将孕妇的忧郁和疲乏消除在音乐之中。

孕中期：孕妇开始感觉到胎动，这时，胎宝宝也开始有了听觉功能，这时的胎教音乐从内容上可以更丰富一些。通过音乐的欣赏，不仅陶冶了孕妇的情操，调节了情绪，同时还会对胎宝宝产生潜移默化的影响。

孕晚期：孕妇很快就要分娩，在心理上难免有些紧张，而且这时胎宝宝发育逐渐成熟，体重已经达到3～4千克，孕妇会感到身体笨重。此时应该选择既柔和又充满希望的乐曲。

温馨小贴士

不论采取哪种音乐胎教方法，孕妇在欣赏胎教音乐的时候，都要保持愉快的心情，让轻柔美妙的音乐充满空间。孕妇可以随着动听的音乐节奏，想象腹中胎宝宝那可爱的笑脸和欢快的体态，在潜意识中同他进行情感交流。

75 吃水果的注意事项

许多孕妇都爱吃水果，尤其是在炎炎夏日，因为水果除了可以解渴外，还富含维生素等营养元素，所以，孕妇宜多吃水果，但吃水果时应注意以下几点：

①削苹果时要选择合适的刀具，不要用菜刀，因为菜刀经常接触生肉、鱼、蔬菜等，会把寄生虫或寄生虫卵带到水果上。

②吃完水果后要漱口。一些水果含有多种发酵糖类物质，对牙齿有较强的腐蚀性，食用后若不漱口，口腔中的水果残渣易造成龋齿。

③每天不宜吃得过多。水果含糖量普遍偏高，其中的葡萄糖、果糖经胃肠道消化吸收后可转化为中性脂肪，如果吃得过多，会使体重增长过快，胎儿也会过大，增加顺产的难度。不仅如此，水果吃得过多还会使孕妇体内的糖代谢发生紊乱，患上妊娠糖尿病，危害孕妇和胎儿的健康。所以，孕妇每天各种水果的摄入总量不宜超过500克。有的孕妇甚至会把水果当饭吃，这更是不正确的，尽管水果营养丰富，但却不全面，尤其是蛋白质和脂肪含量较少，而这两种物质也是胎儿生长发育过程中必不可少的。

④不要在饭后立即吃水果，这样会造成胀气和便秘。在饭后2小时或饭前1小时吃水果比较适宜。

⑤要正确地认识各种水果对孕妇自身的益处，有的水果要少吃或不吃，如菠萝、葡萄、荔枝、桂圆、西瓜、柑橘、石榴等，孕妇都不宜多吃。

温馨小贴士

由于水果含水量很高，适宜霉菌的繁殖生长，放久了容易发生霉变，导致水果腐烂，所以孕妇应挑选新鲜的水果食用，不宜长期储藏。

76 做家务的注意事项

在怀孕期间，孕妇应避免繁重的体力劳动，但是适度地做些家务，对孕妇自身和胎儿都是有益的。它可帮助孕妇改善睡眠、增加食欲、增强体质、预防过胖、减少便秘等。

孕妇在做家务的时候，应该注意以下问题。

①在孕早期，妊娠反应会使孕妇吃不下饭，这个时候孕妇不要做饭，也不要下厨房，以免加重孕吐。

②在干活的时候，孕妇应尽量避免把手浸入冷水中，如淘米、洗菜时，尤其在冬天要特别注意，以免着凉而诱发流产。

③孕妇可以洗衣服，但妊娠晚期除外。洗衣服的时候不要用搓板顶着腹部，这样会让胎儿受到压迫，对胎儿不利。洗衣不要过多，不要端盛满水的洗衣盆。洗衣时宜用肥皂，不宜用洗衣粉，如果需要使用洗衣粉，最好选择性质温和的。最好不洗大件衣服，更不要用力拧衣服。晒衣服时也不要用力地高举手臂。

④可以做一般的擦抹家具、打扫地面的劳动，但不要登高、抬重物，更不可让重物压迫肚子。不要做弯腰下蹲的劳动。

⑤由于孕妇在怀孕期间不能长久地工作，所以在做家务时最好不要长时间地站立，以免劳累过度。

⑥心情不愉快或不愿干时，一定不要勉强。

总之，适当地活动活动筋骨对孕妇和胎儿都有好处，但孕妇一定要有所选择。同时，也不是所有的孕妇都适合在孕期做家务，如果孕妇患有糖尿病、高血压等并发症，或者胎儿发育不好、胎盘出血、先兆早产等情况，一定要多休息。

温馨小贴士

如果做家务时出现心跳加快、呼吸急促的现象，表明所做的家务对孕妇的心肺造成过度负荷，产生不适。这时，孕妇要停下来休息。

第 77 天

77 孕妇怎样吃苹果、西瓜才合适

有不少孕妇非常喜欢吃苹果，认为只要多吃苹果，生产时就会顺产，母子"平安"。

许多老年人不许孕妇吃西瓜、梨子，认为这些水果性凉寒，吃了容易流产。更有甚者，连某些蔬菜也不允许吃，说是会动"胎气"。

其实，这些说法毫无科学根据。苹果并无安胎特效，只能起到补充维生素的作用，吃多了还会产生腹胀感，容易便秘。至于西瓜等所谓性凉的水果，只要适量食用，孕妇也不会因此而流产。

孕妇食用蔬菜水果时，新鲜是最重要的原则。同时，应该多吃时鲜瓜果。不过，食用水果也不宜过量，不能一次性"恶补"，否则容易腹泻。应根据"一天一个苹果、一个橙和一块西瓜"的基本量予以增减。

温馨小贴士

在孕 11 周末期，胎儿身长增长到 4～6 厘米，体重增加到 14 克左右；整个身体中头显得格外大，几乎占据了身长大部分；面颊、下颌、眼睑及耳廓已发育成形，颜面更像人脸；尾巴完全消失，眼睛及手指、脚趾都清晰可辨；细微之处也已经开始发育：手指甲和绒毛状的头发已经开始出现。由于胎宝宝的皮肤是透明的，所以可清楚地看到正在形成的肝、肋骨和皮下血管。心脏、肝脏、胃肠更加发达，肾脏也发达起来，输尿管已经形成。大脑以及呼吸器官等维持生命的器官都已经开始工作。骨骼和关节尚在生长中。

胎儿幼小的四肢已经可以在羊水中自由地活动了：双手能伸向脸部，时常会做吸吮、吞咽等小动作，可以把拇指放进嘴里，或是尝尝小脚趾的味道如何。他们的脊髓等中枢神经已非常发达了，这时已能清晰地看到胎宝宝脊柱的轮廓。在这周末，胎儿的性别也可以分辨了。

78 意念胎教的具体方法

意念胎教，就是孕妇通过调节自身与胎宝宝相关的心理意念，让自己的心境愉快、平和、积极，使胎儿获得良好的生长发育。

🍀 脑呼吸

意念胎教的方法可以使胎宝宝发育得更加完善，最常用的方法就是脑呼吸。脑呼吸胎教是与简单的基本动作一起冥想的，即从脑运动开始。

具体方法是：首先熟悉脑的各个部位的名称和位置，闭上眼睛，在心里按次序感觉大脑、小脑、间脑的各个部位，想象脑的各个部位并能叫出它们的名字，集中意识，这样做可提高注意力，能清楚地感觉到脑的各个部位。孕妇刚开始做脑呼吸时，可以在安静的气氛下简短做 5 分钟左右，在逐渐熟悉方法后，可增加胎教的时间。在吃饭前，身体轻快的状态下做更有效。还可以通过脑呼吸和胎宝宝进行对话，想象一下腹中胎宝宝身体的各个部位，从内心感觉胎宝宝，如通过超声波照片来看的话，形象更容易想象。与脑呼吸同时进行对话胎教，或写胎教日记，这会使孕妇和胎宝宝更容易进行交流。

🍀 形象设计

从受孕开始，准爸爸妈妈就可以共同为将出生的宝宝做形象设计——取各人相貌中最理想而具有特点的部位加以组合，想象成未来小宝宝的可爱形象；或找一张最喜爱的宝宝的画像挂在卧室里，经常看看。孕妇在为宝宝进行形象的构想中，会使其情绪达到最佳状态。

此外，孕妇要经常想象美好的事物，如风景、名画、文学作品、优美音乐和影视中美好的镜头，以及与家人外出旅游或与小朋

友们一起嬉戏的欢乐场景，通过想象使自己常处于一种愉快的心境中。还要多阅读一些有益的书籍，这样可以将敏捷的思维和丰富的联想传递给腹中的胎宝宝。

还可以做一些培养情趣的事情，比如说十字绣、针织等一些手工制作，从而使胎宝宝受到艺术的熏陶。

施行意念胎教需要注意如下两个问题：

要对胎宝宝充满爱心

爱是自然界普遍存在的一种现象，是一种高级的情感活动，也是人的本能。准爸爸妈妈要时时对胎宝宝表达自己的爱，在爱的环境中，父母和胎宝宝都有安全感，都会开心。

日常生活中，夫妻感情和谐，意识健康

夫妻都要有积极的进取精神，做到感情交融，以此来培养、熏陶胎宝宝。如果准爸爸妈妈常常想一些不健康的事情（私利、极端个人主义等），就很容易导致心态不稳定，不利于胎宝宝的成长。

温馨小贴士

一些孕妇在分娩之前都要坚持工作，这样的话，用来关注胎宝宝的时间就比较少了。孕妇可以选择在工作之余，根据自己的作息时间进行安排。其实，对胎宝宝实施意念胎教，贵在坚持。

79 水分的补充

水在人体中不仅含量高，而且作用非同一般。女性怀孕后，会担负起两个人的代谢任务，机体消耗增大，新陈代谢旺盛，容易出汗，排泄功能也明显增强。同时，孕妇体内的血液量在孕期也增加了 40%～45%，这些都需要孕妇进行足够水分的补充。

孕妇可以根据季节、气候及自己的年龄、体重和工作性质适量补水。一般说来，每天喝 1600～2000 毫升水才能满足身体的需要。

早晨起床后喝一杯温开水，可以补充睡眠中流失的水分，还能降低血液浓度，并使血管扩张以促进血液循环；早饭前 30 分钟喝 200 毫升温开水，可以温润胃肠，使消化液得到足够的分泌，以增进食欲，刺激肠蠕动；日间活动或工作过程中，每隔 1～2 个小时喝一次水，不要喝太多，每次 200 毫升左右即可，否则会稀释胃液，导致胃肠吸收能力减退，还会增加肾脏负担，加重尿频；晚饭 2 两小时喝点水，睡前半小时内最好不要喝水，以免夜间上厕所而影响睡眠。

在饮水的进程中，不能太随意，有些水是不适合喝的。孕妇切忌喝没有烧开的自来水，因为它含有一种叫"三羟基"的致癌物质；久沸或反复煮沸的水中，一些致癌物质的浓度很高，也不宜喝；保温杯沏的茶水会引起消化系统和神经系统紊乱，也不宜喝；受到污染的水更不能喝，这样的水即使经过高温煮沸，水中的有毒物质依然存在。

温馨小贴士

孕妇每天饮水不宜过量，否则容易产生疲倦感，食欲大减，使人感到昏昏沉沉的。

第80天

80 早餐很重要

　　早餐对每个人都很重要，对孕妇来说，尤其如此，因为孕妇自身和胎儿更需要足够的营养。营养专家指出，孕妇应多吃些含铁丰富的食物，以防止缺铁性贫血的发生。如果孕妇有晨吐现象，可在早上吃几块苏打饼干，过一会儿再吃早餐。孕妇早上至少要吃一个鸡蛋、一杯牛奶加些麦片，并且要注意吃些新鲜的水果，以保证维生素和其他营养的摄入。

　　由于时间紧或其他原因，有些人有不吃早餐的习惯，这是绝对不正确的。对孕妇而言，更是一大禁忌。首先，作为一整天活动的能量之源，如果不吃早餐，体内就没有足够的血糖以供应消耗，会导致体内血糖值迅速降低，使人感到疲惫、倦怠、精力无法集中和头晕乏力等。如果是在怀孕初期，还有可能导致孕妇流产。其次，如果不吃早餐，胃酸及各种消化酶就会"消化"胃黏膜层。时间一长，细胞分泌黏液的正常功能就会遭到破坏，很容易引发胃炎、胃溃疡等消化系统疾病。最后，在一日三餐时间相对有规律的情况下，人体会自然产生胃结肠反射现象，促进排便。

　　如果长期不吃早餐，胃结肠反射作用可能会失调，导致便秘。

　　在吃早餐的时候，也要注意用餐时间，吃得太早或太晚都不行。因为夜间睡眠时，人体大部分器官都得到了充分的休息，而消化器官仍在工作，直到早晨才进入真正的休息状态。如果早餐吃得太早，就会影响肠胃道的休息；反之，就和午餐间隔时间太短，影响午餐时的食欲。

温馨小贴士

　　孕妇不要边走边吃早餐，这样会影响肠道的正常消化功能，并对胃部造成不良影响。

81 羊膜腔穿刺检查

羊膜腔穿刺抽取羊水做检查，是目前国内外普遍使用的方法。胎儿、胎盘、羊膜、绒毛膜和脐带，都是由受精卵发育而来。经羊膜腔穿刺提取羊水，培养羊水中的脱落细胞，检查细胞核型，可以诊断胎儿有无染色体异常；检查细胞或羊水中的酶，可以诊断胎儿有无酶缺陷性疾病；检查羊水中的甲胎蛋白，可以诊断胎儿是否有无脑儿、开放性脊柱裂等神经管开放性缺陷。可见，羊水检查为临床医生诊断胎儿提供了成功的方法，使患染色体病及一些代谢性遗传病胎儿的出生率大大下降。

抽取羊水对孕妇和胎儿的健康有没有影响呢？一般来说，受精卵在第7天开始形成羊膜腔，进而生成与胎儿直接接触的羊水。羊膜腔穿刺以妊娠 16 ～ 22 周进行为好。这时，可在膜壁外清楚地摸到子宫，羊水量约为 200 ～ 400 毫升。相对于 280 克的胎儿来说，羊水较多，不仅容易抽出，还不易损伤胎儿。这时抽取 20 ～ 30 毫升羊水，对继续妊娠、胎儿都没有太大影响。如果过早抽取羊水，子宫小、羊水少，对胎儿影响会比较大；过晚则羊水中的细胞老化，培养后不易存活。

作为一种产前检查比较常见的手段，并不是每一个孕妇都需要做。通常在以下几种情况下，医生会建议孕妇做羊膜腔穿刺检查：

①年龄在 35 岁以上的高龄孕妇都应该做。

②孕妇以前产下过先天性缺陷儿，尤其是染色体异常的宝宝，比如唐氏综合征。

③孕妇以前产下过患有新陈代谢方面疾患的宝宝。

④准爸爸妈妈一方家属中有天赋性或遗传性疾病病史。

⑤孕妇有生下脊髓缺陷孩子的记录。

⑥孕妇的甲胎蛋白含量出现无明显原因的高值。

温馨小贴士

有先兆流产或盆腔宫腔感染的孕妇不适合做羊膜腔穿刺检查。

第 82 天

82 享受阳光时要注意

　　不管怀孕与否，适当地晒晒太阳，都能促使皮肤在日光紫外线的照射下合成维生素 D，进而促进钙质的吸收和骨骼的生长。但是，如果过多地进行日光浴，甚至将皮肤晒得黝黑，则会对身体造成一定的伤害。

　　达到一定强度的日光就可以使皮肤受到紫外线的伤害，许多女性发现，怀孕时皮肤变得更加敏感，更加容易受到日晒的伤害。在怀孕时，体内刺激黑色素细胞的激素含量比平时要高，使色素更加容易沉着，如果孕妇长时间暴露在强烈的阳光下，不仅会加剧皮肤的老化，还会增加患上黑色素瘤的危险。日光浴也会使孕妇脸上的色素斑点加深、增多，出现妊娠蝴蝶斑，甚至可能出现日光晒伤等情况，这尤其以初夏为甚，因为那时人们的皮肤尚无足够的黑色素起保护作用。假如脸上已经出现黄褐斑，就表示皮肤已经对日晒有了强烈的反应，如果再继续待在强烈的阳光下，黄褐斑会更多。同时，长时间躺在太阳下，不但会使体温升高，还容易引发脱水，这些都对孕妇和胎儿不利。另外，由于阳光对血管的作用，亦会加重孕妇的静脉曲张。

　　由于阳光中的紫外线不能穿透普通的玻璃，隔着玻璃晒太阳只能得到阳光的温度，无法达到合成维生素 D 的效果，因此孕妇应尽可能地在自然条件下享受阳光，特别是那些长期在办公室或地下室等场所工作的孕妇；上午 9 ～ 10 点，下午 4 ～ 5 点是每日最佳日晒时间；晒太阳的时候也要注意季节性，避免盛夏暴晒，冬季不足，夏季每天不少于半小时，冬季每天不少于 1 小时。

温馨小贴士

　　皮肤变成黑色是因为皮肤在强烈的日光照射下在进行自我保护，避免紫外线辐射带来的伤害。

83 要注意酸、辣食物

怀孕之后，胎盘分泌出的人绒毛膜促性腺激素会抑制胃酸分泌，使消化酶活性降低，影响胃肠的消化吸收功能，使孕妇产生恶心、呕吐、食欲下降等早孕反应，而酸、辣味道能刺激胃液的分泌，提高消化酶的活性，促进肠胃蠕动，增加食欲；也有学者认为，孕妇吃酸、辣食物，有助于调节自身体内的酸碱平衡。所以，孕妇会喜食酸、辣食物。但需注意的是，有些酸、辣食物，孕妇要忌口。

酸菜清爽可口，许多孕妇都爱吃。但经过腌渍之后的蔬菜，不但没有营养，还会产生许多对身体有害的化学物质。而且为了提味，酸菜中常加入大量的盐、味精等调味品，这些东西对孕妇和胎宝宝有害无益。喜欢吃酸味食物的孕妇，可以吃一些杨梅、成熟的橘子、猕猴桃、西红柿等，这些水果或蔬菜都含有充足的水分、酸汁和粗纤维，不但可以增加食欲，帮助消化，而且可以避免由于便秘对子宫和胎宝宝造成的压力。

吃太多辣椒会刺激肠胃，导致消化功能紊乱，引起消化不良、便秘、痔疮等，影响胎宝宝的营养供给，严重的还可能导致流产、早产。所以孕妇还是少吃辣椒、辣酱、咖喱等辛辣食物为好。但这也要看平时的习惯，如果平时一直吃辣椒，影响也不大。

温馨小贴士

街边的小吃摊里常有酸辣粉出售。这种酸辣食物大多卫生不过关，尤其是原材料和调料里含有多种致癌物。喜欢吃这些食物的孕妇为了腹中胎宝宝的健康发育，孕期最好少吃或干脆不吃。

第 84 天

84 内衣挑选要谨慎

在怀孕期间，孕妇的身体发生了变化，作为孕妇的"贴身伴侣"，合适的内衣是必要的，因此，孕妇一定要挑选合适的内衣。

🍀 胸罩

自怀孕开始，体内荷尔蒙分泌发生变化，乳腺数目及发达程度逐渐增加，从怀孕到生产，乳房约增加两个罩杯，孕妇应在此基础上选择比较宽松的胸罩，以使乳房没有压迫感为宜。由于乳房是从下半部往外扩张的，增大情形与一般胸罩比例不同，因此，不宜穿加大尺码的一般胸罩，而应该选择专门为孕妇设计的胸罩，这类胸罩多采用全棉材料，肤触柔软，不会压迫乳腺、乳头。同时，由于怀孕期间乳房的重量增加，下围加大，因此，所选的胸罩最好有钢托，如果没有支撑物，日益增大的乳房就会下垂，乳房内遭到破坏的纤维组织很难再恢复。还有，胸罩也要随着乳房的变化而随时更换，肩带应尽量宽，以免勒入皮肤。在怀孕后期，乳头变得敏感脆弱，而且可能有乳汁分泌，应该选用乳垫进行保护。

🍀 内裤

女性平时大多喜欢穿三角内裤，因为其舒适而贴身，更重要的是能够凸显自身的体形美。但是在怀孕后，就不宜再穿这种内裤了。为了防止腹部着凉，最好选择能把腹下区完全遮住的孕妇专用内裤。这种内裤大部分都有活动腰带的设计，方便孕妇根据腹围的变化随时调整内裤的腰围大小，高腰的设计能够起到保护肚脐和保暖的作用。此外，孕妇在怀孕期容易出汗，阴道的分泌物也增多，所以，所选的内裤要具有良好的透气性、吸湿性。

温馨小贴士

第 12 周，胎儿的身长大约 6.5 厘米，大脑的体积越来越大，几乎占了整个身体的一半；小手、小脚上的蹼状物消失，手指和脚趾已经能完全分开；一部分骨骼开始慢慢变得坚硬起来，出现了关节的雏形；膝盖、脚后跟清晰可见。为了适应出生后的生活，胎宝宝已经在忙着锻炼身体了，小小的脑袋会动了，抬起小脚的动作甚至可以和出生后的动作相媲美。

孕 4 月

（第 85 ~ 112 天）

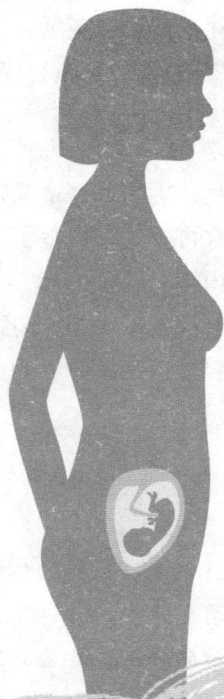

第85天

85 吃动物胎盘能安胎吗

有的孕妇平时稍有点磕磕碰碰，就觉得身体不适，便要医生给她打安胎针，还有的人信奉"吃什么补什么"的道理，四处搜罗动物胎盘来进补。

其实，需不需要打安胎针是有严格的诊疗标准的。

安胎针补充的是孕酮，动物胎盘、卵巢里也含有孕酮。这种激素在孕妇出现阴道少量流血等流产先兆时，能够达到稳定妊娠的效果。但是，如果没有流产先兆却使用人工合成孕激素类的药品，一旦过量，就可能影响胎儿生殖器官的发育。

温馨小贴士

对于吃动物胎盘一类的事情必须要慎重，不要随意听信传言。孕妇如想服用某种补品，一定要先征得医生同意。

86 孕妇应当预防感冒

感冒是一种常见病，平时发生感冒的人比较多，尤其是在冬季，发病率更高。孕妇既怕热，又很怕冷，免疫力较差，容易受到病原体的侵害，因此也就更容易发生感冒，尤其是在怀孕早期。

孕妇感冒后，会对孕妇自身和胎儿造成两方面的影响：一是由感冒造成的高热和代谢紊乱所产生的毒素可能会诱发流产；二是病毒可以通过胎盘进入胎儿体内，可能会引起胎儿先天性畸形，如先天性心脏病、唇裂、脑积水、无脑儿等。一般情况下，普通感冒不会造成上述影响，但如果是病毒感染，如风疹病毒、疱疹病毒等，则会对胎儿造成危害。所以，如果孕妇患了感冒，一方面要在医生的指导下正确用药，防止感冒变严重；另一方面，在感冒早期，也可尝试一些不用吃药打针的方法及时治愈感冒。

如果孕妇患的是轻度感冒，可以多喝开水，注意休息、保暖，口服感冒清热散剂或板蓝根冲剂等。如果孕妇感冒比较严重，而且有高烧症状，除一般的处理外，还要尽快采取措施，控制体温。可以选择物理降温法，如在额头、颈部用湿毛巾冷敷，也可选择使用药物降温。另外，怀孕早期是胎儿神经敏感期，尽量不要使用药物治疗；在怀孕晚期，胎儿基本上已发育完全，对胎儿造成畸形或先天性缺陷的概率减少，但容易引起早产，增加新生儿死亡率。

孕妇要慎重对待感冒，不可随意地用药，在选用解热镇痛剂时，一定要避免使用对孕妇和胎儿有不良影响的药物，且要在医生的指导下合理用药。

温馨小贴士

冬春季是感冒多发季节，孕妇应少去人流比较集中的地方，减少旅行出差的次数，避免接触感冒人群。

第 87 天

87 孕妇不宜节食

有些年轻的孕妇怕孕期发胖影响自己产后的体形，或怕胎儿太大，在分娩时生产不顺利，因此节制饮食，尽量少吃，认为这样可以使胎儿长得小些，便于分娩。这种想法和做法显然是不正确的。

怀孕后，孕妇体内的新陈代谢变得旺盛起来，体重增加，身体发胖，这些都是必然的、正常的。如果孕妇控制饮食，不仅会使自己营养不足，还会导致胎儿先天性营养不良。如果缺乏蛋白质，就会影响胎儿的神经细胞的增殖，这样会造成胎儿智力低下；如果缺乏无机盐、钙、磷等微量元素，就会影响胎儿骨骼和牙齿的生长发育，这样就容易使胎儿患软骨病、佝偻病；如果缺乏维生素，胎儿的免疫力会下降，这样也会影响胎儿的发育，甚至会导致胎儿发育不全，出现畸形；如果缺乏脂肪，再加上胎儿心脏、肝脏内储存的糖原明显不足，胎儿就经不住分娩时的宫缩和经过产道时受压迫的考验，这样会使胎儿出生后容易发生低血糖和呼吸窘迫症。营养不良对孕妇本身的危害更为严重，可导致浮肿、贫血、腰酸腿疼、体弱多病等。

在怀孕 5 个月之后，孕妇每天至少需要热量 2700 ～ 2800 千卡，这些热量可从饮食中获得。要保证充分的蛋白质，适量的脂肪、糖类、钙、维生素的供给，合理地搭配饮食，以满足妊娠期营养的需要。在整个怀孕期间，孕妇如果有意识地节食，势必会对胎儿和新生儿造成严重的影响，很难达到优生的目的。当然，这里所说的营养充足并非指过多饮食或想吃什么就吃什么，它也要讲究饮食的平衡。

温馨小贴士

俗话说，"先天不足，后天难养"，孕妇营养不足，就会给胎儿以后的生活带来严重的影响。因此，孕妇一定要正确认识饮食问题，切不可为了追求健美的身材而节食。

88 不宜去人流拥挤的场所

对孕妇而言，人多嘈杂、热闹拥挤的场所存在着许多对孕妇和胎儿不利的因素，因此，为了自身和胎儿的安全，孕妇应尽量少去这些场所。

①公共场所往往人多、杂乱，秩序也不怎么好，经常会因为一点小事就有冲突发生。孕妇行动不便，如果在这类地方挤来挤去，一旦有突发事件发生，就不能及时有效地保护自己，容易摔跤或被绊倒，轻者受点轻伤、精神紧张，影响胎儿健康；情况严重时，不仅给孕妇自身造成损伤，更有可能造成早产、流产，甚至胎儿死亡。

②人多拥挤的地方，如电影院、车站、码头等，空气混浊，同时抽烟的人也比较多，二氧化碳多而氧气少。孕妇如果长时间处在这样的环境中，会感到胸闷、气短，导致胎儿缺氧。另外，孕妇吸入过多的二手烟，会造成胎儿被动吸烟，影响胎儿的发育。

③在人流拥挤的场所噪音较大，如车站会有各种车辆的鸣笛声，十分刺耳，同时各种车辆的轰鸣声和鼎沸的嘈杂声，对胎儿都是很不利的。噪声会使孕妇的神经系统受到强烈的刺激，破坏其心脏和血管系统的正常功能，容易造成胎儿血液循环受阻，或胎盘供血不足，引起胎儿发育不良。同时，这也是造成胎儿早产或流产的原因之一。

④孕妇的抵抗力较差，而在这些拥挤的场所中，各种病菌的密度要远远高于其他地区，尤其是在传染病流行期间，孕妇很容易受到感染。这些病毒和细菌对普通人来说，也许影响不大，但对孕妇而言，则可诱发疾病，而病毒对正在发育的胎儿危害更大。

温馨小贴士

对于一些婚丧嫁娶活动，孕妇也应尽量不参加，这样的活动场面大、人多，非常耗费精力，不利于孕妇及胎儿的健康。

89 选择胎教音乐要合理

在怀孕的不同时期，需要选择不同的胎教音乐。

1～3个月的孕早期

胎儿的器官正在逐步形成，孕妇往往会感到不适，胃口不佳，甚至恶心、呕吐。此时，可听一些抒情、优美的曲子，比如柴可夫斯基的《如歌的行板》、舒曼的《梦幻曲》等。这样可使孕妇分散注意力，使早孕带来的不适随着优美的音乐而得到缓解或消除。

4～6个月的孕中期

此期间胎儿发育很快，活动增多，孕妇可与胎儿一起听一些活泼欢快的音乐，如圆舞曲等，对于陶冶孕妇情操、促进胎儿发育大有裨益。

7～9个月的孕晚期

胎儿已逐渐成熟，由于不久将分娩，孕妇在欣喜之余，会感到紧张和担心。此时，胎教音乐可选择轻松动听的曲子，如肖邦的《降E大调夜曲》、贝多芬的《C大调小步舞曲》等，使孕妇的心灵得到安慰，心情放松，以便胎儿有更好的生长环境。

温馨小贴士

孕妇究竟听哪一类音乐比较好，是因人而异的，因为各人的喜好总有差异，只要是孕妇喜欢的，而且听了以后能让心情放松的音乐，都是合适的。但是，像摇滚乐、大型的交响乐或分贝过强的音乐肯定是不合适的，嘈杂或过强的音乐会使胎儿躁动不安，甚至受到惊吓。

90 病毒感染与胎儿畸形

如果妇女在怀孕前后感染了病毒，不仅会使自身致病，也可使胎儿畸形及染上先天性疾病，因此，孕妇对以下几种常见的病毒应予以足够的重视。

🍀 风疹病毒

孕妇在孕前 3 个月至孕初 2 个月感染此病，常可导致卵子畸变；如果在孕 8 周内感染，可导致胎儿发生先天性心脏病、小头畸形。因此，孕妇在早期经血清检查确诊后，若感染风疹，应终止妊娠。

🍀 弓形体病病毒

弓形体病是由弓形体原虫侵入人体内而引起的传染病。动物中猫最易患此病，人与猫亲密接触，便易受到感染。妊娠后弓形体原虫可通过胎盘进入胎儿体内，胎儿感染后，大多会造成早产、流产或死胎，即使出生，也易发生视网膜脉络膜炎，造成失明与智力低下。

🍀 流感病毒

孕妇患流感可导致胎儿发生兔唇、脑积水、流产等。

🍀 乙肝病毒

孕妇患乙肝后，病毒可通过胎盘传给胎儿，造成婴儿急性肝炎，如长期带病毒，以后可发展成慢性肝炎。因此，妇女患乙肝或是在慢性肝炎活动期，均不宜受孕。

🍀 水痘病毒

孕妇感染水痘后，病毒可通过胎盘传给胎儿，损害胎儿运动神经，引起先天性白内障、视神经萎缩、肌肉萎缩等。如果在孕早期感染水痘病毒，应终止妊娠。

🍀 巨细胞病毒

孕妇感染此病毒后常导致早产、流产或胎死宫内，出生后的新生儿有黄疸、肝脾肿大、血小板减少性紫癜、肺炎，并伴有中枢神经系统损害。部分患儿可有小头畸形、行动困难、智力低下等现象。有些受巨细胞病毒感染的胎儿，出生时无异常，但出生后数月或数年后发生中枢神经系统损害，如智力低下及耳聋等。

第 91 天

91 孕妇可适当地吃些粗粮

孕妇饮食要合理搭配，不要吃得过精，以免造成某些营养元素吸收不够，粗粮中含有的许多营养成分正是孕妇所需要的，孕妇可适当地吃一些。下面介绍几种常见的粗粮。

①玉米中含有的蛋白质、脂肪、糖类、维生素和矿物质都比较丰富。它特有的胶原蛋白占30%，球蛋白和白蛋白占20%～22%。玉米全身都是宝，比如黄玉米籽富含镁元素，镁能够帮助血管舒张，加强肠壁蠕动，增加胆汁，促进人体内废物的排泄，有利于身体的新陈代谢。玉米油富含维生素E，常吃不仅可以美容，还能降低血液中胆固醇的含量，可防治动脉硬化和冠心病。用玉米须煎水代茶饮，有利尿、降压、清热、消食、止泻等功效，对防治妊娠高血压综合征、肝胆炎症以及消化不良等疾病都有益处。

②红薯富含淀粉，其氨基酸、维生素A、维生素C、B族维生素及纤维素的含量都高于大米和白面，它还富含人体所必需的铁、钙等矿物质，是营养全面的长寿食品。红薯中含有类似雌性激素的物质，孕妇食用后能使皮肤白嫩细腻。红薯中也含有黏蛋白，是一种多糖和蛋白质的混合物，属于胶原和黏多糖类物质。这种物质可以促进胆固醇的排泄，防止心血管脂肪沉淀，维护动脉血管的弹性，从而能有效地保护心脏，预防心血管疾病。

③糙米具有"和五脏、好颜色"的妙用，富含脂肪、维生素、叶酸、锌、镁等营养元素，对胎儿的发育非常有利，适宜孕妇食用。

孕妇在吃粗粮的同时，不要和奶制品、补充铁或钙的食物一起吃，最好间隔40分钟左右，以免影响微量元素的吸收。

温馨小贴士

第13周时，胎宝宝的身体大约有75～90毫米长，体重稍有增加。脸部更清晰了，两眼更靠近脸部中央，但眼睛仍然紧紧地闭合着。迅速增多了神经元，形成了神经突触，加强了条件反射能力。手指与手掌开始能握紧了，脚趾与脚底也可弯曲了。这时如果孕妇用手轻轻碰触腹部，腹中的胎宝宝会蠕动，但孕妇此时是感觉不到的。

92 运动胎教的 10 大妙处

妙处 1：控制孕妇体重增长

运动可帮助孕妇身体消耗过多的热量，同时促进水钠代谢，减轻身体水肿，从而使体重不致增长过快。

妙处 2：减轻孕妇身体不适感

孕妇适当运动，如做孕妇体操，可以促进心肺功能和新陈代谢，加快血液循环，防止便秘和静脉曲张的发生，并可减轻日益增大的子宫引起的腰酸、腰痛及腰部沉重感。

妙处 3：增强自然分娩的自信心

适当运动能够使孕妇大脑运动中枢兴奋，有效地抑制思维中枢，从而减轻大脑的疲劳感。这样，可缓解孕妇对怀孕、分娩产生的紧张情绪，从而增加自然分娩的信心。

妙处 4：有利于产后体形恢复

运动可使孕妇在分娩时减轻产痛，缩短产程，减少产道裂伤和产后出血。坚持做孕妇体操的孕妇，正常阴道分娩率明显高于未做健身操者，产程也往往较短。

妙处 5：为顺利分娩创造良好条件

通过运动，可增强孕妇腹肌、腰背肌以及盆底肌的力量和弹性，使韧带、关节变得松弛、柔软。这有利于孕妇分娩时放松肌肉，减少产道阻力，增加胎宝宝娩出的动力，为新妈妈顺利分娩创造良好的条件。

妙处 6：促使孕妇及胎儿吸收钙

孕妇去公园或户外运动，可以呼吸到大量新鲜空气。阳光中的紫外线还使皮肤中脱氢胆固醇转变为维生素 D，促进体内钙、磷的吸收利用。这既有利于宝宝骨骼发育，又可防止孕妇发生骨质软化症。

妙处 7：防止胎宝宝长成肥胖儿

经常进行适当运动可以控制孕妇体重的增长，减少脂肪细胞，防止巨大儿的出生，既有利于自然分娩，又为避免宝宝成年后患肥胖症、高血压及心血管疾病奠定了良好的先天物质基础。

妙处 8：可促进胎宝宝的大脑发育

孕妇运动时，会向大脑提供充足的营养和氧气，促使大脑释放脑啡肽等有益的物质，通过胎盘进入胎儿体内；孕妇运动会使羊水摇动，摇动的羊水还会刺激胎儿全身皮肤，就像在给胎儿做按摩。这些活动对胎儿的大脑发育都十分有利，会使出生后的宝宝更加聪明。

妙处 9：促进胎宝宝正常生长发育

运动不仅能保持孕妇自身健康，也可增加胎儿的血液供氧，加快新陈代谢，从而促进其生长发育。

在开展运动胎教的时候，应该注意这些事项：

①开始锻炼时，运动量从小量开始，待适应后逐步增加至最合适的量，注意保持正确的方法，这样既安全又有效。

②运动中出现任何疼痛、气短、出血、破水等现象，都应该立即停止运动，或者运动后胎动发生异常，应该立即去医院就诊。

③如果孕妇曾有过先兆流产、早产、双胎、羊水过多或过少、前置胎盘史或严重的内科并发症，如心脏病、高血压、糖尿病等，为了安全起见，此时可以不进行运动。

妙处 10：帮助胎宝宝形成良好的个性

孕期孕妇情绪有波动，胎儿的心情也会随之发生变化。运动有助于改善孕妇身体疲劳和不适感，保持心情舒畅，这样才有利于胎宝宝形成良好的性格。

温馨小贴士

孕妇走楼梯也是一种增加运动量的方式，有助于产程的顺利进展。需要提醒的是，大腹便便的孕妇走楼梯时，要小心慢走，一定要有人陪伴，以免发生意外。

93 怀孕4个月的营养胎教

进入本月，孕妇的情况已经大有改善，早孕的不适应基本消失，流产的危险也变得很小，但是对于饮食营养的关注则丝毫不能减少。此时应该增加各种营养素的摄入量，满足胎儿迅速生长及母体营养素存储的需要。

要增加主食摄入，应该选用标准米、面，搭配一些杂粮，如小米、玉米、燕麦片等。一般来说，孕中期每日主食的摄入量应该在400～500克，这对保证热量的供给有着重要的意义。增加动物性食品，动物性食品所提供的优质蛋白质是胎儿生长和孕妇组织增长的物质基础。

由于孕妇要负担两个人的营养需要，因此需要比平时更多的营养。同时，应该尽量避免食用辛辣刺激的食物，如辣椒、大蒜等。每天早晨最好喝一杯白开水。此外，还要避免过多脂肪和过分精细的饮食，一定要保证铁元素和维生素的摄取。

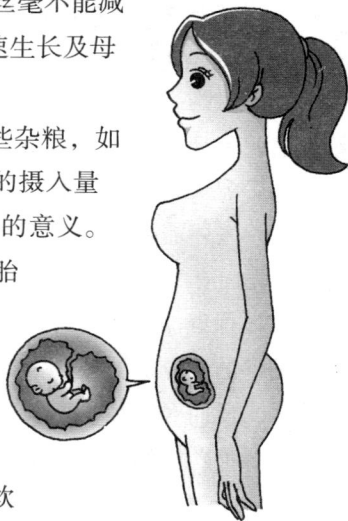

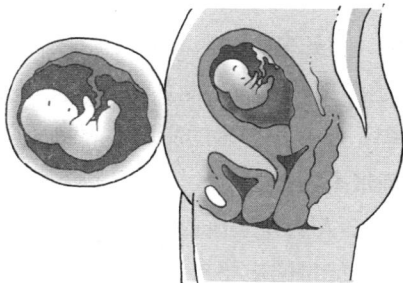

温馨小贴士

孕妇应当多吃鸡蛋、胡萝卜、菠菜、海带、牛奶等食物，以配合胎儿骨骼发育的需要。

94 要避免营养误区

对孕妇和胎儿而言，营养在整个孕期都起着十分重要的作用。但是由于受到传统观念和营养知识欠缺等因素的影响，很多孕妇在加强营养的过程中，常常会走进一些误区，从而带来一些不必要的麻烦。

①盲目购买营养保健品。许多孕妇在整个怀孕期间会买一些价格昂贵的营养品，希望借此来补充足够的营养。其实，孕妇在选择营养品时，最应该考虑的是自己的身体是否需要进补，而不是盲目地去购买。许多营养品的吸收效果并不比普通的食物更好。人体需要的各种营养素最好还是从每日的饮食中获得，孕妇在购买营养品前，应先向有经验的产科医生或营养师咨询一下。

②以保健品替代正常饮食。有些孕妇认为自己食用了大量的营养品后，已经补充了足够的营养，即使日常饮食中不能保证足够的营养也不要紧。其实，如果这样做的话，反而对身体是不利的，因为大多数的营养保健品只是强化了某种营养素或改善某一种功能的产品，单纯使用还不如能保证营养均衡的普通膳食更为有效。

③一人饮食二人分。许多孕妇都相信只要自己吃得多，胎儿就会更健康。因此，许多女性知道自己怀孕后就开始努力地加大饭量，希望通过这种方式来补充胎儿所需要的营养。其实，胎儿吸收的营养是否充足，关键在于孕妇对食物的选择是否科学，而不是靠盲目地饮食。否则，孕妇多吃的那部分很可能会转变为自己身上的脂肪。

④有营养的东西摄入越多越好。在孕期加强营养是必须的，但是如果摄入过多的营养，会加重身体的负担，并存积过多的脂肪，导致肥胖或冠心病的发生。同时，体重过重会给孕妇平时锻炼带来困难，造成抵抗力下降及分娩困难。

⑤多吃菜，少吃饭。许多人认为菜比饭更有营养，但是饭和菜中所含的营养是不同的，米、面等主食是人体能量的主要来源。

温馨小贴士

孕早期孕妇体重约增 1～2 千克，孕中期约增 4～5 千克，孕晚期约增 5～6 千克，整个孕期约增 10～12 千克。

第 95 天

95 孕妇需注意脂肪的摄取

脂肪是动、植物油类的统称。

脂肪所含的热量很高，每克脂肪能供给热量 9 千卡（每克蛋白质或糖仅产热量 4 千卡）。如果把水分从脑中除净只剩下固体，那么，脂质约占脑重量的 1/2。妊娠 30 周以前，孕妇的体内必须有一定的脂肪蓄积，以便为妊娠晚期、分娩以及产褥期储备必要的能量。虽然身体内的蛋白质和碳水化合物也可以转化为脂肪，但是，仍有一部分脂肪不能在体内合成，而必须由食物供给。亚麻油、花生油、动物油脂是供给脂肪的最好来源，摄入脂肪时最好以植物油为主，动、植物油搭配。

脂肪可以帮助固定体内内脏器官的位置，使子宫衡定在盆腔中央，给胚胎发育提供一个安宁、稳定的环境。此外，脂肪还有保护皮肤、神经末梢、血管及脏器的作用。

妊娠期间肠道吸收脂肪的能力加强，使孕妇血脂增高。因此，孕妇的"高脂血症"并非病理现象，而是一种自然的生理适应性现象。在生产时需要大量地消耗能量，脂肪就成为产妇利用的能源，促进产力。所以，孕妇需要储备脂肪。

多数孕妇都不愿意吃含脂肪多的肉类，吃菜也喜欢清淡，使妊娠早期摄取脂肪过少，这样会对孕妇的身体健康及胚胎的发育很不利。如果实在不想吃肉，可以多食用一些核桃和芝麻。

核桃富含不饱和脂肪酸、磷脂、蛋白质等多种营养素，并有补气养血、温肺润肠的作用，其营养成分的结构对于胎宝宝的脑发育非常有利。芝麻富含脂肪、蛋白质、糖、芝麻素、卵磷脂、钙、铁、硒、亚油酸等成分，有营养大脑、抗衰美容的功效。将芝麻捣烂，兑上适量白糖，每日上、下午用白开水各冲服一杯，既能增强孕妇的抵抗力，预防感冒等疾病，又可以防止胎宝宝患皮肤病。

温馨小贴士

脂肪是早期妊娠孕妇体内不可缺少的营养物质。它能够促进脂溶性维生素 E 的吸收，起着安胎的作用。

96 母亲体内环境影响宝宝性格

胎儿其实在"审视"着准爸爸妈妈的一举一动

胎教中准爸爸妈妈的心态和情绪非常重要，这是因为准爸爸妈妈的心态和情绪会对宝宝的情绪和性格产生决定性影响。

但是，如果已经形成了各种生活习性和习惯（如数十年以来形成的遗传性、环境性气质）等，一下子要改变并非那么容易。在很多种情况下，不管准爸爸妈妈如何努力，都无法改变自己的性格。在形成性格的过程中，环境因素和遗传因素就像是两条齐头并进的铁轨一样，而性格就是火车。如果哪边发生了异常情况，火车就会脱轨，它们相互之间密切影响着对方。

如果面对的是一个内向型的宝宝，若是经常抱他以及对他说些表达爱意的话，他也很有可能变成外向型的宝宝，这是育儿教育最基本的原理。

决定宝宝性格的不仅有遗传因素，母亲体内环境也是一个非常重要的因素。就算是在母亲体内时，某些特定的经验也会改变宝宝大脑内的遗传结构。

在怀孕 7 个月的时候，胎宝宝就可以正确地分辨母体外的声音。大脑神经的运动也异常活跃，就连脑波也可以在画面上鲜明地显示出来，因此胎宝宝可以察觉孕妇的感情变化。

如果外部没有恶劣的刺激，宝宝的灵魂就是世界上最纯净的。他的思想是我们从世俗的角度完全无法揣度的，那是一个毫无缺点的生命体。但是在这种纯净的环境下，如果胎宝宝听到夫妻吵架、听到谩骂声，那会对母体内的胎宝宝产生什么样的影响呢？严重的夫妻吵架和对孕妇的暴行都会让孕妇感到很大的精神压力，而这种压力是极有可能转移到胎宝宝身上的，或许因此而降生的胎宝宝将天生就有一种不安的情绪。

胎宝宝可以读到母亲的心。对于准爸爸妈妈的行为，他虽然没有办法看见，却能清楚地感觉到，只要想一下胎宝宝大脑的发育情况，我们就会明白，胎教并不是幻象，而是实际存在的，并且有着极其鲜明效果的针对性教育行为。

子宫是让胎宝宝对这个世界产生期待的地方。如果胎宝宝可以在里面平安地度过 280 天，那他肯定会认为以后的世界就是充满和平、慈爱、温暖的世界，并很开心地生活下去。

怎样影响胎宝宝的性格

人的性格是在其社会实践过程中逐步形成的，但是，人之初的心理体验可为日后的性格形成打下基础。母亲的子宫是胎宝宝接触的第一个环境，小生命在这个环境里的感受将直接影响胎宝宝性格的形成和发展，如果这里充满温暖、和谐、慈爱的气氛，那么胎宝宝幼小的心灵将受到同化，意识到等待自己生活的这个世界是美好的，进而逐步形成了果断自信、活泼外向、热爱生活等优良性格。

反之，倘若夫妻生活不和谐，不美满，甚至充满了怨恨和敌意，或者是母亲不欢迎这个孩子，从而在心理上厌烦、排斥，那么胎宝宝就会体验到周围这种冷漠、仇视的氛围，随之形成多疑、自卑、孤寂、怯弱、内向等性格。显然，这对胎宝宝的未来会产生非常不利的影响。

所以，准爸爸妈妈应把握这一特点，为宝宝一生的幸福着想，从现在开始，尽力为腹内的小生命创造一个充满慈爱、温暖、优美的生活环境，使胎宝宝拥有一个健康美好的精神世界，帮助其以后形成良好的性格。

怎样对胎宝宝进行行为培养

行为也是一种语言，只不过它是一种肢体的语言。孕妇的行为通过信息传递可以影响到胎宝宝。我国古人在此方面早有论述，古人认为，胎宝宝在母亲腹中就应该接受母亲言行的感化，所以要求女性怀孕时就应该守礼仪、循规蹈矩、品行端正、清心养性，给胎宝宝以良好的影响。明代一位医生认为："妊娠以后，则需行坐端严，性情和悦，常处静室，多听美言，令人诵读诗书，陈说礼乐，耳不闻非言，目不观恶事。如此则生男女福寿敦厚、忠孝贤明，不然则生男女鄙贱不寿而愚顽。"由此可见，早在古代人们就已经懂得了母亲的良好行为对后代的影响。时至今日，虽然我们已经进入了高科技时代，但我国的古代胎教学说却一直被中外学者所重视。

温馨小贴士

其实，准爸爸妈妈也可以把怀胎十月当成是参禅的十个月。在妊娠期间，夫妻二人与小宝宝一起调整心情，培养积极向上的人生态度。

97 合理使用补品

人参、鹿茸、桂圆、蜂王浆等都属于补品，有些孕妇为了胎宝宝大脑的发育，大量食用各种补品和营养品。其实，补品是不能滥用的，用得过多往往会起到相反的作用，甚至可能造成流产或死胎。

女性怀孕后身体出现一系列的生理变化，如内分泌旺盛，心脏负担加重，血流量增加，胃肠功能不好等，这也就是"阳常不足，阴常有余"的道理。而孕妇大量服用人参等补品很容易导致气盛阴耗，阴虚火旺，从而加重妊娠呕吐、水肿和高血压等。

孕妇妊娠后期原本就很容易出现水肿、高血压等症状，而人参有抗利尿的作用，会减少排尿，导致羊水过多，这些都很有可能引起阴道流血、流产或死胎。有些孕妇发生先兆流产就是由于服了大量人参、桂圆等补品引起的。怀孕期间，桂圆要少用，鹿茸、鹿胎膏、鹿角胶等温热大补之品在怀孕期间也不宜食用。

饮食中的蛋白质、维生素、微量元素就是最适合孕妇的补品，只要日常饮食的结构合理、营养充足，孕妇是不需要使用大补之品的。

另外，孕妇的饮食还要注意以下几点：首先避免喝浓茶和含咖啡因、可可的饮料，因为这些饮料会加重食道肌肉的松弛；辛辣性、过冷或过热的食物也应少吃为宜，这些食物会刺激食道黏膜，加重孕妇的"烧心"感；孕妇要多吃些含铁的食物，如猪、牛、鸡等的肝脏、海藻及绿色蔬菜，这些含铁食物可以预防妊娠期贫血。

14 周的胎宝宝体长可达到 85～92 毫米，体重为 30～43 克，身体所有构造都已经形成。身体的生长速度比头部快，"头重脚轻"的情况马上将要得到改善。胳膊和腿的发育出现了不同，胳膊已经比较灵活，但腿的发育明显落后，还需要一段时间才能够比例协调。

温馨小贴士

胎宝宝的面部表情更丰富了，他能够斜眼、皱眉和做鬼脸。手也能更灵活地抓握，还会吸吮手指头。这并不代表他饿了，而是大脑指挥官在正式传递命令做"练习"。胎宝宝的全身会长出非常细小的绒毛，叫作"胎毛"，这是胎宝宝独家拥有的，出生后胎毛就会逐渐消失。

第 98 天

98 不宜食用过敏性食物

吃了某种食物后，突然发生恶心、腹痛或呕吐的症状，或是全身起满了大大小小的红色疱疹，这是食物过敏的典型症状。

众所周知，吸烟、喝酒、滥用药物对胎儿的成长发育危害很大，但孕妇食用过敏性食物对胎儿发育的影响却未能引起人们足够的重视。一系列的事实表明，孕妇食用过敏性食物不仅会导致流产、早产、胎儿畸形，还有使宝宝患多种疾病的风险。

根据美国学者研究发现，约有 50% 的食物会导致人体过敏，只不过过敏也有隐性和显性之分。有过敏体质的孕妇可能对某些食物过敏，这些过敏性食物经消化吸收后，可从胎盘进入胎儿的血液循环中，妨碍胎儿的生长发育，或直接损害胎儿的某些器官，如肺、支气管等，从而导致胎儿畸形或罹患疾病。在我国，容易引起过敏的食物有以下几类：

①富含蛋白质的食物，如牛奶、鸡蛋等。食用此类食物的过敏症状一般是严重的胃痛、腹泻、皮肤麻疹或呼吸困难。

②海鲜类食物，如鱼、虾、蟹、海贝、海带等，这类食物即使是熟食也常常诱发过敏。

③某些坚果类食物，如核桃、开心果、腰果、栗子等，这类坚果可以诱发较重的过敏症状。

④有刺激性的食物，如辣椒、胡椒、姜、葱、蒜等。

⑤某些蔬菜，如茼蒿、蘑菇、芹菜、西红柿、土豆和胡萝卜等。

⑥一些种子类食物，如各种豆类、花生、芝麻等。

针对过敏性食物的不良影响及种类，孕妇在日常的饮食中要注意预防。如果以往对某些食物过敏，在怀孕期间应禁止食用这些食物；如果在初次食用某些食物后出现全身发痒、出荨麻疹、心慌气喘、腹痛腹泻等症状，应考虑到食物过敏，并立即停止食用这些食物；尽量不要吃一些过去没有吃过的食物；远离那些易引发过敏的辛辣刺激性食物；食用异性蛋白类食物应烧熟煮透，如动物肉、肝、肾、蛋类、奶类、鱼类等。

99 不宜长途旅行

有些女性平时就喜欢长途旅行，恨不得在各地的名胜古迹都能留下自己的足迹，即使在怀孕之后，也对长途旅行情有独钟，结果一不小心，发生流产，给孕妇身心造成不必要的伤害。一般来说，外出旅行会让人疲惫，而孕早期过度劳累有引起流产的可能。尤其在妊娠期最后一个月，子宫明显增大，胎儿体重增加，羊水增多，如果在长途旅行中过于劳累，容易使胎膜早破，引起早产。因此，在妊娠期间，孕妇最好不要长途旅行。

当然，如果孕妇在妊娠期执意要去旅行，或者由于一些迫不得已的原因，确实需要长途旅行，就要特别注意安全，要做好充足的准备。

①要制订合理的旅行计划，相对而言，定点、半自助式的旅行方式比较适合孕妇，那些行程紧张的旅行容易使孕妇过于疲劳，身体也得不到充分的休息。在旅行前要查明目的地的天气情况、交通情况和医疗情况等，尽量对目的地多做一些了解。

②要选择最稳妥的交通工具，以减少颠簸。如果是长距离旅行，最好选择飞机、火车、轮船等既平稳舒适又安全的交通工具，乘汽车是下策。乘飞机时要系好安全带，乘飞机和火车时最好选择靠过道的座位，这样有利于孕妇经常起立活动下肢，防止浮肿。

③孕妇不宜一个人单独出游，最好有人相伴而行，这样不仅会给旅途增添快乐，还会在孕妇觉得不舒服时给予照顾。

④由于外出会大大增加感染病毒和细菌的机会，因此要随时注意个人卫生和饮食卫生，一旦感到不适，应立即到最近的医院就诊。

⑤旅行时也要携带一些必备的药品，以备不时之需。

温馨小贴士

一般来说，孕 4～6 月时妊娠反应已过，这段时间孕妇进行长途旅行是最安全的。

第 100 天

100 不宜穿高跟鞋

许多女性喜爱穿高跟鞋，因为高跟鞋可以使她们显得更加高挑美丽，但从孕妇保健的角度讲，孕妇穿鞋，美观是次要的，关键在于安全。实际上，孕妇不宜穿高跟鞋，原因有以下几点：

①妇女怀孕后，身体情况有了变化，肚子一天一天变大，体重增加，身体的重心前移，站立或行走时腰背部肌肉和双脚的负担加重。这时如果穿高跟鞋，就会使身体站立不稳。

②怀孕常常会使妇女的下肢静脉回流受到一定影响，站立过久或行走较远时，双脚常有不同程度的浮肿，此时若穿高跟鞋，由于高跟鞋的鞋底、鞋帮较硬，不利于下肢血液循环，也会加重孕妇下肢水肿。

③孕妇穿高跟鞋步行时，为了保持身体平衡，会自觉地腰椎向前，胸椎往后，使脊柱弯曲度增加，时常感到累上加累，腰酸背痛加剧，不利于身体健康。

④孕妇穿高跟鞋易使子宫下坠、膀胱受压，时间长了还会引起尿频及产后子宫脱垂，使骨盆倾斜，不利于日后分娩。

⑤孕妇穿高跟鞋会使全身的重量过多地集中在双脚掌上，造成脚趾关节过度背伸，时间长了，容易使脚的形状发生变化，情况严重者，还会形成平足症。

⑥由于孕期内分泌的改变，孕妇全身骨骼会有不同程度的骨质疏松，如果穿高跟鞋，将会严重危害身体各部位的健康。

温馨小贴士

孕妇最好穿软底布鞋、旅游鞋，这些鞋有良好的柔韧性和易弯曲性，还有一定的弹性，可随脚的形状变化，所以穿着舒适，行走轻巧，可减轻孕妇的身体负担，并防止摔倒。

101 不宜进舞厅

舞厅是一个含菌量高、空气污染严重的公共场所。据有关调查资料表明，在我国绝大多数舞厅中，每 1.5 平方米的舞池内，就有一对舞客在跳舞，由于人多，空气不流通，易影响孕妇、胎儿的身心健康。据有关部门测定，每立方米的空气中含菌量高达 400 万个，是普通居室的 4000 倍左右。孕妇置身于这种环境中，很容易受细菌、病毒的感染。很多常进舞厅的男士或女士有吸烟的嗜好，因此，舞厅内尼古丁、一氧化碳气体等有毒物质的浓度较高。在这种空气污染的环境中，腹中的胎儿必受影响。

同时，舞厅内存在着严重的噪声污染。孕妇经常处在这种噪声环境中，会对自身和腹中胎儿造成损害。

另外，舞厅内也存在着光污染。舞厅的灯光忽明忽暗，非常刺激人的眼睛。舞厅中还有一种黑光灯，它能发射出紫外线，这种紫外线能诱发白色物体产生荧光。黑光灯对人的精神损害特别明显，会导致孕妇精神抑郁，甚至是神经衰弱。

因此，为了避免舞厅给孕妇和胎儿带来多方面的损害，有时甚至是不可逆的损害，孕妇切勿进舞厅。

温馨小贴士

孕妇平时要少去人流拥挤的公共场所，而应选择到空气质量较好、人流少的公园或郊外，以调整心情，进而促进胎儿的健康发育。

102 孕妇用错药怎么办

孕妇如果服错了药，应该从服药的时间和相关症状来考虑。

①服药时间发生在怀孕 3 周以内，称为安全期。一般来说，这个时候有害药物会导致自然流产，如果没有任何流产的现象及其他症状，表示药物对胎儿并没有造成不良影响，可以继续妊娠。

②怀孕 3 ~ 8 周内称为高敏期，是胎儿主要器官分化发育的时期，所以药物对胚胎的影响最大，应根据药物毒副作用的大小及有关症状加以判断，若出现阴道出血，不宜盲目保胎，应根据医生的建议考虑终止妊娠。

③怀孕 8 ~ 20 周，称为中敏期。此时，胎儿的各个器官进一步发育，对于药物的毒副作用较为敏感，但一般不会引起自然流产，致畸程度也相对较低。此时孕妇如根据医生的建议考虑继续妊娠，应在妊娠中、晚期做羊水、B 超扫描或胎儿镜检查。

④怀孕 20 ~ 24 周以上称低敏期。此时胎儿各脏器基本已经发育，对药物的影响敏感性较低，用药后不常出现明显畸形，但可能出现程度不一的发育异常或局限性损害，因此也须引起足够的重视。

温馨小贴士

计划怀孕和孕期的妇女，服用药物一定要慎之又慎，因药物影响胎儿健康的事件屡见不鲜，后果非常严重。

103

孕妇爱思考，宝宝更聪明

怀孕后，许多孕妇往往容易发懒，什么都不想干，什么也都不愿意想。于是有人认为，这是孕妇的特性，随她去好了。其实，这种认识是极其错误的。殊不知，这正是胎教的一个大好时机。

研究人员发现，母体与胎儿之间有着天然的密切的信息交流，腹中的胎宝宝虽然小，却能感知母亲的思想。所以，如果孕妇不思考也不学习，胎儿也会受感染而变得懒惰。倘若孕妇始终保持旺盛的求知欲，则可使胎儿不断接受良性刺激，保持大脑神经和细胞的活跃性。因此，孕妇要从自己做起，勤于动脑，勇于探索，在工作上积极进取。要保持浓厚的生活情趣，凡事都最好问个为什么，不断探索新问题。孕妇保持强烈的求知欲和好学心，充分调动自己的思维活动，那么，胎儿也就能够从母体获取到这些积极的信息，从而充分促进其大脑的成长发育，形成进取向上的求知精神。

温馨小贴士

孕妇要克服自己的惰性，在孕期不仅要勤思考，而且要适当地运动，这样既可以防止身体过度肥胖，也能促进胎儿的健康发育。

第 104 天

104 皮肤瘙痒不用急

孕妇皮肤瘙痒大多出现在妊娠中后期，轻者只是皮肤稍有瘙痒，重者则瘙痒难忍，坐立不安，由于痒得难以忍受，只得通过用力抓破皮肤暂时止痒，结果造成自身伤痕累累。皮肤瘙痒一般只有到分娩后才能减轻直至消失。

孕妇为什么会皮肤瘙痒呢？主要有两个原因：一是由妊娠后孕妇的肌肤日益膨胀引起的；二是由妊娠期肝内胆汁淤积症引起的。大部分孕妇在孕晚期肌肤逐渐伸展出现的皮肤瘙痒，主要集中在腹部，这主要是由于腹壁过度伸展出现妊娠纹以及腹壁的感觉神经末梢受到刺激的缘故，这种情况下，一般不需要特殊的治疗，只需要在皮肤上轻轻按摩或用温水擦洗，或是通过欣赏音乐等来分散注意力，瘙痒可减轻；但是，如果是由于妊娠期肝内胆汁淤积症引起的瘙痒，则与前者完全不同。这种瘙痒通常被称为"妊娠期瘙痒症"，主要区别在于眼内或肌肤表层有黄疸出现，并伴有呕吐、恶心等症状，而瘙痒感可遍布全身肌肤。这种广泛性的肌肤瘙痒是由于妊娠期胆红素排泄紊乱造成的，发病率在 2% 左右，对胎儿的影响很大，严重者会导致早产、死胎等非常严重的后果。

妊娠期皮肤瘙痒的治疗，以外用药为主，局部使用温和的止痒药和低浓度的皮质类固醇激素药物，尽量少用或不用全身性药物，以避免对母体及胎儿产生不良影响。孕妇在日常的饮食中，应多吃清淡食物、新鲜蔬菜和水果，少吃刺激性食物，保持心情舒畅。居室内也要保持一定的湿度，防止皮肤干燥，这对预防皮肤瘙痒也是有好处的。

精神紧张、情绪激动会加重瘙痒，孕妇要减轻精神负担，避免烦躁和焦虑不安。

温馨小贴士

怀孕第 15 周，胎宝宝的身长大约有 12 厘米，体重达到 50 克。胎宝宝本周发生的最大变化就是开始打嗝了，这预示着胎宝宝要开始呼吸了。但因为此时胎宝宝的气管中充斥着流动的液体，所以无法听到其打嗝的声音。这时候胎宝宝的腿长超过了胳膊，手指甲已完全形成，指部关节也开始了运动。

105 孕妇发烧怎么办

因为孕妇与胎儿的生理特性毕竟与普通人不同，因而在出现发烧的症状时也应该区别看待。那么孕妇发烧时该如何照顾才可以确保母体与胎儿的健康呢？

首先要找出发烧的原因，以便对症处理。另外，适度的退烧是很有必要的。发烧常会加快孕妇的新陈代谢，且会同时出现许多不适的症状，如头痛、食欲不振、全身倦怠、心悸甚至脱水等，这些症状更增加了孕妇心肺功能的负担。所以要选择适度退烧，一般而言，如果孕妇的体温未高于 38.5℃，且没有明显的不适症状，就可以考虑用物理方法退烧，如冰枕、散热贴片、温水擦拭等。

孕妇尽量不要服用退烧药，但若体温高于 38.5℃ 且同时伴有不舒服的症状时，则要考虑在医生的指导下进行药物辅助治疗，否则高烧同样会伤害腹中的宝宝。

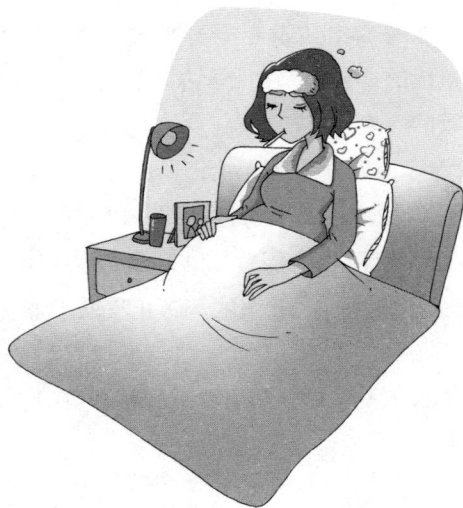

温馨小贴士

有时导致发烧的病原对孕妇和胎宝宝的伤害，要比发烧本身更严重，所以最重要的是要找出发烧的病因。当然，这需要医生的帮助才行。

第106天

106

初乳的分泌

怀孕第5个月之后孕妇可能会产生初乳。

此时乳房会分泌一种黄色透明的初乳，为日后哺乳作准备。有些孕妇要到怀孕末期才有初乳产生，也属正常。

产生初乳后，在胸罩两侧各塞入棉质手帕或纱布，以吸收分泌物。药房、美容用品店也有专为处理乳汁分泌物而设计的棉垫，但勿选用有塑胶外膜的制品，以免沾湿后不易透气。无论是纱布或棉垫沾湿后都应立即更换。

如果分泌物变干变硬，在乳头上结痂，可用清水沾湿，再轻轻拭去。不必使用肥皂，以免引起乳头干燥或不适。

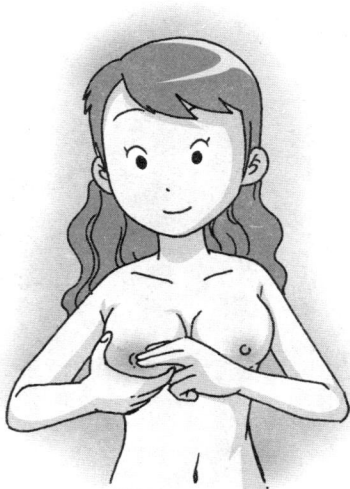

温馨小贴士

母乳是婴儿最好的天然营养品。母乳新鲜、干净、无菌，含有各种预防疾病的免疫物质，可以提高婴儿对疾病的抵抗力，以母乳喂养的婴儿很少患有消化道疾病。所以，孕妇在妊娠期间要注意乳房的保健，特别是要选择合适的乳罩。

107 外出注意事项

一般来说，孕妇不宜出远门，若要外出旅行应做好充分准备，小心照料自己和腹中的胎儿。此时外出有以下几点需要注意：

①怀孕中期较适宜旅行。将旅行时间安排在怀孕的第 4～6 个月，最为安全妥当，因此时初孕的不适和疲劳已逐渐消失，末期的沉重肿胀等尚未开始。

②不到医疗落后的地区。确定在发生紧急意外情况时，能获得妥善的现代化的医疗服务。

③不前往传染病流行地区，以防对胎儿造成危害。

④充分准备行李。除了宽松舒适的衣鞋之外，最好携带一个枕头或软垫，以便乘车时使用。

⑤旅程中多安排休息时间。孕妇易疲倦，行程安排不要太紧凑，应有充分的休息，避免不当的压力和焦虑。

⑥不要长距离旅行、长时间逗留。

⑦最好选择车厢过道边的座位，以便于起身走动，最好每隔 15 分钟走动几圈，可防止腿部静脉曲张。

温馨小贴士

孕期适宜短途旅行，避免过度疲劳；避开过热的旅游景点，选择人少的旅游地区，比如自然风景区，度假村就是很好的去处，去海边度假还可以让胎宝宝进行日光浴，达到自然补钙的效果，既可避免拥挤造成的意外，也能防止孕妇感冒；去之前应了解旅游点的气候和环境，勿去蚊蝇多、卫生差或者传染病高发的地区，以免机体抵抗力弱的孕妇得上传染病。

第 108 天

108 方便食品不宜多吃

方便食品，如面包、方便面、点心、三明治等吃起来既方便又有味道，即使女性怀了孕依然喜欢吃。但这是一种不好的饮食习惯。

孕妇妊娠期的营养摄取很重要，需要大量蛋白质、一定量的脂肪、糖类、矿物质及维生素和微量元素。方便食品的脂肪含量很少，经常以方便食品为主食，会使孕妇体内缺乏必需脂肪酸，而必需脂肪酸是胎儿大脑发育需要的重要营养成分。而且，孕早期要形成良好的胎盘及丰富的血管也离不开脂肪酸，这样才能保证胎儿的营养需求。多食或经常食用方便食品会造成胎儿体重不足，甚至新生儿死亡，更容易产生各种非遗传性障碍。

因此，孕妇宜少吃或不吃方便食品。

温馨小贴士

孕妇在调剂饮食时，一定不要怕麻烦只图方便，而应该遵照医嘱制订出丰富多样的食谱，特别是要保证食物中含有充足的蛋白质、糖类、维生素及脂肪等，以满足孕妇及胎儿健康的需要。

109 孕妇视力下降了

怀孕后，有的孕妇会发生视力下降问题，这是由于女性怀孕时荷尔蒙的波动引起的。如果孕妇本来就是近视眼，那么怀孕后情况可能会略微加剧，孕妇会发现自己的眼镜不合适了。产后雌性荷尔蒙水平下降，视力又会恢复正常。孕妇需要注意的是，糖尿病和高血压也可以导致视力大幅下降，所以不可掉以轻心，要及时去医院检查。

此外，眼角膜的弧度在妊娠期间会变得较陡，产生轻度屈光不正现象，这种情况在怀孕末期更加明显。其结果可导致远视及睫状肌调节能力减弱、看近物模糊等。如果孕妇原本近视，此时眼睛的近视度数会增加。

因此，孕妇应每月定期去医院做常规检查，如果发现视力有明显下降，可要求医生为自己做一个尿糖指标检查。如果以前的眼镜不合适了，千万别凑合着用，也不要随便扔掉（因为生完宝宝就又能派上用场了），可暂时先配一副舒适的"孕妇眼镜"，以后也可留作纪念。

温馨小贴士

孕妇应注意爱护眼睛，多摄入对眼睛有益的维生素 A、维生素 C 等营养素。眼疲劳时，可适量使用眼药水湿润角膜。切忌用氯霉素眼药水，如有炎症可以用红霉素眼药水和洁霉素眼药水，但最好先征求产科医生的意见。

110 注意孕期腹泻

孕期腹泻对孕妇的健康有很大影响。腹泻会加快肠蠕动，甚至引起肠痉挛，这些都会影响子宫，刺激子宫收缩进而导致流产、早产等不良的后果。

应对孕期腹泻，孕妇应注意以下几点：

①每餐要定时、定质、定量。

②饮食要合理搭配，不能只吃蛋白质含量较高的食物，而忽视了谷物的摄入，最好什么食物都吃。

③冷热食品要隔开食用，吃完热食物，不能立即吃凉食物，二者最少间隔 1 小时。

④不要进食过于油腻、辛辣以及不易消化的食物。

⑤必须在饭后服用铁剂，最好以食补为主，避免影响食欲或出现腹泻。

⑥排除疾病所致的腹泻。

温馨小贴士

孕妇平时要注意自己在什么情况下、吃什么食物容易出现腹泻，比如腹泻是否与吃海产品或辛辣食品以及着凉有关，这样就可以尽量避免不利情况的发生。

111 孕妇易便秘

孕妇易便秘的原因如下：

①怀孕之后，由于体内的激素水平发生变化，黄体酮分泌增加，使肠道的蠕动减慢；同时，随着子宫的逐渐增大，会慢慢压迫到排便肌肉，这些都会造成孕妇出现便秘的现象。

②孕妇的饮食常常过于精细，含渣的食物太少，加上活动量不够，随着胎宝宝的发育，子宫不断增大继而开始压迫直肠，造成胃肠的蠕动频率减弱，也会出现排便困难。

孕妇要防止便秘的发生，关键在于培养便意，建议做到以下两点：

①孕妇要形成一种习惯，即没有便意也要去蹲一蹲，形成一种固定的程序，时间一长身体就会习惯并接受这种信号，便秘的情况就会好转。一旦有便意要立即如厕，不要憋着，否则会加重便秘。

②每天选择固定的时间排便，如早晨或每次进餐后，因为这些情况下是最容易有便意的。

孕妇千万不要随便服用泻药、蓖麻油、番泻叶等有刺激性的药物，这些药物会引起腹部绞痛，轻则出现子宫收缩，严重时甚至引发流产。

温馨小贴士

第 16 周，胎宝宝身长大约有 13 厘米，体重约 150 克。本周发生的最大的事情就是胎宝宝会在"宫"中玩耍脐带了，有时抓它，有时拉它，将脐带拉紧到只能进入少量的空气。但不要太忧心，宝宝自有分寸，他不会让自己没有一点空气和养分的。

另外，此时胎宝宝的循环系统和尿道已完全进入正常的工作状态。胎宝宝可以不断地吸入和呼出羊水了。

112 受过胎教的宝宝与众不同

①不爱哭。虽然宝宝在尿湿、饥饿以及身体不适时也会啼哭，但得到满足之后便会停止啼哭。还由于受过胎教的宝宝感音能力较好，每当听到母亲的脚步声、说话声就会停止啼哭。这样的宝宝比较容易养成正常的生活规律。如在睡前母亲哼唱催眠曲或播放胎教音乐，宝宝就会很快入睡，满月后就能养成晚上睡、白天醒的习惯。

②眼睛明亮，视听注意能力优秀。

③情绪稳定，易安慰，适应环境能力强，很少无故地哭闹，也容易养成有规律的昼夜生活习惯，能够使父母得到较充分的休息。

④对音乐敏感，音感准确，学习音乐、唱歌的能力强。且出生后，宝宝在哭闹时听到音乐也很容易安静下来。

⑤性格活泼，喜欢与他人接触，能较早与人交往。婴儿出生 2～3 天就会用小嘴张合与大人"对话"，20 天左右就会逗笑，2 个多月就能认识父母，3 个多月就能听懂自己的名字。受过胎教的宝宝与未受过胎教的宝宝相比，能够较早学会笑，理解别人的表情和言语，并透过姿势的改变，表现出与人的互动。

⑥对陌生的环境怀有极强的好奇心，很容易接受新的知识。同时幼儿的记忆力较同龄的宝宝形成早，记忆的速度也较快。

⑦运动与感觉系统发育较早，吸吮手指的能力、手的握力以及四肢运动能力强，动作协调性好，扶起坐立时颈部肌肉张力佳。

⑧较早学会发音，较早学会说话。受过胎教的宝宝在 2 个月时会发几个元音，4 个月时会发几个辅音，5～6 个月时发出的声音能表达一定的意思，使母亲明白宝宝是饿了还是要大小便，使母亲照料起来更方便。

⑨较早地理解语言。受过胎教的宝宝在 4 个半月时能认出第一件东西，6～7 个月时能辨认嘴、手、水果、奶瓶等。这样的宝宝能较早理解"不"的意思，早期学会服从或者理解"不"的孩子更听话、更懂事。宝宝还会较早学会用姿势表示语言，会做"谢谢""欢迎""再见"等动作，也能较早理解别人的表情。因此显得特别可爱、聪明、伶俐。

孕 5 月

（第 113 ~ 140 天）

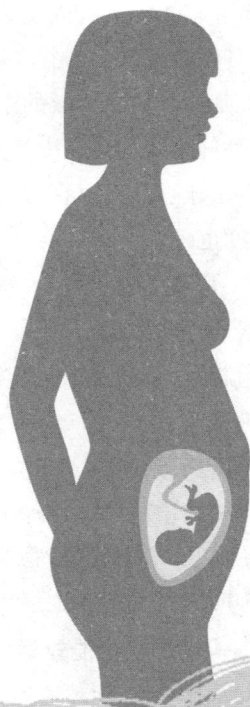

第 113 天

113

适量的有氧运动

有些孕妇，一知道自己怀孕了，马上进入全程"戒备"状态，推掉工作、娱乐和一切体力活动，坐在家里等着宝宝出生。其实，怀孕的时候做有氧运动不但会消耗母体多余的血糖，降低得糖尿病的危险，还能让宝宝发育更正常。

适当的有氧运动可以帮助减轻背疼，并通过强化背部、臀部和大腿的肌肉来改善孕妇的姿态。有氧运动还可以加强肠蠕动，从而减少便秘的发生。在妊娠期间，由于体内激素的变化，孕妇的关节通常都会出现松弛的现象，因此关节容易感到疲劳和发紧。有氧运动可以促进滑膜液进入关节，使孕妇感到四肢伸展自如。

有氧运动还可以促使大脑分泌更多的内啡肽，从而使孕妇拥有良好的感觉。通过有氧运动，皮肤内的血液流量会增加，从而使孕妇看上去精神焕发。如果孕妇在妊娠期间睡眠不好，有氧运动就是一个再好不过的调节办法，因为它可以帮助孕妇消除紧张和不安的心情，从而促进睡眠。

温馨小贴士

孕妇做有氧运动，游泳就是首选项目。别以为游泳不安全，事实上，游泳对孕妇来说是相当好的有氧运动。根据身体而定，如果孕妇怀孕前就一直坚持游泳，而且怀孕期间身体状况良好，那么从孕初期到后期都可以继续进行，但需要有家人陪同。

114 注意乳头的保养

乳房对于每个女性来讲都有着非比寻常的意义，不少孕妇十分关注乳头的保养，因为这会直接影响到宝宝将来能不能顺利喝上妈妈的乳汁。

在怀孕 4 个月后，乳头就会经常分泌出一种无色透明的液体，对乳头会有点刺激，而且这种分泌物在乳头滞留太久会变成痂，因此，必须擦洗干净。清洁乳头的简易方法为：先把手洗干净，用软布或棉花蘸点植物油或香皂水，擦洗乳头及其四周，擦洗后用清水洗净，再用软布或毛巾擦干。清洗乳头每次 1～2 分钟，每天 2～3 次。

怀孕进入 16 周后，应开始按摩乳头。具体做法是：将食用油或冷霜涂在乳头上，再用手指将乳头轻轻拈出，以手掌画圆方法按摩。洗澡时，也可以轻轻擦拭乳头，以同样的方法按摩。每次按摩 1 分钟，每日洗澡时按摩一次即可。若是乳头凹陷，涂油或涂肥皂会太滑，手指无法拈出乳头，所以最好不涂。此时，可直接用手指将乳头拉出。

需要注意的是，孕妇平时不要留长指甲，以免在做乳头保养时伤害到乳房皮肤。为促进乳腺发育，平时可用温热毛巾敷在乳房上，在毛巾上面把乳房夹在手掌和肋骨之间进行按摩。从怀孕的第 32 周起，用手指把乳晕周围挤压一下，使分泌物流出，以预防腺管不通造成产后乳汁淤积。

温馨小贴士

整个孕期对乳房的刺激不宜过多，特别是怀孕末期，刺激乳房可以诱发子宫收缩，有引产和催产作用。所以，孕妇对乳房要加强护理。

115 孕妇到大自然中有利于胎教

大自然不仅可以开阔人的视野，对于母婴的身心健康也大有益处，因为到大自然中去，人会感到眼前的山川河流美不胜收，处处赏心悦目，令人心情愉悦。

大自然中清新的空气对于人的健康有极大的益处，对孕妇更是如此。

大自然的美景多种多样，各具风格。日月星云、山水花鸟、草木鱼虫、田林原野等都能陶冶人们的情操，激发人们对生活的热爱。它能给人们带来欢乐，激发人们丰富的想象力，使人们的精神世界丰富多彩。

总之，大自然是无限美妙的。多欣赏大自然的美景，不仅能使孕妇得到休息、娱乐，从宁静和美景中获得清爽、舒畅之感，还可以使孕妇大开眼界，增长知识，增添机体活力。这些都极有利于孕妇和胎儿的身心健康。

温馨小贴士

孕妇在假日里与丈夫和亲朋好友一起去郊外游玩，也是一种呼吸新鲜空气的好方式。在欣赏秀丽的大自然田园景色的同时，腹中的胎宝宝也会受到益处。含氧丰富的血液使胎宝宝像喝足水的庄稼一样。有时还会在母腹中手舞足蹈，以表达愉悦之情呢。

116 肥胖孕妇饮食要注意

对孕妇而言，饮食是一个十分值得注意的问题，尤其是那些肥胖的孕妇，更应该如此。肥胖可以诱发妊娠高血压综合征、胎位异常或过期妊娠；也容易导致流产、难产和死胎；同时，由于腹部脂肪堆积较多，容易使产前检查困难，胎位比较难固定，给分娩也造成一定的困难。

鉴于此种情况，肥胖妇女在怀孕前要有意识地进行减肥治疗，但怀孕后则不宜继续进行，毕竟充足的营养是不能缺少的。肥胖孕妇在饮食方面要注意以下几点：

🍀 要适当控制进食量

主要控制糖类食物和脂肪含量高的食物，米饭、面食等主食均不宜超过每日标准供给量。动物性食物中可多选择含脂肪相对低的鸡、鱼、蛋、奶等，少选择脂肪含量相对较高的猪肉、牛肉、羊肉等，同时，可适当地增加一些豆类，这样既可以保证补充适当的蛋白质，又能控制脂肪的摄入。应少吃油炸食物、坚果、植物种子类的食物，这类食物中的脂肪含量也很高。

🍀 要多吃蔬菜和水果

一旦主食和脂肪量减少，往往会有较强的饥饿感，可以多吃一些蔬菜和水果，在选择水果时，同样要选择那些含糖低的水果，既缓解饥饿感，又可增加维生素和有机物的摄入。

🍀 要养成良好的膳食习惯

有的孕妇喜欢边看电视边吃零食，不知不觉吃了许多，这种习惯非常不好，容易造成营养过剩。肥胖孕妇注意饮食要有规律，按时进餐，可选择热量比较低的水果当零食，不要选择饼干、糖果、瓜子仁、薯片等热量比较高的食物。

温馨小贴士

肥胖孕妇一旦有食欲增加的迹象，可适量地吃些黄瓜和番茄，既能填饱肚子，又补充了水分和维生素。

第 117 天

117 抵抗膨化食品的诱惑

许多孕妇都很喜欢逛超市，买各式各样的零食吃，特别是包装艳丽抢眼的膨化食品。但实际上，膨化食品并不适合孕妇多吃。

大部分膨化食品具有多油脂、高热能、高盐、高糖、多味素等特点，它的主要成分是脂肪和碳水化合物，孕妇食用后虽能暂时缓解饥饿，但却营养不全，吃多了还会产生饱胀感，影响进食，造成蛋白质和维生素等的缺乏。而且高脂高热能的食物会带来肥胖、糖尿病、高血压、高血脂等问题，这对孕妇和胎儿都没有好处。

为了使食物酥脆，膨化食品中还会掺入少量铝。铝摄入过多会影响胎儿大脑的发育。膨化食品还含有人工合成色素、香精、糖精及防腐剂等，这些都对胎儿没什么好处。此外，膨化食品属于低粗纤维食物，孕妇运动量本来就少，而且由于腹部增大造成的静脉曲张，这就很容易导致便秘。因此，为了自己和胎儿的健康，孕妇要抵抗膨化食品的诱惑，尽量避免食用这类食物。

118 胎教有利于完善宝宝人格

胎教对宝宝的影响是整体性的，宝宝学习的结果也是整体性的，所以胎教有助于胎宝宝以及其出生后精神素质等各个方面的塑造，有助于其人格的完善。

人格又称个性，即一个人的基本精神面貌，或者一个人各种心理特征的综合。人格的形成与人早期经验有很大的关系，如果一个人能够在人生的开始就受到整体性和审美教育，那么这种教育就会对一个人的心灵产生长远的、深刻的、潜移默化的影响，最终使这个人的人格趋向完善，并使这个人成为一个善良、真诚、美丽的人，成为能够自我认识、自我完善和自我实现的人。

胎教就是人生最早的审美教育，对一个人的发展起着开创性作用。经过胎教的宝宝大都性格活泼、爱蹦跳，而且身体健康、聪明好学，有的成为早慧儿童，有的具有艺术等方面的特殊能力。

需要提醒的是，宝宝智能的发育受后天环境与教育等多种因素的影响，所以很难评价胎教在其中的单纯作用。但胎教为婴幼儿智能发育奠定了一个良好的基础，并对宝宝的早期教育的开发起到了积极作用，这一点是毋庸置疑的。

温馨小贴士

第 17 周，胎宝宝身长大约 13 厘米，体重 150～200 克。此时胎宝宝的骨骼还都是软骨，可保护骨骼的"卵磷脂"开始逐渐覆盖在骨髓上。

17 周的胎宝宝，借助听诊器可听到其强有力的心跳，从此准爸爸妈妈可通过听胎心音来确定胎宝宝是否健康。这时，循环系统、尿道等也开始工作，平稳地吸入和呼出羊水，肺发育得更加强壮，有助于胎宝宝出生后适应子宫外的空气。

听力从孕 16～19 周开始形成。胎宝宝可听到很多的声音，如心脏跳动的声音、大血管内血液流动的声音、肠蠕动的声音等。胎宝宝最喜欢听妈妈那温柔的说话声或歌声，所以进行胎教的最佳时期就是孕中期。现在准爸爸妈妈可一起进行胎教：有意识地与胎宝宝进行对话沟通；轻柔地抚摩腹部，为胎宝宝做体操；看一些美丽的图片，听古典音乐等。在温馨的关怀环境下，胎宝宝会更加健康地成长发育。

第 119 天

119 孕妇宜午睡

妊娠妇女的睡眠时间应比平常多一些，如平常习惯睡 8 小时，妊娠期以睡到 9 小时左右为好。午睡最好增加 1 小时。即使在春、秋、冬季，也要在午饭后稍过一会儿，抓紧时间睡个午觉。睡午觉主要是可以使孕妇神经放松，消除劳累，恢复活力。

午睡时间长短可因人而异，因时而异，半个小时到一个小时，甚至再长一点均可，总之，以休息好为主。平常劳累时，也可以躺下休息一会儿。

午睡时，要脱下鞋子，把双脚架在一个坐垫上，抬高双腿，然后全身放松。特别是感到消化不良或血液循环不好时，可以任意选择睡姿，不要担心压坏或影响胎儿。

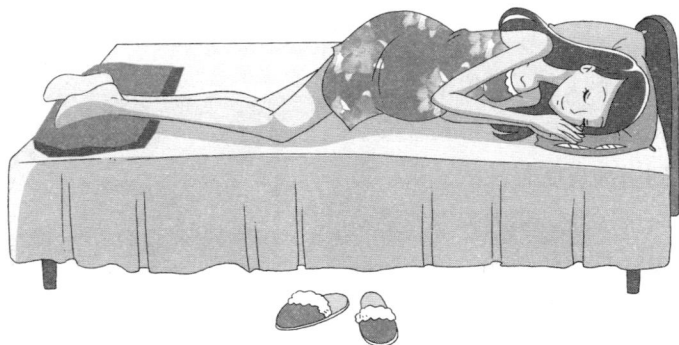

温馨小贴士

怀孕时期，孕妇如果能睡得很熟，睡眠时脑部的脑下垂体就会分泌出生长激素。这不是为了帮助孕妇成长，而是为了胎儿成长而分泌的，是胎儿成长不可或缺的物质。此外，生长激素具有帮助母亲迅速消除身心疲劳的效果。许多母亲怀孕前常抱怨睡眠不佳，但怀孕后反而变得比较容易入眠，就是因为分泌了生长激素，使其身体内部自然而然地发生了变化。

120 孕期如何预防妊娠纹

妊娠纹是怀孕期间出现在孕妇下腹部、大腿、胸部或背部，呈现紫色或粉红色的条纹，让爱美的孕妇颇为尴尬。

当女性怀孕超过 3 个月时，增大的子宫突出于盆腔，向腹腔发展，腹部开始隆起，受增大的子宫影响，皮肤弹性纤维与腹部肌肉开始伸长。尤其是怀孕 6 个月后更加明显。当超过一定限度时，皮肤弹性纤维发生断裂，腹直肌腱也发生了不同程度的分离。于是，在腹部的皮肤上出现了粉红色或紫色的不规则纵形裂纹。分娩后，虽然断裂的弹性纤维逐渐得以恢复，但难以恢复到以前的状态，而原先皮肤上的裂纹便渐渐褪色，最后变成银白色，这就是妊娠纹。

大部分的孕妇会产生妊娠纹，如果加强产前保养，可以减少妊娠纹产生的概率，也可以把妊娠纹的影响降到最低限度。为防止妊娠纹的发生，一方面要防治病理性妊娠，如巨大儿、羊水过多等，以减少因子宫过度胀大而使腹部过度隆起的因素。女性怀孕后，要合理调节饮食，避免摄入过多的碳水化合物和过剩的热量，可轻轻按摩腹部皮肤，达到增加皮肤弹性的效果；另一方面要加强腹部皮肤、肌肉弹力纤维的弹性，使腹部保持足够的弹性以适应腹部的膨胀。这就要求女性在孕前注意体育锻炼，特别是要注意腹部锻炼，如做仰卧起坐、俯卧撑等。也可坚持冷水擦浴，增加皮肤的弹性。经常坚持腹部锻炼的人，妊娠纹很少出现，即使有也很轻微。

温馨小贴士

在孕早期，胎儿的生长还不够稳定，容易受到外界刺激，故孕妇最好不要擦妊娠霜，也不要按摩腹部。

121 为什么阅读胎教是有益的

为了培养宝宝丰富的想象力、创造力以及进取精神，最好的教材莫过于幼儿画册。孕妇可以将画册中每一页所展示的内容，用自己富于想象力的大脑加工成有趣的故事并传递给胎儿，从而促使胎儿心灵健康成长。孕妇可选那些色彩丰富、富于幻想的内容，可以是表达勇敢、理想、幸福、爱情等主题的，当然，只要适合胎儿成长的主题都可以采用。

利用画册做教材进行胎教时，一定要注意把感情倾注于故事的情节中，通过语气、声调的变化使胎儿了解故事是怎样展开的。单调和毫无生气的声音是不能唤起胎儿的感受的。一切喜怒哀乐都可以通过富有感情的声调传递给胎儿。而且，不仅仅是朗读，这些语言的内容要通过孕妇的思维使它形象化，以便更具体地传递给胎儿，因为胎儿对母亲的语言不是用耳而是用脑来感受的。

温馨小贴士

在选择胎教书籍时，不要有先入为主的观念，自以为胎宝宝会喜欢哪些书籍，应尽量广泛地选择各类书籍。同时，为了让母亲的感觉与思维能充分传达给胎儿，孕妇最好保持平静的心情并保持注意力的集中。

122 从胎宝宝开始提高其记忆力

胎宝宝对外界有意识的激励行为的感知体验，将会被长期保留在记忆中，并对其未来的个性以及体能和智能产生一定程度的影响。

🍀 胎宝宝具有记忆能力的例证

小提琴家美纽因、指挥家罗特及钢琴家鲁宾斯缇都对一些从未接触过的曲子产生过"似曾相识"的感觉，即使不看乐谱，乐曲的旋律也不由自主地在脑海中不断涌现。究其原因，原来是他们的母亲在怀孕时曾经反复弹奏过这些乐曲。

一位名叫海伦的女性只要给她腹中 7 个月的宝宝唱一支摇篮曲，胎宝宝立刻就安静下来。

加拿大哈密顿乐团的指挥鲍里斯在一次演奏时，一支从未见过的曲子突然在脑海里出现，而且感到十分熟悉和亲切，这使他迷惑不解。后经了解，原来他的母亲曾是一位职业大提琴演奏家，在怀鲍里斯时曾多次练习、演奏过这支曲子。

这些例子都无可辩驳地说明了胎宝宝的确是具有一定的记忆能力的。

🍀 胎宝宝具有记忆力的意义

在出生前数月内，胎宝宝的行为渐趋成熟、复杂。这是因为迅速增大的记忆储存促进了自我形成，并开始引导胎宝宝行为的发展。

胎宝宝既然有记忆能力，那么孕妇就应设法开发胎宝宝的记忆力，把积极的、良好的、健康的、真善美的信息及时传递给胎宝宝，让他输入脑子里，使其受用一生。

胎教是教育的启蒙，由于胎宝宝在子宫内通过胎盘接受母体所供给的营养和母体神经反射传递的信息，所以胎宝宝脑细胞在分化、成熟过程中不断接受母体神经信息的调节与训练。因此，妊娠期母体"七情"的调节与子女智力的发展有很大的关系。

温馨小贴士

既然胎宝宝有记忆，准父母不妨多跟体内的胎宝宝交流，这样不但可以培养其感情，还能促进以后和胎宝宝的关系，同时也可以锻炼胎宝宝的记忆力。

123 选择合适的鞋子

怀孕后，孕妇的体重开始增加，走路时腿和脚的压力增大了许多，重心也发生了变化，如果穿着一双不合脚的鞋，会使孕妇感到格外疲惫。因此，对孕妇而言，穿鞋也很有讲究，尤其那些漂亮的高跟鞋，孕妇就不宜再穿了。如果这个时候穿高跟鞋，孕妇的身体重心就会向前倾斜而失去平衡，引起摔跤、闪腰等麻烦，走路或站立也会使脚感到很吃力。有些孕妇怀孕中期，脚部开始出现浮肿，到怀孕后期，脚和腿的浮肿会更加明显，走路时更难以把握平衡，高跟鞋的鞋底和鞋帮都比较硬，也不利于下肢的血液循环。

许多孕妇认为平底鞋是最好的选择，但是穿平底鞋走路时，一般是脚跟先着地而脚心后着地，不能维持足弓震荡，也容易引起肌肉和韧带的疲劳和损伤。相对而言，选择后跟高度为2～3厘米的鞋比较适合。

夏天穿凉鞋的人比较多，孕妇应选择有防滑底的鞋，防止雨天或遇到水渍时滑倒。选择冬天穿的棉鞋也要宽松一些，这样会更加舒适。回到家后，孕妇喜欢换上拖鞋，但由于汗腺分泌旺盛，脚部的汗液多，容易形成汗脚，穿橡胶或塑料拖鞋时有可能引发皮炎，过敏性体质的孕妇尤为明显，因此，以选择薄布拖鞋为佳。皮炎刚发作时只是脚背发红，可能感到有瘙痒，常被认为是中癣或湿疹。

温馨小贴士

孕妇在选鞋时，除了讲究舒服、保暖外，也要考虑到足弓的需要。

124

孕妇小腿浮肿

在妊娠期间，为了满足胎儿生长发育的需要，孕妇的血浆和组织间液体增多，如果劳累、行走或站立的时间过长，下肢容易出现浮肿。特别是到了妊娠后期，子宫逐渐增大，压迫下肢静脉，使血管受阻，影响到毛细血管的血液循环，更容易发生浮肿。不过，一般经卧床休息后，这种浮肿大都会自动消退。如果不能消退，称为妊娠水肿。

妊娠水肿又有显性和隐性之分，如果孕妇下肢皮肤发亮，弹性减低，用手指按压后出现凹陷，由踝部开始，发展到小腿、大腿甚至腹部，叫作显性水肿；有些孕妇体表无明显水肿，液体潴留在各器官的间隙中，体重增长很快，每周超过 0.5 千克，这类水肿叫作隐性水肿。

妊娠期出现的小腿浮肿是怀孕引起的生理反应，一般不需要治疗，只要注意休息，避免长时间站立，坐、卧时将双腿抬高，水肿就可以减轻或消失。如果浮肿严重，浮肿范围向上发展超过膝盖，经上述方法仍不见效，或伴有头晕、恶心、呕吐等，则要测量血压、查尿常规看有无蛋白尿，需要到医院做进一步的诊治。

小腿浮肿会给孕妇带来诸多不便和痛苦，因此，应尽量避免或发生后减轻症状。平时要避免长时间站立，工作时要适当休息。在日常饮食中也应有所调理，尤其是那些因营养不良引起浮肿的孕妇，每天一定要摄入足够的蛋白质，如蛋、奶、鱼和肉等类食物；要进食足够的蔬菜和水果，保证维生素和微量元素的摄入；不要吃过咸的食物，尤其是咸菜，以防止浮肿加重；也要控制水分的摄入。

温馨小贴士

怀孕第 18 周，胎宝宝身长约有 14 厘米，体重约 200 克。此时胎宝宝的小胸脯一鼓一鼓的，是其在呼吸，但这时胎宝宝吸入呼出的是羊水而不是空气。

125 孕妇小腿抽筋

如果在酣睡的夜晚，被一阵因小腿抽筋带来的疼痛惊醒，对孕妇而言，实在不是一件让人惬意的事，难道是脚太累了？

孕妇发生小腿抽筋是妊娠中后期常见的症状，最早在怀孕 2 个月，最迟在怀孕 8 个月，大部分在怀孕 3 ～ 8 个月期间。实际上，小腿抽筋是由于小腿后部腓肠肌（俗称小腿肚）痉挛性收缩而产生的剧烈疼痛。

导致小腿抽筋的原因有很多，如孕期营养摄入不均衡、户外活动少造成钙的缺乏，也有可能是腿部肌肉承受的压力过大而感到疲劳所致。另外，血液循环不良或严寒也有可能引起抽筋。抽筋能够引起小腿局部剧烈疼痛，此时只需将脚趾用力扳向头侧或用力将脚跟下蹬，使踝关节过度屈曲，腓肠肌拉长，症状便可迅速得到缓解。要防治小腿抽筋，可以从以下几个方面着手：

①临睡前用温水洗脚，在洗脚时对小腿肚进行 3 ～ 5 分钟的按摩。睡眠时下肢要注意保暖，尤其是在入睡前，不要直接让小腿吹风或冷气，并采用侧卧姿势，可以减轻症状。

②日常活动要适量，不要过度疲惫，避免走路太多或站得太久。走路时，后脚跟先着地，伸直小腿时脚趾弯曲，不朝前伸。

③在休息的时候，可平躺将脚部稍微抬高，脚趾向上伸展，可使小腿后部肌肉舒张，可减轻肿胀和不舒适感。

④经常按摩抽筋的腿部肌肉，促进血液循环，有利于排除代谢物。按摩也可与热敷搭配。

⑤日常饮食中要多吃钙含量丰富的食物，如牛奶、排骨、小鱼干等。

温馨小贴士

孕妇需注意，如果不是偶尔的小腿抽筋，而是经常性的肌肉疼痛，或者是腿部肿胀或触痛，这有可能是下肢静脉血栓的征兆。

126 口腔疾病的治疗

怀孕之后，孕妇在生活规律上有所改变，进食的次数多了，爱吃零食，但又常忽略口腔的清洁保健，因此，一些牙周问题也随之而来。孕期常见的牙周问题有：

①妊娠牙龈炎。孕期常见的牙龈问题是牙龈肿痛，刷牙时容易出血，这是由于孕期荷尔蒙分泌增加，使牙龈充血肿胀，颜色变红。牙龈疼痛出血，会影响进食，进而影响到胎儿的发育；同时，牙齿病菌还会通过血液传染给发育中的胎儿，使其将来发生口腔疾病的概率增加。防治的方法是去除牙结石，早晚刷牙、饭后漱口，保持口腔卫生，多吃一些富含维生素的食物。

②妊娠性牙龈瘤。这种病症比较少见，一般发生在怀孕中期，由于牙龈发炎与血管增生，形成鲜红色肉瘤，大小不一，生长快速，常出现在前排牙齿的牙间乳头区。这种牙龈瘤的发生与妊娠有关，并随着妊娠期的发展而逐渐扩大，当肉瘤直径达 1.5 厘米左右时会停止生长。

妊娠性牙龈瘤并不是一种真性肿瘤，通常不需要治疗，或是只针对牙周病进行基本治疗，如洗牙、口腔卫生指导等，目的是减少牙菌斑的滞留和刺激。随着产后内分泌渐渐恢复到正常状态，牙龈瘤也会变得越来越小，甚至消失，但并不能因此而忽视了口腔的清洁工作。如果出现妨碍咀嚼、易咬伤或过度出血等情况，可考虑切除，只不过在孕期做切除手术容易再发。只要早一点到医院治疗牙龈炎、牙周炎等口腔疾病，是可以有效预防妊娠性牙龈瘤的发生的。

③除以上两种外，也会偶尔见到牙周囊袋加深、牙齿容易松动等症状。对此，患有牙科疾病的孕妇应定期检查及做好口腔清洁卫生，这是绝对有帮助且必需的健康行为。

温馨小贴士

孕妇在刷牙时要选用刷头小、刷毛软的保健牙刷，选用含氟牙膏，预防龋齿。

第 127 天

127 孕妇应勤洗头、洗澡

孕妇妊娠期新陈代谢旺盛，皮脂腺、汗腺分泌增加，皮肤易脏。头部的油性分泌物增多，阴道的分泌物也不断增加，外阴部不洁净。因而，孕妇孕期应该经常洗头、洗澡，更换衣服，保持身体卫生。会阴部位应该每天用温水清洗，避免感染。全身清洁还可促进血液循环和皮肤的排泄。

孕妇洗澡时，不宜用浴盆，应该选用淋浴。孕妇妊娠之后，特别是怀孕 7 个月以后，盆浴可将细菌带入阴道，产后引起产褥感染。公共浴盆更易传染阴道疾病。盆浴时，下身浸入热水之中，容易导致子宫充血。孕妇长时间盆浴更易升高阴道体温，危害胎儿中枢神经系统。淋浴无须弯腰，适合身体不便的孕妇。没有淋浴条件者也可盛水冲浴。

孕妇洗澡时要特别注意行走稳当，以免滑倒。妊娠晚期，行动不便时，可以请人搓澡。洗澡时，应该有人陪同在身边，以防不测。

温馨小贴士

孕妇洗澡要注意，在保持清洁的同时，还要保证胎儿的安全。冬天天气寒冷，孕妇洗澡更加需要注意，既要保暖，水温又不能太高，以免影响胎儿发育。

128 孕妇如何度过炎炎夏日

夏天高温闷热，总是让人经常出汗，而孕妇身体的新陈代谢旺盛，汗腺分泌增多，更加容易出汗，尤其是在"孕妇过三伏，腹中揣火炉"的三伏天，更是一个挑战。炎炎夏日，孕妇该如何度过呢？

①心静自然凉。孕妇要在炎热的日子里平心静气，摆脱焦虑、厌烦之感，使精神处于宁静的状态。当天气燥热难耐时，可多喝水，或到清凉的地方休息片刻，避免接触噪声、强烈的阳光。

②要有规律地安排作息时间。早晨起床后，可适当地做一些运动，有利于机体调节体温，增强对热的耐受力；中午最好午休一会儿；不要贪凉，从高温中走入冷气较足的房间，不宜待得太久，更不可迎风而坐，露天而睡，防止腹部受凉，诱发疾病。注意室内通风，尽量避免电扇或空调直吹身体。

③饮食要清淡卫生。盛夏的季节，孕妇的消化功能较差，为了保证母体和胎儿的营养，孕妇在夏天要注意保持食欲，多吃新鲜蔬菜，既能增进食欲，又能满足营养需求。

④外出要注意防暑避温。夏季炎热，孕妇外出时，要戴帽子或打遮阳伞，避免毒辣的阳光直接照射。最好涂抹不含铅的防晒霜，返回室内后及时洗净。衣着宜宽大凉爽，出汗多时，要勤换勤洗。

⑤要用温水擦洗或淋浴，预防痱子或皮肤生疖子。如果用冷水洗，皮肤上的污垢不易清除，还容易因受凉而感冒。洗澡时间也不宜过长，否则，会因浴室内温度较高、氧气供应相对不足和水温的刺激使毛细血管扩张，导致孕妇脑部的供血不足，容易出现头昏眼花、胸闷乏力等症状，也会伤害胎儿正在发育中的中枢神经系统，给胎儿造成影响。因此，孕妇洗澡的时间最好控制在 10 ～ 20 分钟。

温馨小贴士

夏季皮肤受汗液浸渍，最易招致各种真菌的感染，从而引起汗斑、体癣和股癣等。在夏季天热汗多又没有及时清洁的情况下，孕妇很容易出现这些症状。因此，孕妇夏天要注意卫生。

第 129 天

129 孕妇如何度过寒冷的冬天

冬季气温低，昼夜温差大，是各种病毒感染性疾病流行与高发的季节，而这个时候，由于孕妇的免疫力也较低，更容易受到疾病的侵袭。因此，对孕妇而言，寒冷的冬天也是一个严峻的挑战，为了能够平安地度过冬天，孕妇该如何保养呢？

要注意保暖，防止病毒感染

在冬季，孕妇容易患上风疹、流行性感冒等传染性疾病，如果孕早期感染上风疹、巨细胞病毒，会对胎儿造成不同程度的危害。所以，孕妇应注意保暖，保持室内温度恒定，以 21℃～24℃为佳。要根据气温的变化，适时地增减衣服，外出时更要注意防止受寒着凉。晴朗的天气可到室外散步，大风、降雪、寒潮天气时最好不要外出。

增加营养，保证需要

冬季人体散热多而且快，孕妇应注意饮食，以满足自身和胎儿的需要，肉、蔬菜、水果一样也不能少。

防止跌伤，注意安全

在寒冷的冬天，地面比较滑，由于孕妇身体比较笨拙，容易跌伤。所以，孕妇外出时最好有人陪同，穿防滑鞋，防止因跌倒而引发流产或早产。如果不小心摔倒了，要保持镇定，如果孕妇自己没事，也没有任何异常的感觉，就没有问题，如果出现了不适的症状，则要及时到医院检查。

可以多晒太阳

孕妇对钙质的需求量比一般人要多。钙在体内吸收与利用离不开维生素 D，而维生素 D 可以在阳光的紫外线参与下由体内进行合成。孕妇常晒太阳有益于钙的吸收和利用，每天应至少晒太阳 30 分钟，可以选择在户外或自家的阳台上。隔着玻璃晒太阳是达不到应有的效果的。

温馨小贴士

孕妇使用空调取暖时，应开启门窗通风换气，连续使用空调，要经常把窗留有 3～4 厘米的缝隙，加强新鲜空气的流入，保持室内空气的新鲜。

130 下肢静脉曲张的防治

静脉曲张是指静脉肿胀，最有可能在孕妇的腿部出现，是妊娠期众多不良的反应之一。其症状很明显，具体表现在脚部浮现蚯蚓般的脚筋或如蜘蛛网般的紫红色细丝状血管，轻者造成腿部疼痛酸麻，重者造成血栓性静脉炎或静脉栓塞等危险情况。对大多数孕妇而言，静脉曲张并不会让人感到有什么不舒服的感觉，或者只是感到稍微的不适，有时会感到腿部沉重、疼痛，静脉曲张部位周围的皮肤也可能会发痒、抽痛或产生灼热感。一般这些症状会在晚上加重，特别是在孕妇站立时间太久的情况下。

预防静脉曲张的措施有以下几种：

①每天适度地走动，可以促进血液循环。

②要避免长时间站立、坐着或双腿交叉压迫。长期站立或压迫双腿容易造成腿部静脉充血，使血液回流困难。

③睡觉时应尽量采取左侧卧位，这样可以避免压迫到腹部下腔静脉，减少双腿静脉的压力。

④要注意平时的着装，避免穿紧身裤、束腰带、吊袜带等会妨碍血液循环的衣物。

⑤在休息的时候，可将双腿抬高，这有利于血液回流至心脏。

⑥摄取足够的维生素C，维生素C可以保持静脉的健康和弹性。如果小腿下半部可见血管，而且感到逐渐疼痛、红肿、发热或触痛，说明静脉已经完全感染，这是一种可能导致血栓的"血栓性静脉炎"，最好到医院治疗。

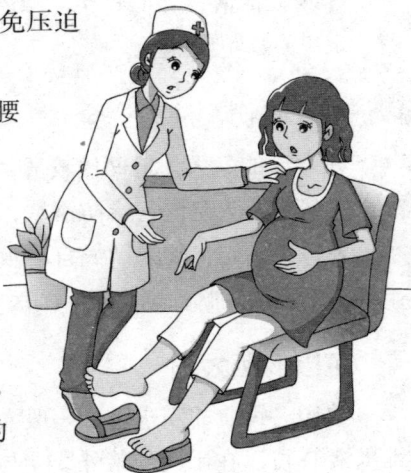

温馨小贴士

孕妇多吃些膳食纤维丰富的食物，如芹菜等，可以有效避免由便秘引起的静脉曲张。

第 131 天

131 防治心慌气急

孕妇在妊娠期间，为适应妊娠及胎儿生长发育的需要，肺的通气量比非孕期增加 40 倍。心肌发生代偿性肥厚，心腔扩大，心跳加快。由于孕期母体的血容量比非孕期平均增加 1500 毫升，出现所谓妊娠生理性贫血，从而血液供氧能力下降。同时，由于增大的子宫使心脏向上、向左移位，心脏在不利的条件下工作。这些因素都加重了心脏的负担，使得机体通过增加心率及心搏出量来完成额外工作。这些生理性的改变一般不会出现症状，但活动量增多，就可出现心慌气急。对此，孕妇不必紧张，要注意做适量的运动，运动时，若遇不适，应立即停止。最好的方法是休息，充分的睡眠可以解除身体的疲劳，促进新陈代谢。

此外，如果休息后心慌气急仍没有减轻，可到医院进行检查，看是不是其他原因。妊娠合并心脏病患者常出现活动后心悸，气急，甚至休息时也会发生。

孕妇做运动时，应尽量避免剧烈运动，以防止身体疲劳或出现其他不适。同时，为防止由于妊娠生理性贫血导致心慌气急，孕妇平时应多吃些含铁丰富的食物，如动物肝脏、肾脏、血、瘦肉、大豆、蛋黄等。另外，孕妇休息时要注意合理分配时间，白天休息时间不宜过长。

温馨小贴士

第 19 周，胎宝宝身长大约 15 厘米，体重 200～250 克。此时的胎宝宝可吞咽羊水，肾脏已能制造尿液，头发也在迅速生长。可根据 B 超图画出胎宝宝的大致模样，还可看到胎宝宝踢腿、屈身、伸腰、滚动以及吸吮大拇指等动作。

此时胎宝宝的最大变化就是感觉器官开始按照区域迅速地发展。味觉、嗅觉、触觉、视觉、听觉在大脑专门的区域里发育；神经元的数量减少，但之间的连通开始增加。

132 写字楼里孕妇须知

写字楼虽然环境好，远离风吹日晒，设备也很先进，但其实它存在着各种各样的污染源。怀孕后继续在写字楼里工作的孕妇需注意以下几种设备。

☘ 电脑

电脑开启时，显示器散发出的电磁辐射对细胞分裂有破坏作用，在孕早期会损伤胚胎的微细结构。孕早期经常上网的女性，流产率很高，生出畸形儿的概率也大大增加。因此，在怀孕 3 个月以前，孕妇要尽量少接触电脑。3 个月后，胎儿的基本发育已经完成，此时孕妇可以适当地使用一下电脑。

☘ 电话

电话是一项最容易在写字楼里传播疾病的办公用品。电话听筒上 2/3 的细菌可以传给下一个拿电话的人，是办公室里传播感冒和腹泻的主要途径。所以孕妇最好拥有一部独立的电话机。如果不得不和其他同事共用，则应该减少打电话的次数。

☘ 空调

据有关研究显示，长期在空调环境里工作的人 50% 以上有头痛和血液循环方面的问题，而且特别容易感冒。这是因为空调使得室内空气流通不畅，负氧离子减少。预防的办法很简单：定时开窗通风，排放毒气。另外，怀孕期间，尽量每隔两三个小时到室外呼吸一下新鲜空气。

☘ 复印机

由于复印机的静电作用，空气中会产生出臭氧，使人头痛和晕眩，启动时，还会释放一些有毒气体，有些过敏体质的人会因此发生咳嗽、哮喘。如果孕妇所在的办公室里有一台复印机的话，可以跟同事商量，把它放在一个空气流通比较好的地方，并要避免日光直接照射。孕妇还要减少与复印机打交道，并要适当多食用一些富含维生素 E 的食物。

温馨小贴士

在写字楼里工作的孕妇，除了要注意以上几点，还要注意休息，避免过度劳累。此外，如果办公室里人较多，还要避免冲撞、跌倒、流感等情况的发生。

第 133 天

133 重视唐氏综合征筛检

唐氏综合征又叫作21三体综合征或先天愚型，即患者的第21对染色体为3条，比正常人多出1条，是一种常见的染色体异常现象。

唐氏综合征患儿可能会有某些共同的身体特征，比如眼睛向上外倾斜、有一根通贯掌纹、耳朵位置低、手小等。唐氏综合征患儿还很可能有某些疾病，如心脏缺陷、消化道缺陷，有时还出现视力和听力问题，受影响最大的是学习能力，会给家庭带来巨大影响。因此，孕妇一定要重视唐氏综合征的筛检，尤其是 35 岁以上的高龄孕妇要做无创基因检查。

唐氏综合征筛查是通过抽取孕妇的血清，检测母体中甲型蛋白和绒毛促性腺激素的浓度，并结合孕妇的年龄、体重、预产期和采血时的孕周等来判断胎儿患有唐氏综合征的危险系数。一般抽血后 1 周内即可拿到筛查结果，如结果为高危也不必惊慌，因为还要进一步做羊水穿刺和胎儿染色体检查才能明确诊断。

温馨小贴士

唐氏筛查的最佳时间是怀孕的第 15～20 周，且时间控制非常严格，如果错过了最佳检查时间段，会影响检查结果的准确性，且无法进行补检，只能进行羊膜腔穿刺检查。

第 134 天

134 孕期头晕等小问题不敢用药怎么办

孕妇难免会出现头痛、头晕、咳嗽等小毛病，可是大部分孕妇不敢吃药，唯恐对腹中的胎儿产生影响，下面是几种孕妇头痛、头晕、咳嗽不吃药的食疗方法：

①感冒初起喉头痒痛时，立即用浓盐水每隔 10 分钟漱口及咽喉 1 次，10 余次即可见效。

②喝鸡汤可减轻感冒时鼻塞、流涕等症状，而且对清除呼吸道病毒有较好的效果。经常喝鸡汤可增强人体的自然抵抗能力，预防感冒的发生。

③用一把金属匙子放在开水里加温后（以不烫伤手为度）放在手掌表面"治感冒穴"上按摩，如果某处感觉异常，则在该处加强按摩。热按摩片刻后，再用一把泡在冷水里的匙子刺激该处。轻感冒或咳嗽者，按上述方法刺激 5 ～ 10 次即可。手掌的治感冒穴位于左手掌大拇指和食指之间（近虎口处）以及右手大拇指第二关节以下部位的掌面。

④在保温茶杯内倒入 42℃ 左右的热水，患感冒者将口、鼻部置入茶杯口内，不断吸入热蒸气，1 日 3 次。

⑤咳嗽者可取 1 只鸡蛋打匀，加入少量白砂糖及生姜汁，用半杯开水冲服 2 ～ 3 次即可止咳。

⑥将生白萝卜汁每次往鼻孔里滴两滴，每天 2 次，连用 4 ～ 5 天，可除根。忌吃花椒、胡椒。

⑦鸭蛋 1 个、赤豆 20 粒，搅匀蒸熟，早晨空腹服，每天 1 次，连用 7 天有特效。忌喝酒、吃辛辣食物。

⑧睡前用半脸盆热水，加 50 克醋，双脚浸泡 20 分钟，并生吃葱白 1 ～ 2 根。

⑨生黑芝麻 15 克，冰糖适量，一起捣碎用开水冲，早晨空腹服。少吃鱼类。

⑩白萝卜 100 克，鸭梨 100 克，一起切碎加水一碗煮熟，加适量冰糖食用。每天 2 次，连用 3 天，清热化痰。

温馨小贴士

有的小病不用药是不行的，很可能是更深层次问题的体现，所以不能总是想着在家中自行处理，还是及时找医生为好。

135 营养摄入，并非越多越好

一般来说，营养过剩是指人体摄入了过多的营养，如碳水化合物、蛋白质和脂肪等，但实际上许多微量元素却比之前获取得更少。这主要是由于饮食结构不合理造成的，最明显的表现就是偏好吃肉。

适当地吃肉对孕妇的身体健康和胎儿的生长发育都是必需的。但是，如果每天摄入过多肉类，久而久之就会对身体造成一些负面的影响。通常健康的孕妇每天肉类的摄入量为 150 ～ 200 克，每周所摄入的肉类中最好包括 200 ～ 300 克的鱼肉。

另外，营养过剩还会给孕妇带来很大的隐患：

①营养过量会加大肠胃的负担，容易引起各种肠胃不适。

②营养摄入过多容易使吸收和消耗不均衡，过剩的营养物质在体内堆积，导致超重。超重会增加孕妇患上糖尿病、高血压等妊娠疾病的概率，还有可能使胎儿变成"巨大儿"，增加分娩的难度。

所以，孕妇要合理饮食，适量摄入营养。

温馨小贴士

营养过剩的一个重要表现就是体重快速增长。所以，孕妇可把体重的增加状况当成衡量自己营养状况的标准之一。如果出现超重或体重增多情况，应咨询医生。

第 136 天

136 营养胎教如何做得更好

做好营养胎教，才能保证胎宝宝的身体是健健康康的，那么营养胎教如何做效果才会更好呢？

为了胎宝宝能够健康地发育，孕妇要摄入不同的营养素。孕期不同的阶段补充营养的原则也不同。各种营养成分的摄取在总体上应满足一定营养的原则，即一种营养素不能代替另一种营养素，各种营养之间失去平衡就会影响机体对它们的吸收利用。

相反，如果某种氨基酸过多，很容易引起氨基酸失衡或产生抑制作用，对胎宝宝的生长发育有着不良的影响。所以，平衡膳食就是合理摄取营养的重要方法。摄入的能量适宜，还要使营养素之间的比例恰当，同时要补充各种维生素、微量元素及无机盐的食品。

不同孕期侧重不同的营养摄入。

孕初期，胎宝宝较小，生长也较缓慢，需摄取的营养素不多。孕妇只需要多吃富含矿物质的维生素的食物。

孕中期，胎宝宝发育明显加快，营养需要量也越来越多。孕妇应多喝水，多吃粗粮、水果、青菜等富含粗纤维的食物。

到了孕晚期，胎宝宝要发育肌肉、大脑骨骼，孕妇需要适时补充一些富含钙、蛋白质和维生素的食物，如肉、鱼、肝、蛋等。

温馨小贴士

孕妇身体中如果某种氨基酸缺乏，就可能会妨碍其他氨基酸的利用以及蛋白质的合成。

137 根据胎动规律做抚摩胎教

抚摩胎教对于孕妇和胎儿的益处，主要有以下几点：

①进行抚摩胎教时，胎宝宝可以通过触觉神经感受体外的刺激，提高皮肤触觉，促进大脑细胞的发育，加速智力的发展。

②抚摩胎教能够促进胎宝宝运动神经的发育，激发胎宝宝的活动积极性。经常受到抚摩的胎宝宝，对外界环境的刺激反应机敏，出生后翻身、抓握、爬行、坐立、行走等运动发育都明显提前。

③抚摩胎教还能使孕妇身心放松、精神愉快，对稳定情绪很有好处。

抚摩胎教要有规律，每天应做2～3次，并在固定的时间进行，这样胎宝宝才能心领神会地配合孕妇。此外，不同时期孕妇的抚摩胎教法也应有所不同，如孕3月以后可用来回抚摩法，具体做法是：放松腹部，用手从上至下，从左到右来回抚摩。孕4月以后可用触压拍打法，具体做法是：平卧，放松腹部，先用手在腹部从上到下、从左到右来回抚摩，然后轻轻地按压和拍打。需要注意的是，孕早期和孕晚期临近预产期时不宜进行抚摩胎教。

温馨小贴士

进行抚摩胎教时，准爸爸最好也一起参与，边抚摩边和胎宝宝说话，一家人共同互动，效果会更好。

第 138 天

138 怀孕后记忆力减退

很多孕妇常常会有这样的抱怨，怎么怀孕后记忆力变差了呢？很多事情没过多久就忘了，难道自己变笨了？这可能是受到怀孕后内分泌改变的影响，也有可能是孕期需要考虑和操心的事情比较多，再加上睡眠的质量也受到了影响，所以脑力跟不上，造成记忆力下降。既然这是一个普遍性问题，孕妇不必太过担心，可以从以下几个方面进行改善。

🍀 保证充足的睡眠

睡眠可以帮助大脑把杂乱的讯息整理归类，如果不容易入睡或是容易醒，可以在睡前做一些松弛运动，如洗个温水澡，或是听听轻柔的音乐等来改善。

🍀 适度的运动

运动不仅有助于生产，也可增强孕妇的专注力。除非对早产有所顾忌，否则孕妇就应该适度地做些运动。

🍀 保持良好的心情

生活和工作的压力会让大脑位于海马部位的记忆中心受到损害，孕妇要注意缓解压力，营造良好的心情。

🍀 做好笔记

如果实在容易忘掉一些事情，不妨把它记下来，这样就不用担心是否还有什么事情没有处理。

🍀 可吃一些有助益智补脑的坚果

如核桃仁富含蛋白质和人体需要的不饱和脂肪酸，这些成分都是大脑组织细胞代谢的重要物质，有滋养细胞、增强脑功能的效果，是公认的补脑佳果。葵花子中含的亚油酸可以促进大脑发育。榛子中也含有多种不饱和脂肪酸、磷、铁、钾等营养元素，常吃可以明目健脑。腰果中含有丰富的蛋白质和脂肪，可以迅速地补充体力，消除疲劳。

温馨小贴士

怀孕第20周，胎宝宝长到16厘米左右，体重在300克左右，生长发育逐渐稳定。此时孕妇需要在营养增加上投入更多的精力。孕早期没有食欲的情况大有改善，在本阶段准妈妈的食欲会大增。所以准妈妈应保证营养均衡，不要饮食过量。

第 139 天

139 不宜长时间看电视

孕妇适当地看些精彩的电视节目可以缓解疲劳，放松心情。但如果长时间看电视，就会产生不良的影响。

电视机在工作时，显像管会不断地产生 X 射线。这些很弱的射线一部分射到外边，对人体不会产生太大的危害。但是，如果长时间看电视，特别是离屏幕太近，就会引起头晕脑涨、疲乏无力、精神紧张，进而影响胎儿和孕妇的健康。其可能带来的影响是不容忽视的，往往容易使孕妇流产或早产，还有可能导致胎儿畸形，特别是对于孕早期时的胎儿危害更大。同时，如果孕妇坐得太久，也会影响下肢血液循环，加重下肢水肿，容易导致下肢静脉曲张。看电视太久或太晚，对孕妇的休息和睡眠都会产生影响。

从健康的角度出发，孕妇看电视要注意以下几种情况：

①尽量避免看那些激烈、紧张或惊悚、恐怖的节目。如果人的情绪过度激动、紧张，心跳加速，会使血液中出现一种特殊物质，这种物质通过胎盘带给胎儿，会使其不安。

②孕妇吃完饭马上就看电视会影响正常的消化和吸收，也会影响正常休息，夜

胎教一天一页

164

间应保证 8 ～ 9 个小时睡眠。

③不要连续看电视超过 2 个小时，避免过度使用眼睛，尤其是有妊娠高血压综合征的孕妇更要注意。

④不要边看电视边吃东西，不要蜷着身体看电视。这样会使腹腔内压增大，胃肠蠕动受到限制，不利于食物的消化。

⑤看电视时要保持一定的距离，一般应在 2 米以上。

温馨小贴士

孕妇关掉电视后，最好洗个脸，以消除电视机工作时空气中离子气化对面部皮肤的影响。

140 奶类食品要加强

孕妇在孕期应该加强摄入奶类食品，如牛奶、酸奶等，以有益于自己和胎儿的健康。

牛奶的营养很丰富，主要成分由水、脂肪、磷脂、蛋白质、乳糖、无机盐等组成。牛奶中含有丰富的钙和有利于钙吸收的维生素 D，故而能有效地补充母体的钙质，增强骨髓和牙齿，减少胎儿缺钙的风险。牛奶中的钾有助于维持血压的稳定，降低孕妇妊娠高血压时的危险性。牛奶中的镁能使心脏和神经系统耐疲劳，碘和卵磷脂能大大提高大脑的工作效率，磷能促进胎儿大脑发育，铁、铜和维生素 A 有美容作用，使皮肤保持光洁，维生素 B_2 可提高视力，喝牛奶还可防止动脉硬化。

酸奶易被人体消化吸收，且可避免有些人喝牛奶后出现的腹胀、腹痛、腹泻等症状。由于酸奶中的乳酸有一定的抗菌作用，因此酸奶对伤寒杆菌、痢疾杆菌等病菌，以及肠道中的有害生物的生长繁殖也能起到一定的抑制作用。此外，酸奶中的乳酸菌可以在人的肠道里合成多种人体必需的维生素，因此酸奶含有丰富的营养，对孕妇、产妇更为适宜。

此外，其他的奶类食品，如奶酪、奶油、奶粉等，也都含有丰富的营养物质，有助于人体健康，但对于孕妇来说，尤以牛奶和酸奶为佳。

温馨小贴士

孕妇食用酸奶时需注意，切不可把因变质而变酸的牛奶当作酸奶。此外，酸奶饮用的最佳温度是 10℃～ 12℃，此时乳酸菌活性很高，低于或高于此温度，酸奶的营养价值都会降低。而且，在这种温度下，酸奶的口味较好。

孕 6 月

（第 141 ~ 168 天）

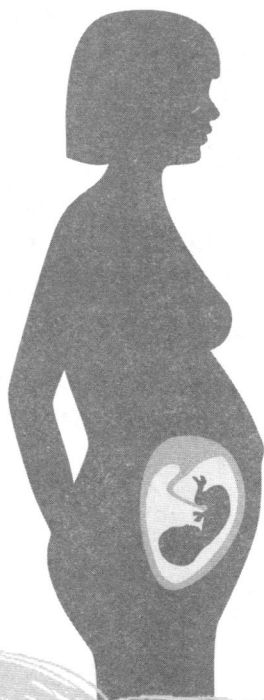

141 吃出滋润肌肤

孕妇的饮食应该坚持以下原则，来保持肌肤的滋润。

🍀 多吃含铁丰富的食物

动物肝脏富含矿物质。像鸡肝、猪肝等，一周可吃 2 次。鸭血汤、蛋黄、瘦肉、豆类、菠菜、苋菜、西红柿、红枣等食物含铁量都较高，可经常吃。

🍀 食物要多样化

多吃含维生素 C 丰富的果蔬，经常进食牛奶、胡萝卜、蛋黄。这些食物可以补充维生素 A，有助于铁的吸收。

🍀 妊娠中后期多吃高蛋白食物

妊娠中后期要多吃高蛋白食物，比如牛奶、鱼类、蛋类、瘦肉、豆类等，这些食物对保持肌肤滋润都有良好效果。

孕期适合孕妇的美丽食材很多，下面介绍几种保持孕妇肌肤滋润的食材：

①大枣。大枣富含维生素 C，且维生素 P 的含量也很高，此外还含有蛋白质、膳食纤维等多种营养物质。大枣的美容效果是全方位的，经常食用大枣可以使孕妇的身材匀称，肌肤丰润细腻，面容白嫩光洁，延缓皮肤的衰老。

②带鱼。孕妇常吃带鱼有益于滋润肌肤。带鱼可补五脏、祛风、杀虫，对脾胃虚弱、消化不良、皮肤干燥者尤为适宜。常吃带鱼可保持皮肤的湿润与弹性，还可用作迁延性肝炎、慢性肝炎的辅助疗法。

③豆浆。豆浆可增加肌肤的细滑度。豆浆富含维生素 C 和维生素 E，每天饮用豆浆能增加肌肤的细滑度，并改善疤痕。

温馨小贴士

除了以上几种润肤食材外，红豆也是美肤圣品，它不但可以排水肿，还可以补血行气。另外，胡萝卜、西兰花、奇异果、鲑鱼等都有美肤的效果，孕妇可根据自己的喜好选择食用。

第 142 天

142　嫩玉米好处多

孕妇应该多吃一些嫩玉米，理由是：

①嫩玉米粒的胚乳中含有丰富的维生素 E，而维生素 E 有助于安胎，可用来防治习惯性流产、胎儿发育不良等。

②嫩玉米中所含的维生素 B_1 对人体内糖类的代谢起着重要作用，它能使人增进食欲，促进发育，提高神经系统的功能，使胎儿的大脑发育得更加完善。

③嫩玉米中含有丰富的维生素 B_6，可以减少妊娠呕吐，增进食欲。

温馨小贴士

如果发现玉米有霉变之处就不要吃了，因为已经产生了有害物质。

143　孕期健康吃鱼

随着社会工业化的发展，环境问题也日趋严重，在一些水域污染区域，鱼类体内多多少少都含有汞。汞是一种对身体危害极其严重的金属，孕妇如果吃了太多含汞的鱼，就会给胎儿带来极大的危害。因此，建议孕妇买鱼时，要看鱼体颜色是否鲜亮，鱼鳃是否鲜红而清晰，肉质是否结实有弹性以及有无异味等，以免买到变质鱼。如果烹好的鱼肉吃起来有股煤油味，说明是受了污染的鱼。最好经常变换鱼的品种，不要在一段时间内只吃一种鱼。

孕妇可常吃带鱼、平鱼、黄花鱼等体形小的深海鱼，也可以经常食用鲫鱼、鲤鱼、鲢鱼等淡水鱼。但鲨鱼、剑鱼、方头鱼等体形较大的深海鱼孕妇应少吃，因为这些鱼体内汞含量较高。孕妇可根据自己的饮食结构将鱼合理地安排到自己的食谱当中。一般来说，每周吃 1 次鱼，每次 350 克左右即可满足营养需求。

DNA

磷质

氨基酸

温馨小贴士

孕妇在做鱼时，加入大蒜和醋，可以杀死鱼皮上的嗜盐菌，并可软化骨刺，促进钙、磷的吸收。另外，把鱼和豆腐搭配烹饪可以使两者的氨基酸互补，还可以使钙的吸收率提高 20 多倍。但需注意的是，刚刚死去的鱼不要马上烹制。因为刚死去的鱼的肌肉组织中蛋白质还没有完全分解产生氨基酸，这时所烹制的鱼吃起来不仅肉质发硬，同时也不利于消化吸收。

144 粉刺只是暂时现象

女性怀孕后，由于胎盘和卵巢中的雌激素和黄体酮的分泌量增加，原来干性皮肤的人可能会转化为油性皮肤，很容易长出粉刺。如果女性每次来月经前会长粉刺的话，那么，怀孕后也就特别容易长粉刺。不过也不用太担心，分娩后随着激素水平的降低，脸上的粉刺也会自然消失。一般来说，孕妇防止长粉刺的方法有以下几种：

①要保持充足睡眠，消除压力。不仅激素会影响粉刺的生长，压力也是促进粉刺生长的原因之一。所以孕妇应尽量保证充足的睡眠，同时要放松心情，消除生活中的压力，尽量看一些美好的事物，使心情愉悦，这样有助于皮肤和胎儿健康。

②要尽量减少糖和脂肪的摄入。尽管孕期没有必要过分限制饮食，但是如果长粉刺现象很严重，孕妇就应减少脂肪、热量及糖的摄入，多吃绿色蔬菜。

③仔细洗脸，使用刺激性小的化妆品。早上用洗面奶仔细清洗，晚上洗脸时先涂抹清洁霜，用棉纸擦拭干净后，再用弱酸性洗面奶洗脸，在这个过程中要反复搓洗，使洗面奶充分发泡，然后再用清水反复冲洗。由于一些化妆品中含酒精成分，会刺激粉刺的生长，因此应避免使用，最好使用粉刺皮肤专用化妆品或保湿化妆品。

了解了孕期粉刺的成因，以及应对机理，孕妇们大可不必害怕粉刺。

温馨小贴士

孕妇长粉刺时最好不要口服或者涂抹药物，因为药物一般短期内难以见效，使用时间过长又容易对胎儿产生不良影响，有些药物甚至会导致胎儿畸形。如果粉刺很严重的话可咨询医生，在医生的指导下用药。

145 怎样防治痔疮

孕妇是痔疮的高发人群，发生率高达 76%。怀孕后，为了让胎儿能吸收充足的营养，盆骨内血流量会增多；同时，随着胎儿的发育，子宫也日益增大，从而压迫盆腔，使痔血管内的血液回流受到阻碍；再加上孕妇常有便秘、排便困难等症状，使直肠下端及肛门的痔静脉丛血液淤积，即可诱发痔疮或使痔疮加重。

痔疮经常会反复出血，久而久之，会使孕妇贫血，出现头昏、气短、疲惫、精神不佳等症状，影响孕妇的健康和胎儿的正常发育。因此，孕妇在孕期一定要积极预防痔疮的发生。

①孕期要合理饮食，除了要注意补充营养外，平时的饮食宜清淡。多吃水果和新鲜的蔬菜，尤其是富含纤维素的水果和蔬菜，以促进肠蠕动。不要吃那些辛辣、燥热、肥腻、熏烤之类的食物，辣椒、大蒜、芥末等刺激性食物应少吃，以减少对直肠、肛门的不良刺激。

②要养成规律的排便习惯，设法使排便顺畅，防止便秘。每天早起后饮适量的凉白开，有助于排便；排便时不要久蹲不起，这样容易导致肛管静脉扩张或曲张，也不宜过分用力，以避免造成小血管破裂。

③适当增加运动，促进局部血液循环。每天可坚持做 10 ~ 30 次提肛动作，有意识地收缩肛门，这样能减少痔静脉丛的瘀血，改善局部血液循环。

④要适当地进行一些体力活动和肛门保健。孕妇应避免长时间站着或坐着，可适当进行户外活动，如散步、做操等。适当的体力活动可以增强体质，促进肠蠕动，从而增加食欲，也能防止便秘。

孕妇患痔疮通常在妊娠后期的 28 ~ 36 周，尤其是分娩前 1 周会出现便秘，造成局部静脉曲张而形成痔疮。

温馨小贴士

第 21 周，胎宝宝的身长大约 18 厘米，体重 300 ~ 350 克，从这时起体重开始大幅度增长。胎宝宝的眉毛和眼睑清晰可见，手指甲和脚指甲开始长出。这时的胎宝宝已能听见准爸爸妈妈的声音了。

第 146 天

146 为何会失眠烦心

怀孕后雌激素和孕激素的水平都会大大上升，这就会导致内分泌发生紊乱，而身体一时承受不了这些变化，就会发生一系列的问题，如失眠、烦心、头痛等。孕早期，孕激素水平的升高会使孕妇产生困倦感，夜尿次数也随之增加，睡眠紊乱问题开始出现；孕中期，孕激素上升减缓，睡眠质量得到改善，但仍比孕前要差；孕晚期由于激素变化的影响，孕妇经常会感到身体不适，如胃痛、腿抽筋、鼻窦出血，这些又成为睡眠的影响因素。

荷尔蒙变化引发的一系列身体问题都是正常现象，孕妇不必过于担心，但也不能听之任之。当出现失眠症状时，不要过分焦虑，这样会使情绪变得更焦躁，更不可擅自服用镇静安神类的药物，而是做深呼吸，用意念来控制自己的情绪，或者睡前半小时喝一杯温牛奶、睡前洗个澡、睡前用热水泡脚等，这些方式都有助于入眠。烦躁时要用正确的方法及时缓解不良情绪，如和爱人或朋友聊天、外出散心、购物等，不要将烦心的情绪郁积在心中或毫无节制地乱发脾气，让它发展成为孕期抑郁症。头痛头晕时可以躺下来休息，按摩头部或在头上敷热毛巾，能够有效地缓解不适。

温馨小贴士

孕妇若非身体不允许，不要在家做全职孕妈，因为无所事事会使激素变化对身体产生更大的影响。

147 预防小腿抽筋需补钙

小腿抽筋常常发生在孕中期和孕晚期，这是因为这一时期胎宝宝对钙的需求量迅速增加，如果孕妇没有摄入充足的钙，胎宝宝就会从母体的骨骼中吸收钙质，使血液中的钙水平下降，神经、肌肉的兴奋性增加，引起腓肠肌痉挛（小腿抽筋）。加上孕期体重逐渐增加，双腿负担加重，腿部的肌肉经常处于疲劳状态，夜间血钙水平比日间要低，所以小腿抽筋常在夜里发作。

一个普通的成年人每天需要摄入钙800毫克，而孕妇的需求量则更多，每天需要1000～1200毫克，到孕中期和孕晚期更要足量补充。但是也不要补过量了，否则容易使胎宝宝的头骨长得太硬，自然分娩时头部不易被挤压。孕妇可以通过饮食来补钙，如牛奶、鱼类、虾皮、海带、紫菜、鸡蛋、豆制品、动物骨头等，也可以服用钙制剂来补钙，但服用前最好先向医生咨询，看哪类制剂更适合自己。

钙

铁

温馨小贴士

孕妇晒太阳也有一定程度的补钙效果，但时间不宜太长，每天20～30分钟即可，以免晒伤。还要避开11：00～15：00紫外线特别强烈的时段。

148 怀孕6个月的营养胎教

　　孕妇还应对食物有所选择，并限制一些不利于健康的食物。应该少吃辣椒、胡椒等辛辣食物；应该限制饮用咖啡、浓茶、酒等，因为这些饮品有刺激神经兴奋的作用，不利于孕妇休息，酒对胎儿还有毒副作用。孕中期应注意，食物要清淡，不要吃得过咸，以免加重肾脏的负担或促发妊娠高血压综合征。

　　怀胎6个月后，孕妇的体形会显得更加臃肿，到本月末将会是大腹便便的标准孕妇模样。此时，孕妇和胎儿的营养需要猛增，因为许多孕妇从这个月起开始发现自己出现贫血。

　　由于胎儿的快速发育使孕妇的消耗增加，所以应该适量增加营养，以保证身体的需要。在增加营养的同时，还要重点增加 B 族维生素的摄入量。随着孕妇体内能量及蛋白质代谢的加快，对维生素的需要量也增加了，而由于此类维生素无法在体内存储，必须有充足的供给才能满足机体的需要。因此，孕妇在孕中期应该摄入足量富含 B 族维生素的瘦肉、肝脏、鱼类、奶类、蛋类及绿叶蔬菜、新鲜水果等。

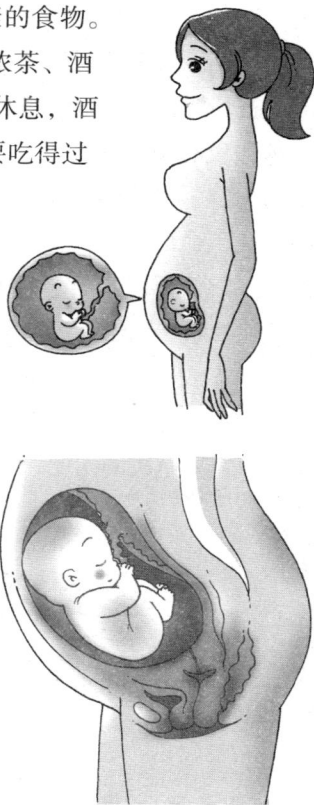

温馨小贴士

　　本月尤其要注意铁元素的摄入，应多吃富含铁的蔬菜、蛋类和动物肝脏等，以防止发生缺铁性贫血。此外，还要保证营养均衡全面，使体重正常增长。

149 为什么多梦

孕妇在孕期所做的梦与平时不同，常常与怀孕后睡眠质量改变有关，特别是在怀孕后期，大多数时候因身体笨拙不适等因素而使孕妇无法睡得很踏实，所以比较容易被惊醒，这使得孕妇常常处于浅睡眠期。在浅睡眠期，虽然身体处于休息状态，大脑却没有完全休息，一些日常生活中所忧虑的事情，在梦中往往会被渲染夸大。梦的内容多半与孕妇在怀孕不同阶段的所思有关。比如，在怀孕早期，梦境大都是些象征生命的内容，如大海、水、种子等；怀孕中期以后，梦境中常常出现幻想中的宝宝的样子，甚至一些小动物等内容；而到怀孕晚期，各种噩梦或焦虑的内容多见，比如难产、怪胎、宝宝被人抢走、没奶哺育宝宝等。

孕妇爱做梦属于正常现象，不必过于忧虑。多梦而且相同内容反复出现，可反映出孕妇潜意识中的焦虑，因而具有缓解精神压力的作用。从这些梦中，孕妇可了解自身需要解决的问题，从而采取更为正确的方式来对待孕期生活。

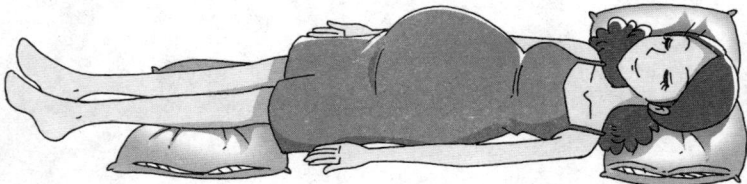

温馨小贴士

多梦的孕妇一定要主动调整好自己的心态，要有积极的人生观。要努力跳出个人小圈子，适当参加一些社会活动，多从生活中寻找乐趣，学会自娱自乐，并多到户外呼吸新鲜空气。一旦遇到不顺心的事，可以向家人倾诉，也可以求助于心理医生。

第 150 天

150 音乐胎教正是好时机

音乐胎教是通过生理和心理共同起作用来达到效果的，对于促进孕妇和胎宝宝的身体健康和智力发育影响颇深。优美的音乐能使孕妇改善不良的情绪，产生美好的心境，并把这种信息传递给胎宝宝。优美的乐曲还可以刺激孕妇和胎宝宝的听觉神经器官，使孕妇体内分泌出一些有益于健康的激素，促进胎宝宝健康发育。

怀孕 16 周后胎宝宝就有了听力，孕 20 周时其听觉功能完全建立，尤其是孕 24 周后，其听力接近成人。因此，从孕 16 周开始，孕妇便可以有计划地对胎宝宝实施音乐胎教。孕妇可选择合适的乐曲，通过收录机或 CD 播放机直接播放，然后和胎宝宝一起聆听。每天听 1 ～ 2 次，每次 15 ～ 20 分钟。选择在胎宝宝觉醒有胎动时进行，晚上临睡前比较合适。听的时候播放机应距离自己 1 米左右，音量强度以 65 ～ 70 分贝为宜。也可以使用胎教传声器，直接放在孕妇腹壁胎宝宝头部的相应部位，音量的大小可以根据隔着手掌听到传声器中的音响强度来调试。

温馨小贴士

此时期的孕妇要注意了，你的说话声和胸腔的振动都可以传递给胎宝宝，对他产生一定的影响。因此，孕妇要特别注意自己说话的音调、语气和用词，以便给胎宝宝一个良好的刺激。

151

血容量增加，补铁要跟上

铁是人体生成红细胞的主要原料之一，是血液中必不可少的成分。妇女怀孕后，血容量会逐渐增加，到了孕晚期，血容量可以增加 1300 毫升左右，比孕前多 30%～45%，其中血浆增加量是红细胞的 3 倍多，导致血液被稀释，就会出现"生理性贫血"。贫血会使孕妇感到疲倦、眩晕，还会出现脑力和体力下降的情况，严重时会导致胎盘供氧不足，使胎宝宝宫内发育迟缓或引起早产。因此，孕妇要预防贫血，补铁一定要跟上。

补铁通常有以下几种方法：

♣ 多吃含铁食物

瘦肉、动物肝脏和血都是铁的很好来源，孕妇可以每周吃一次猪肝（50 克），两次动物血（每次 100 克）。

♣ 用铁锅、铁铲做饭

铁质厨具脱落下来的铁分子能与食物结合，从而增加人体对铁的摄入和吸收率。在用铁锅炒菜时，可适当加些醋，使铁成为二价铁，可以提高铁的吸收利用率。

♣ 口服铁制剂

如果孕妇缺铁比较严重，日常饮食又满足不了对铁的需求，那就有必要通过服用专门的铁制剂来补铁了。但服用之前最好咨询一下医生。

温馨小贴士

维生素 C 能与铁形成整合物，促进铁的溶解，利于铁的吸收。因此，孕妇在补铁的同时要注意多进食维生素 C 含量丰富的新鲜蔬菜和水果，如西兰花、青椒、西红柿、橙子、草莓、猕猴桃、大枣等。

152　保养头发有妙招

怀孕后许多孕妇的头发都会变得更浓密，长头发的变化表现得会明显。这不是因为孕妇长出了更多新头发，而是头发脱落的速度比平时变慢了。正常情况下，5%～15% 的头发处于休眠期，休眠期一过，这些头发常常就会在梳头或洗头时脱落，被新长出的头发所代替。怀孕期间，由于孕妇体内的雌激素水平上升，延长了头发的生长期，处于休眠期的头发少了，每天掉的也就少了，于是头发就变得更浓密、更有光泽。

头发生长到一定长度时，发梢就会产生分叉、易断的现象，孕妇应定期修剪，使发丝保持健康亮泽的状态，这也会促进毛发细胞的新陈代谢，刺激头发的生长。孕妇洗发后可用橄榄油或护发素进行护发，以供给头皮营养，油性发质可以适当减少使用量。洗发后最好让头发自然晾干。夏季外出时使用遮阳帽或遮阳伞，避免头发直接暴露在阳光下，受到紫外线的伤害。

此外，孕妇每天用指腹按摩头部 10～15 分钟，有助于改善血液循环，促进皮脂腺、汗腺的分泌。可准备一把质量好的木梳或牛角梳，每天早晚按照从前向后的顺序各梳头 100 次，能够刺激头皮，改善发质，防止脱发和头皮屑的产生。

孕妇要常吃核桃、黑芝麻、瓜子等坚果，海带、紫菜等含碘丰富的食物，以及绿色蔬菜等，能够保持头发浓密、乌黑、柔顺。

温馨小贴士

怀孕第 22 周，胎宝宝的身长大约 19 厘米，体重 350 克，看上去已经很像小宝宝的样子了。皮肤因胎宝宝仍偏小的缘故依然是皱的、红红的，像个小老头儿。这皱褶其实也是为生长皮下脂肪而留的余地。此时的胎宝宝看上去滑滑的，覆盖着一层乳白色的滑腻的物质——胎脂。胎脂可避免在羊水长期浸泡下的皮肤受到损害。许多胎宝宝在出生时身上还会带着胎脂。

这个时候，胎宝宝的牙齿主要是恒牙的牙胚也开始发育了。

153 音乐胎教常见的误区

音乐胎教就是听音乐

音乐胎教是一门综合的学科知识，是由音乐贯穿起来的系统而综合的胎教方式，包含聆听、律动、冥想、歌唱等不同形式，并不只是听音乐那么简单。

太早开始音乐胎教

在孕 16 周时，胎宝宝的听力逐渐形成，到孕 20 周时才能基本建立，如果太早进行音乐胎教，胎宝宝的听觉器官发育还不成熟，各个组织还比较脆弱，不但达不到预期的效果，反而可能损伤胎宝宝的听觉系统。

任何音乐都可作为胎教音乐

不是任何音乐都可以作为胎教音乐，如摇滚乐、迷幻音乐等，乐曲风格消极、颓废，容易引起人神经紊乱，甚至内分泌失调，这样的音乐对胎宝宝的伤害可是巨大的。

乐曲音量过大

有些孕妇怕胎宝宝听不到音乐声，就把播放器的音量调得很大或将播放设备贴在肚皮上，这会对胎宝宝的听觉系统造成直接的伤害。因为这种传达方式会使声波直接进入体内，强烈刺激胎宝宝耳基底膜上的短纤维，加上胎宝宝的听觉器官还很娇嫩，耳蜗底很容易遭到破坏，严重时会造成耳聋。

总是听相同的曲子

音乐的内容、节奏、旋律应当视情况不同而作出相应的选择。如胎动频繁、剧烈时，最好听一些节奏缓慢、旋律柔和的音乐，以免胎动更剧烈；如果胎宝宝文静安定，则可以听一些节奏明快、跳跃性强的乐曲，但不宜过于强烈、杂乱，以免引起胎宝宝体能消耗过大。

孕妇的品德与性情等对促进胎宝宝智力、情绪、品质等方面的良好发育尤其重要，因此孕妇要注意提高自己的修养和素质，不要一味地依靠音乐胎教。

第 154 天

154 不可暴饮暴食

亲朋好友聚到一起，难免要吃一顿丰盛的美食，此时的孕妇也会受到影响，不知不觉中，会吃很多东西，这对自身和胎儿都会产生不利的影响。

虽然孕妇在妊娠期要保证各种营养素的充分摄入，但饮食也要注意节制，无论摆在面前的是美味佳肴还是粗茶淡饭，最好只吃七八成饱，不宜暴饮暴食。吃得过多会使孕妇体内的脂肪蓄积过多，导致组织弹性减弱，分娩时易造成滞产或大出血，而且，过于肥胖的孕妇可能会发生妊娠高血压综合征、妊娠合并糖尿病等疾病。

吃得过多也会使胎儿深受其害。一是容易难产，胎儿体重越重，难产率就越高；二是容易出现巨大儿，分娩时使产程延长，易影响胎儿心跳甚至发生窒息。胎儿出生后，由于胎儿期脂肪细胞的大量增加，易引起终生肥胖；三是容易导致围产期胎儿死亡率高。因此，孕妇要合理安排饮食，如果面对美味的食物就无所顾忌，暴饮暴食，势必会带来一些不良影响。

狼吞虎咽也是一个不好的饮食习惯，会使消化液分泌减少，加大胃的消化负担，对消化道造成一定程度的损害。

155 孕妇逛街安全守则

🍀 准备工作要做好

衣着：逛街需要长时间走动，因此要穿着宽松舒适的衣服和弹性好的运动鞋，不要穿拖鞋，否则易滑脱绊倒。

防护：如果是夏天，出门前要涂抹防晒霜，戴上太阳镜或遮阳帽（遮阳伞）；如果是冬天，就要穿上保暖的衣物，戴好帽子、围巾、手套等。

🍀 安全乘坐交通工具

最好不要选择在人流高峰时乘车，以免受到拥挤。上车后提醒售票员请别人给自己让座，不要觉得不好意思。必要时可以改乘出租车。

🍀 商场、超市少逗留

商场、超市人多嘈杂，空气流通也不好，在里边停留时间太长会引发身体不适、头晕等症状。因此，最好先列个购物清单，直奔主题，买完就走。另外，一次不要买太多东西，否则拎太重的东西会给身体造成负担。

🍀 注意饮食卫生

逛街时免不了要在外就餐，这时要选择正规的餐厅，能保证食物的质量和卫生，不要在街边摊乱吃东西。自己可以随身携带一些零食、饮料，这样就可以减少在外就餐的机会。

🍀 回家后立刻消毒

逛完街回到家中后，要及时洗手、洗脸，将外衣换下，清洗消毒。然后吃点东西或喝点水，休息一下，待体力恢复后再去整理买回来的东西或做其他事情。

温馨小贴士

孕晚期随时都有可能出现破水，所以孕妇最好不要再去逛街、单独外出或长时间在外。

156 提高胎教效果的一个小诀窍

胎宝宝的接受能力取决于孕妇的用心程度，胎教的最大障碍是孕妇持有杂乱、不安的心情，这里介绍一种呼吸法对孕妇稳定情绪和集中注意力是行之有效的。

这种呼吸法在胎教训练开始之前进行。进行呼吸法时，场所可以任意选择，可以在床上，也可以在沙发上，坐在地板上也可以。这时孕妇要尽量使腰背舒展，全身放松，微闭双目，手可以放在身体两侧，只要没有不适感，也可以放在腹部。衣服要尽可能穿得宽松点。

准备好以后，用鼻子慢慢地吸气，以 5 秒钟为标准，在心里一边数 1、2、3、4、5……一边吸气。肺活量大的孕妇可以坚持 6 秒钟，感到困难时可以只坚持 4 秒钟。吸气时，要让自己感到气体被储存在腹中，然后慢慢地将气呼出来，用嘴或鼻子都可以。总之，呼吸要缓慢、平静地进行。

呼气的时间是吸气时间的两倍。也就是说，如果吸气时是 5 秒的话，呼气时就应是 10 秒。这样，反复呼吸 1～3 分钟，孕妇就会感到心情平静，头脑清醒。实施呼吸法的时候，心神要安定，尽量不去想别的事情，要把注意力集中在吸气和呼气上。一旦习惯了，注意力自然会集中。

温馨小贴士

可以在每天早上起床时，中午休息前，晚上临睡时，各进行一次这样的呼吸法，这样，妊娠期间动辄焦躁的精神状态可以得到有效的改善。

157 通过血液接收免疫抗体

孕 20 周的胎宝宝比上周大了许多，身长 16 ～ 25 厘米，体重 250 ～ 300 克，进步很大。

此时四肢正在稳步地成长，嘴巴在频繁地张合，眼珠也在不停地转动。大脑则还在不断地"武装"着自己，它将皮层结构"建造"完成，又在表面"开掘"了许多沟回。现阶段他很注重"关系网"的建设，所以减缓了神经元这一"硬件设施"的增长速度，加强了神经元之间的相互联通，形成记忆与思维功能的神经联系也在增加。

胎宝宝现在变得不老实了，频繁地做着各种动作，有时候摇摇头，有时候摸摸自己的脸。现在胎宝宝又多了一项本领——能像新生儿一样时睡时醒了。如果孕妇感觉某段时间胎动减少了，那很有可能是胎宝宝睡着了。

此外，胎宝宝还会通过血液"邮递员"接收到孕妇的礼物——免疫抗体。免疫抗体与抗原相结合，能有效地清除侵入体内的微生物、寄生虫等异物，中和它们释放的毒素，使机体保持正常平衡。它会帮助宝宝在出生后的最初一段时间内抵抗疾病。

温馨小贴士

孕妇只有保证自身的健康状况，增强自身的免疫能力，才能通过脐带传播给胎儿，使胎儿健康发育。

第 158 天

158 不宜吃火锅

长期以来，吃火锅备受人们的推崇，尤其是在寒冷的冬季，既能抵御寒冷的侵袭，又可通过其中丰富的营养来调补身体。但是，对孕妇而言，应该对吃火锅有正确的认识。

火锅的原料多是羊肉、牛肉、猪肉甚至狗肉，这些生肉片中都可能含有弓形虫及其他牲畜或家禽的寄生虫。这些虫体极小，通常寄生在肉细胞中，肉眼是很难见到的。吃火锅时，大多习惯把鲜嫩的肉片放到煮开的汤料中一烫即进食，这种短暂的加热往往不能杀死寄生虫幼虫，进食后幼虫在人体肠道中会通过肠壁随血液扩散至全身。孕妇受寄生虫幼虫感染时，多无明显不适，或仅有类似感冒的症状，但幼虫可通过胎盘感染胎儿，影响胎儿大脑的发育，发生小头、大头（脑积水）、无脑儿等畸形，严重的会引发流产、死胎。同时，吃火锅时，各种肉片和海鲜、蔬菜和调料混在一起的浓汤中含有极丰富的嘌呤，它能在肝中代谢，生成尿酸，尿酸过多也易诱发痛风。

为了胎儿的健康发育，孕妇不宜吃火锅，偶尔食用时，也要注意以下几点：

①如果火锅离自己太远，不要勉强伸手夹食物，防止加重腰背压力，导致腰背疲倦和酸痛。

②如果孕妇胃口不佳，可减慢进食速度，减少进食量，以免食后消化不了，引起不适。

③吃火锅看似一件简单的事情，实则很有讲究，最好吃前先喝小半杯新鲜果汁，接着吃蔬菜，然后是肉。这样，才可以合理吸收食物的营养，减少胃肠负担，达到健康饮食的目的。

④吃火锅时不宜饮汤。

温馨小贴士

孕妇需注意，经常吃火锅的人容易上火，出现咽喉肿痛、声音嘶哑、口腔溃疡、口唇干裂等症状，同时，太烫的食物也容易烫伤口腔和食道黏膜，因此，孕妇应尽量少吃火锅。

159 适度吃核桃让宝宝更聪明

有人说多吃核桃就能生出更聪明的宝宝，这有道理吗？

其实，这是有一定道理的，核桃性温、味甘、无毒，可补血、健胃、润肺、养神。核桃中所含的磷脂，对脑神经的保健作用较好。

核桃油含有不饱和脂肪酸，可防治动脉硬化。核桃仁中富含人体必不可少的微量元素，如锌、锰、铬等。人体中锌、锰的含量会随着人的逐渐衰老而日渐降低。铬可促进葡萄糖利用、胆固醇代谢和保护心血管。

核桃所含的不饱和脂肪酸还有利于胎宝宝的大脑发育，所以孕妇适当地吃些核桃所生的宝宝会更聪明。

但是要注意，核桃不宜过多食用，每日 3 ～ 5 个就可以了。因为核桃食用过度会引起发胖，或造成胎宝宝过重等。

孕妇要精挑细选核桃，不要只看外表，要夹开核桃看里面仁的好坏，还可闻闻有无异味。因为，为了让核桃外表看起来漂亮、有光泽，现在许多人都先把核桃用药（酸）泡或者洗，然后再晾干。这种核桃虽然外表看起来很白净，但是里面的仁会有异味，所以千万不可购买。

如果核桃的表皮有少许的黑色物质，是核桃成熟时外面绿色的皮，这种核桃没有用药（酸）泡过或洗过。当然，若核桃的表皮太黑的话，则要警惕是不是次品。

温馨小贴士

怀孕第 23 周，胎宝宝身长大约 19 厘米，体重 400 克左右。这时胎宝宝的听力基本形成，已能辨认声音了，如孕妇说话的声音、心跳的声音、肠胃蠕动发出的声音等。胎宝宝肺中的血管已形成，正在快速地建立其呼吸系统。

胎宝宝在这时还会不断地吞咽，但是还不会排便。

此时胎宝宝对音乐和声音已有很强的敏感度，更加喜欢听抒情、优雅的古典音乐。当播放快节奏、声音响的音乐时，会发现胎宝宝的反应很强烈，胎动幅度明显加大；当换成轻柔、舒缓的音乐时，胎宝宝就会安静下来。

160 腹胀、腹泻时的饮食

妇女在妊娠期较平时易出现腹胀，这主要是因为胃肠蠕动能力差，排气少。这时孕妇可以多吃富含膳食纤维的食物，如蔬菜、水果及粗粮食品。蔬菜类如茭白、韭菜、芹菜、丝瓜、莲藕、萝卜等都有丰富的膳食纤维；水果类如苹果、香蕉、猕猴桃等含纤维素较多。膳食纤维能帮助肠道蠕动，促进排便，从而消除腹胀。腹胀严重时，应避免吃易产气的食物，如豆类及其制品、油炸食物、马铃薯等。

有的孕妇出现腹泻症状，这与进食某些食物有关。如吃冷食或含脂肪多的食物就易发生腹泻。此外，肠道感染和食物中毒也可导致腹泻。由于孕妇腹泻可能导致流产或早产，因此腹泻时的饮食很重要。腹泻后暂时不要吃东西，应进行适当补液，补充身体丢失的水分和电解质以及热量。此时孕妇可以吃些易消化的稀饭。如果胎儿的情况异常，应马上到医院就诊。另外，为防止腹泻，孕妇宜少食冷食和含脂肪多的食物。

温馨小贴士

有腹胀问题的孕妇可采用少食多餐的进食原则，由每日三餐的习惯，改为一天吃5～6餐，减少每餐的分量，每次吃饭的时候都不要吃得太饱，可有效减轻腹部饱胀的感觉。另外，除了适当控制蛋白质和脂肪的摄入量之外，在烹调时添加一些大蒜和姜片，也可以减少腹内气体的产生。

161 内外用药需谨慎

孕妇需慎用的外用药：

❧ 风油精

风油精中所含的樟脑被皮肤吸收入血液后，会通过胎盘屏障进入羊膜腔作用于胎宝宝，严重时会导致流产或死胎。

❧ 皮质激素类药

如皮炎平等，这类药具有消炎、抗过敏的作用，多用于治疗皮肤病，如荨麻疹、湿疹、药疹、接触性皮炎等。如果长期大面积使用，会造成胎宝宝肾上腺皮质功能减退。

❧ 百多邦软膏

一种抗生素外用软膏，广泛应用于皮肤感染。妊娠期最好不要使用，因为药膏中的聚乙二醇会被全身吸收、蓄积，引起一系列不良反应。

❧ 阿昔洛韦软膏

抗病毒外用药，对人体细胞的 DNA 聚合酶有抑制作用，会影响人体 DNA 的复制。

内服药方面，活血化瘀、行气祛风、苦寒清热、凉血解毒类的中药容易引起流产或早产，孕妇不宜服用，如巴豆、牵牛、芫花、甘遂、商陆、大戟、水蛭、虻虫、三棱、大黄、黄芪、芒硝、冬葵子、木通、桃仁、蒲黄、五灵脂等。

温馨小贴士

孕妇在用药问题上，应该分清主次矛盾。当出现危急情况必须用药时，还是应该把生命安全放在第一位，不要一味拒绝用药。

第 162 天

162 鼻出血的护理方法

流鼻血是孕期较为常见的一种现象。女性怀孕后体内会分泌出大量的孕激素，这使得血管扩张、充血，加上鼻腔黏膜血管丰富，血管壁薄，孕妇的血容量又较高，所以十分容易破裂、出血。

当孕妇发生鼻出血时，可按照以下步骤来止血：

①先试着将血块擤出。堵在血管内的血块会使血管无法闭合，当孕妇去除血块后，血管内的弹性纤维才能够收缩，使流血的开口关闭。

②坐在椅子上，用手指捏紧鼻子，身体向前倾，不要躺下或仰头，否则会使血液流到喉咙里。

③在两只鼻孔里各塞入一小团干净的湿棉花，然后捏住鼻孔，持续压紧 5 ～ 7 分钟。假如仍未止血，再重复塞棉花和捏鼻子的动作。

④用毛巾包裹住冰块，冷敷鼻子、脸颊和颈部，促使血管收缩，减少流血。

（如果以上步骤可以止血，此步可省略）

⑤鼻血止住后，在鼻孔内涂抹一些维生素 E 软膏，以促进伤口愈合。

⑥做好上述处理后，最好躺下来休息一会儿。一周之内不要挖鼻孔，否则容易剥落结痂，使鼻出血复发。

温馨小贴士

为预防鼻出血，孕妇平时要注意补充维生素 C 和维生素 K，也应养成良好的生活习惯，如发现鼻孔内有鼻屎，不要用手去挖，可先用水打湿，然后用棉签轻轻擦出。此外，当空气干燥时，孕妇可使用加湿器来增加空气湿度。

163 孕妇洗发须知

首先，孕妇应根据发质洗头。

🍀 中性发质

2～3天洗一次头即可，洗得太勤反而对头发不好。购买洗发护发用品时也不需要特别挑选去油或滋润配方的。可以使用婴幼儿专用的洗发水，这类洗发水性质比较温和，对皮肤和头发的刺激相对较小。

🍀 干性发质

头发的吸水和保水能力差，摸起来又粗又干的，甚至一折就断。建议使用温和的洗发水，并使用护发素进行润发。另外，还要拉长洗发时间间隔，3～5天洗一次头即可，否则容易使头发变得更加干燥。

其次，孕妇洗发要注意姿势。由于孕妇的肚子较大，故不适合弯腰洗头，这时可以坐在带有靠背且坐下来后膝盖可以弯成90°的椅子上，头往前倾，用喷头慢慢冲洗头发，如果自己动作不便，可以让准爸爸帮忙。此外，去理发店洗头也是一个不错的选择，不过最好自己携带洗发护发用品。

最后，孕妇洗发要讲究步骤和动作。先倒着把头发梳通，梳理时切忌用力拉扯，然后用清水冲洗头发上的灰尘、污垢。洗发时将适量洗发水倒在手上，加水揉搓出泡沫，均匀涂抹在头发上，用指腹轻轻按摩头皮，不要用指尖抓挠，按摩后保持5分钟，然后用温水冲洗干净。

🍀 油性发质

头发容易出油，脏得很快，因此要经常洗头，1～2天洗一次。洗头时不要将洗发水直接倒在头发上，而是要在手中揉出泡沫后再用来清洗头发，护发素也不要涂抹在发根部位。

温馨小贴士

孕妇洗完头后不要用吹风机吹干，而要用毛巾尽量擦干头发，使其自然晾干。

第 164 天

164　记妊娠日记是个好习惯

从开始受孕一直到胎儿出世，在整个妊娠过程中，孕妇常会出现很多生理和病理变化，故平时应该仔细观察，把重要的现象记录下来，使医生能对妊娠过程是否正常作出判断，从而及时采取必要的措施，保证母婴安全和顺利分娩。那么，妊娠日记应包括哪些内容呢？

①最后一次月经日期。这是医生判断预产期的主要依据，并依此估计胎儿生长发育的状况。

②妊娠反应。在停经后第几周开始出现，以后的变化情况，至第几周后消失。

③第一次胎动日期。第一次胎动一般发生在妊娠第 18 ～ 20 周。

④妊娠早期检查的情况。

⑤孕期中患的疾病。

⑥孕期用过的药物。

⑦孕期并发的病症。

⑧阴道流水。

⑨接触 X 线和其他放射性物质或有毒的物质。

⑩其他。包括生活习惯、工作情况变化、外出旅行、外伤、重大的精神创伤等。

温馨小贴士

对妊娠日记，要认真记录，无事不记，有事即记，力争完整准确，直至分娩。妊娠日记提供的材料与产前检查结合起来，更能对孕妇情况作出正确的判断。

165

别让腰酸背痛影响孕期生活

大部分孕妇会在孕期出现腰酸背痛的现象，多数在怀孕中晚期。该症状容易在下午、晚上或长时间站立之后发作或加重，疼痛部位甚至会从腰椎部位向下蔓延至臀部及尾椎骨，严重时给行走或睡觉翻身都带来困难，给孕期生活造成诸多不便。

孕期发生腰酸背痛的原因主要有两个：一是怀孕后孕激素的增加，使得孕妇腰部的韧带、筋膜变得松弛，弹性下降，从而因为劳损而引起腰酸背痛；二是随着孕程的增加，子宫变大，胎宝宝及胎盘、羊水也一天天增多，腹部就会变得沉重。为了保持平衡，孕妇在站立时必须用力收缩腰背部的肌肉，久而久之，就会因疲劳而引起疼痛。

腰酸背痛的孕妇要注意充分休息，不要过度劳累，也不要睡太软、容易使腰部下陷的床，侧卧时可在腰后垫个枕头或靠垫。疼痛发作时可以用热毛巾或热水袋进行热敷，或者冲个热水澡也能缓解疼痛。在家中时，可以让爱人为自己做一下简单的腰背部按摩，以放松紧张、疲劳的肌肉。此外，使用托腹带也可以缓解腰酸背痛。

温馨小贴士

孕妇如果右侧腰部疼得比较厉害，最好请医生诊治，以排除慢性肾盂肾炎、泌尿系统感染的可能。

166 做家务时注意姿势和动作

孕妇在做家务时，要有所选择，那些需要伸展肢体及弯腰、下蹲等容易压迫到肚子的家务，还是不做为好，如搬运提拿重物、擦玻璃等。而像买菜、洗菜、做饭、用洗衣机洗衣服、叠衣被之类的家务，不需要太大的肢体动作，也不用多大的力气，不会太累，可以适当做一点。

孕妇在做家务时，应做到以下几点：

①做家务时最好不要弯腰，打扫时要避免蹲下或跪在地上，到孕晚期更不可弯腰干活，还要防止滑倒。

②不要勉强踮着脚或登高从高处拿取物件，晾衣时也不可勉强伸长胳膊，最好使用可以升降的晾衣架，或者请准爸爸代劳。

③洗衣服时不要压迫腹部，不要把手直接浸入冷水中，尤其是在冬春季节更应注意。孕妇着凉、受寒有诱发流产的危险。

④将放在地上的东西拿起或放下时，要屈膝落腰，完全下蹲，单腿跪下，然后侧身拿起东西，伸直双膝站起。

孕妇做家务好处多多，既能促进新陈代谢和血液循环，有助于消化，又能增强肌肉力量，提高腰腹盆底肌肉的柔韧性，有利于自然分娩，还能减轻或消除怀孕带来的不适症状，如腰酸背痛、下肢静脉曲张等。

温馨小贴士

到了第 24 周，胎宝宝已经有 25 ~ 30 厘米长了，体重 500 克左右，开始充满孕妇的整个子宫。

吹弹可破的透明皮肤上还是分布着许多细小的皱纹，有一层柔软的胎毛，汗腺也有了。体重虽然增加了不少，但胎宝宝仍然显得很瘦，不过他的身体正在协调生长，很快也会增加更多的脂肪，为身体盖上一层"小棉被"。

大脑进入了发育成熟期。肺里面"呼吸树"的"分枝"和负责分泌表面活性剂（一种有助于肺部肺泡更易膨胀的物质）的细胞正在发育，不久之后，这棵"呼吸树"就会变得"枝繁叶茂"了。

167 尿频怎么办

孕妇在妊娠期容易发生尿频，这主要是因为子宫在盆腔内逐渐长大而倾向于膀胱，使膀胱受到挤压和骨盆壁的限制而总觉得有尿意，但又排尿不多。特别是在临产前的 1 个月，胎儿头部入盆，进一步压迫膀胱，更觉尿频。到目前为止，还没有特别好的办法来控制这种情况的发生。唯一可行的就是控制饮水量，要想不在晚上起来，最好在临睡前 1～2 小时内不要喝水。不过也有很多孕妇认为，产前尿频未尝不是一件好事情，因为这样可以提前锻炼自己晚间起床，这在宝宝出生后是必须经历的一个过程。

孕妇感到有尿时，不管排尿多少，都要去厕所排尿，千万不可憋尿，憋尿对孕妇和胎儿都不利。为防止尿流不畅，压迫右侧输卵管引起肾盂肾炎、肾盂积水，孕妇的卧位应经常变化，应采用左侧卧位。还有，孕妇尿频应检查是否有泌尿系统感染，不要把疾病引起的尿频与压迫膀胱引起的尿频混淆起来。泌尿系统感染引起的尿频往往伴有尿痛、尿急、尿液混浊。此种情况要到医院检查治疗。

温馨小贴士

孕妇通常在分娩几天后尿频会终止，不过在最初的几天尿还会很多，这主要是因为身体要将体内多余的液体全部排净。当然，在怀孕期间除了开始和末期尿频外，大多数时间还是会相对好些的。

第 168 天

168 孕中期适宜的性生活有利于胎儿

妊娠 3 个月以后，胎盘逐渐形成，妊娠进入稳定期。早孕反应已过去了，孕妇的心情开始变得舒畅。由于激素的作用，孕妇的性欲有所提高。加上胎盘和羊水的屏障作用，可缓冲外界的刺激，使胎儿得到有效的保护。因此，妊娠中期可适度地进行性生活，这也有益于夫妻恩爱和胎儿的健康发育。国内外的研究表明，夫妻在孕期恩爱与共，生下来的孩子不仅反应敏捷、语言发育早，而且身体健康。

妊娠中期的性生活以每周 1～2 次为宜。值得注意的是，妊娠期的性生活对胎儿是一种很好的情绪胎教，舒心的性生活充分地将夫妻间的爱心和性欲融为一体，会使孕妇的心情愉快、情绪饱满。

此外，丈夫的精液中含有一种精液胞浆素，它具有与青霉素相媲美的抗菌功能，能够杀灭葡萄球菌等致病菌，可以清洁及保护孕妻的阴道。

温馨小贴士

孕妇需注意的是，如果孕中期性生活过于频繁，子宫经常处于收缩状态，就有可能导致流产。因此，孕中期性生活要适宜。

孕 7 月

（第 169 ~ 196 天）

第 169 天

169 控制糖的摄入量

糖是指碳水化合物，主要来自主食，即米和面。我国南方产稻子，北方产麦子，所以米、面成了我国人民的主食。

糖为孕妇的生命活动提供能量，也是细胞及多种大分子化合物的重要组成成分，因此，孕妇需保证糖的供给。但是，孕妇摄入过多的糖会使身体发胖，摄入糖过少则无法满足母体和胎儿的需要，如果长期摄入不足，就会消耗体内的脂肪和蛋白质，从而影响胎儿的生长发育。所以，孕妇需控制糖的摄入量。

一般来说，糖的摄入量并不缺少。有条件的孕妇，为了保证孕期蛋白质、脂肪等其他营养物质的足够摄取，应尽可能地限制糖类的摄入比例，一般控制在占总热量的 50% ～ 65% 为宜。孕妇可以少吃些主食，多吃些蛋白质类食物，适当吃些脂肪类食物，以免过多的热量积蓄使身体发胖。

温馨小贴士

孕妇每日需供给热量 9200 千焦，而由糖类供热 5400 ～ 6200 千焦即可，也就是说，孕妇每日需要糖类 330 ～ 400 克。

170

控制体重增长速度

一般情况下，整个孕期，孕妇的体重增加值在 12 千克左右为宜，孕早期体重增加 2 千克，孕中期和孕晚期各增加 5 千克，超出了这些范围，就是体重增长速度过快。体重过高或增长速度过快会使孕妇患上高血压、糖尿病或怀上巨大儿的可能性增加。这样一来会增长产程，加大顺产或剖宫产的难度，不但会使阴道或会阴发生严重撕裂，还会导致胎宝宝"肩难产"，严重的会使新生儿窒息死亡。

因此，孕妇要注意控制体重增长速度。可从以下三方面着手：

①饮食要科学合理，营养均衡。五谷杂粮、蔬菜水果都要摄取到，但不要过量，少吃或不吃糖果、蛋糕、冰淇淋等糖分和热量高，但没什么营养的食物。

②加强锻炼。在自己的身体能够承受的前提下，每天进行一定量的活动，减掉多余的体重。不要吃饱了就坐着或躺着，这对控制体重增长非常不利。

③买个体重秤。定期测量体重，一旦发现体重增长异常，就要调整饮食和锻炼计划，并在准爸爸的监督下实施。

温馨小贴士

体重增长异常也可能提示某些疾病的出现，如果孕妇的体重在一段时间内迅速增加或降低，就要到医院进行详细检查了。

171 晚餐不宜多吃

怀孕初的几个月，许多孕妇白天忙于工作，于是就把晚餐安排得比较丰富，大吃特吃，认为这样可以补充营养，其实这对健康极为不利。

晚餐既是对下午消耗的补充，又是对夜间休息时能量和营养物质需求的供给。但晚饭后，许多人都不做什么运动，即使有些人会散步，消耗的能量也很有限，而且晚上和睡眠时人体对热量和营养物质的需求并不太大，所以晚餐并不需要吃得太多。孕妇晚饭吃得过于丰盛和过饱，不仅会造成营养过剩，还会增加肠胃负担。特别是吃完晚饭后不久就睡觉，更不利于食物的消化。

其实孕妇的晚餐，最好以稀软清淡为宜，不用吃得太饱，这样才有利于消化和提高睡眠质量，还有利于胎儿的正常发育。

温馨小贴士

有研究表明，晚餐少吃睡得香。孕妇正确的晚餐应该吃八分饱，以自我感觉不饿为度。晚餐的时间最好安排在晚上 6 点左右，尽量不要超过晚上 9 点。晚上 9 点之后最好不要再吃任何固体食物。并且，晚餐后 4 小时内不要就寝，这样可使晚上吃的食物充分消化。

172 光照时胎儿在做什么

如果胎儿处于觉醒的状态，通过腹壁用光照射胎儿颜面，在 B 超显像仪上即可见到胎儿的眼睑、眼球活动及头部回转做躲避样运动。这样对孕妇腹部直接进行光线照射，有时会让胎儿感到不快，此时如果胎儿不背过脸去，面对一闪一闪的照射孕妇腹部的电光，他的心搏数就会出现明显的变化，如果用弱光（小手电筒的光芒）照射，胎儿会十分感兴趣地将头转向光源的位置。

光照胎教可以结合音乐胎教、对话胎教，选择胎儿觉醒、活跃的时候一边播放胎教音乐一边进行对话，在照射的时候孕妇可以和胎儿对话，例如："现在是中午了，外面的天气很好，微微的风让人很舒服，宝宝你感觉到了吗？"孕妇一边用手电筒的微光照射腹部，一边告诉胎儿："这是手电筒发出的光，它好玩儿吗？你可以去抓住它。"

坚持光照胎教 1 个月后胎儿会记住这个时间段，每到这个时间段他就会非常高兴，而每天享受着幸福的胎儿游戏时光，孕妇也会心情舒畅。

温馨小贴士

当胎儿觉醒时，用手电筒的微光照射孕妇腹部，训练胎儿的昼夜节律，使胎宝宝夜间睡眠、白天觉醒，可以促进胎儿视觉功能的健康发育。

第 173 天

173 孕期锻炼需注意的问题

孕妇要有规律地锻炼，使身体处于良好的状态，以迎接妊娠的到来。但是锻炼时要量力而行。

🍀 慎重选择锻炼项目

不要做那些易摔下，易失去平衡或者易损伤腹部的危险项目，如骑马、翻滚、高山滑雪或打篮球、排球。妊娠期间避免潜水，以防气泡进入胎儿的血液。

🍀 保持体温正常

由于胎儿产生的热量通过孕妇的皮肤散发，故孕妇的体温比正常时略高。这种体温的升高表明在锻炼时孕妇将对高热敏感，易疲劳甚至脱水。因此，在锻炼前后和过程中，当感到热的时候就要停止活动并且大量饮水，每天饮水量不少于 200 毫升，喝水要一口一口地喝，多喝几次。无论天气是温暖还是凉爽，穿衣服都不要太多。如果室外较冷，多穿几层，当感到热时可以适当减少衣服。锻炼时要穿着舒适的运动服并保护好脚踝。

孕妇不可空腹锻炼。如果没有吃饭，再加上做了运动，体内会产生大量的酮体，而酮体对胎儿的发育是有害的。所以，孕妇运动前 30 分钟先吃些点心、喝点橙汁是非常有必要的。

温馨小贴士

怀孕第 25 周，胎宝宝身长大约 30 厘米，体重约 600 克，开始充满整个子宫的空间，其身体的比例也开始匀称。这时胎宝宝的皮肤较薄且有许多小皱纹，几乎没有皮下脂肪，全身覆盖着一层细细的绒毛。此时胎宝宝舌头上的味蕾正在形成，所以其可品尝到食品的味道了。

胎宝宝大脑的发育已进入了一个高峰期，大脑细胞迅速增殖分化，体积增大。孕妇在这时可多吃一些核桃、芝麻、花生等健脑的食品。

174 孕妇可不可以乘电梯

通常，人们坐电梯时会有失重的感觉，尤其是高速电梯，从上面下来时，会突然觉得心被悬到了空中，当电梯到达底层时，又有"一块石头猛落地"的感觉，所以，有些孕妇会担心这对胎宝宝有不好的影响。其实，一般电梯的行驶速度是有限的，给人造成的失重感也是常人可以承受的，因此，孕妇乘坐电梯基本上不会对腹中胎儿造成伤害。

当然，这也要看个人的敏感程度，如果孕妇乘坐电梯时，出现如头晕、心慌、出汗等症状，还是应该尽量避免乘坐。如果住在四层以下，爬爬楼梯是可以的，但不提倡把爬楼梯当锻炼，因为随着妊娠的进展，孕妇体重增加，血容量及心搏出量也相应增加，这本身就增加了心脏的负担，而爬楼梯要克服重力，是一项较为费力的耗氧运动，会加重心脏的负担，所以，爬楼梯不适合在孕期进行。

总的来说，除了对乘坐电梯敏感的孕妇外，其他孕妇都适宜乘电梯。

温馨小贴士

孕妇应注意一点，在孕后期，孕妇的体重大幅增加，此时爬楼梯危险度比较高，应选择乘坐电梯出行。

175 准父母怎样做好情绪胎教

①应心胸宽广，乐观舒畅，多想宝宝远大的前途和美好的未来，避免烦恼、惊恐和忧虑。

②把生活环境布置得整洁美观，赏心悦目。在墙上挂几张健美的娃娃头像，孕妇可以天天看，想象腹中的孩子也是这样健康、美丽、可爱。多欣赏花卉盆景、美术作品和大自然美好的景色，多到野外呼吸新鲜空气。

③饮食起居要有规律，按时作息，适度地进行劳动和锻炼。衣着打扮、梳洗美容应有利于胎儿和自身的健康。

④常听优美的音乐，常读诗歌、童话和科学育儿书刊。不要看恐怖、紧张、色情、凶杀等类的电视剧、电影、录像和小说。

⑤丈夫应了解怀孕会使妻子产生一系列生理、心理变化，应加倍爱抚、安慰、体贴妻子，做她有力的精神支柱，尽可能使妻子快乐，多做美味可口的食物，营造美好的生活环境。

温馨小贴士

早晨，准爸爸可以陪准妈妈一起到环境清新的公园、树林或田野中去散步，做做早操。准妈妈感到丈夫温馨的体贴，心情舒畅惬意，这种美好的心情会传递给胎儿，有利于胎儿的生长发育。

176 怀孕 7 个月的营养胎教

孕 7 月时，孕妇经常会出现肢体水肿。孕妇首先要少饮水、少吃盐；其次，要选富含 B 族维生素、维生素 C、维生素 E 的食物，使食欲增加，促进消化，可利尿和改善代谢；最后，多吃水果，少吃或不吃白薯、土豆等不易消化的、油炸的、易胀气的食物，忌吸烟喝酒。

本月是孕中期的最后时期，孕妇身体各方面的情况与前一个月相差不大。但是本月许多孕妇都会面临妊娠高血压综合征，所以在饮食方面需要格外小心。

不宜多吃动物性脂肪，同时日常饮食以清淡为佳，要减少盐的摄入量，忌吃咸菜、咸蛋等盐分高的食品。水肿明显者要控制每日盐的摄取量，限制在 2 ～ 4 克之间。同时，还要保证充足、均衡的营养，每日必须摄取充分的蛋白质，适宜吃鱼、瘦肉、牛奶、鸡蛋、豆类等。

另外，要注意增加植物油的摄入。此时，胎儿的机体和大脑发育速度加快，对脂质及必需脂肪酸的需要增加，必须及时补充。因此，增加烹调所用植物油即豆油、花生油、菜油等的量，既可保证孕中期所需的脂质供给，又提供了丰富的必需脂肪酸。孕妇还可吃些花生仁、核桃仁、葵花子仁、芝麻等油脂含量较高的食物，并控制每周体重的增加量为 350 克左右，以不超过 500 克为宜。

钙和维生素 D 的摄入量要充足。孕妇严重缺钙时会影响胎儿的骨骼、牙齿的构成，甚至可能导致胎儿畸形。

温馨小贴士

此期间孕妇要注意补充铁等微量元素，应多吃新鲜蔬菜。

第 177 天

177

孕妇也能穿时装

以前，大多数孕妇总是习惯于用一条肥大的裤子作为人生这一特殊时期的着装。随着经济条件的改善和现代人审美情趣的提高，孕妇装也应运而生。如今走在大街上，人们只要细心观察，便不难发现，不少身怀六甲的孕妇都穿上了色调明快、款式别致而又适合自己的孕妇时装，虽大腹便便，却别有韵味，为都市生活平添了一道亮丽的风景。

棉

孕妇装在面料的选择上多以棉、麻等天然透气性强的原料为主，有水洗卡其、水洗牛仔布、细柔灯芯绒等，这有利于母亲和胎儿的健康。为了让孕妇身体舒适和行动方便，孕妇装在款式设计上特别强调腹部的宽松性，如连衣裙、背带裙、马甲套裙等，大多胸前打褶，然后直筒到底，留下很多的空间给腹部发展。同时，细处设计和色彩各有不同，有的采用不同布料拼接，有的在某些部位绣上或剪贴一些小动物、花草作为点缀，有的在颈部、胸前、背后、袖口镂空，风格多样，孕妇可根据自己的体形与爱好作出选择。

温馨小贴士

新买来的衣服尤其是内衣，一定要清洗干净并在阳光下暴晒再穿，这样可以减少接触有害染料的机会，被细菌侵害的可能性也会降低很多。

178 孕妇不宜穿着邋遢

妊娠期中，有些女性因为苦于妊娠反应和干不完的家务活，或者担心自己的身体，往往没有考虑到修饰打扮问题；这一时期孕妇的身体容易疲劳，脸色常常是苍白的，以致显得衣冠不整、邋里邋遢。

其实，作为女性，任何时候都应讲究魅力和美，在妊娠期也不例外。

孕妇服的设计，应根据个人爱好，选择那种穿在身上能够凸显胸部线条，使鼓起的肚子显得不太突出的样式，服装的立体轮廓最好呈上小下大的 A 字形。即使不是孕妇服，短裤配上衣、披风配套服等，也都是孕妇可以穿着的。

由于孕妇服装的样式受体形所限，所以要以简单朴素为原则，颜色以能使人精神振奋、明快为好。

温馨小贴士

穿着是可以影响心情的，而孕妇的心情胎儿也能感受得到。也就是说，妈妈穿得怎么样胎宝宝是能"看"得到的。

第 179 天

179 让宝宝视力更佳的食物

怀孕时孕妇应多吃油质鱼类，如沙丁鱼和鲭鱼，孩子就有可能比较快地达到成年人的视觉深度。这是由于，油质鱼类富含一种构成神经膜的要素——omega-3 脂肪酸，它含有的 DHA 与大脑内视神经的发育有密切的关系，能帮助胎儿视力健全发展。第 7 ~ 9 个月到出生前后的胎儿如果严重缺乏 DHA，会出现视神经炎、视力模糊，甚至失明。因此，建议孕妇每个星期至少吃一次鱼。

除了油质鱼类外，孕妇还应多吃含胡萝卜素的食品以及绿叶蔬菜等，因为它们富含的维生素 A、维生素 B_1、维生素 B_2、维生素 C、维生素 E 都有益于胎儿的视力发育。含维生素 A 较多的食物有胡萝卜、苋菜、菠菜、青椒、红心白薯、橘子、柿子等；含维生素 B_1、维生素 B_2 较多的食物有芝麻、大豆、鲜奶、麦芽等；含维生素 C 较多的食物有青椒、黄瓜、菜花、小白菜、鲜枣、生梨、橘子等；含维生素 E 较多的食物有豆油、花生油、香蕉等。孕妇可根据自己的喜好及心情，每天选择其中几种食用。

温馨小贴士

特别要向孕妇推荐的食品是枸杞子，它含有丰富的胡萝卜素，以及维生素 A、维生素 B_1、维生素 B_2、维生素 C、钙、铁等，具有清肝明目的功效，是眼睛的营养品。

180 吃兔肉宝宝会患兔唇吗

有些人认为，如果孕妇吃了兔肉，生下的孩子便会患兔唇，因此一些孕妇对兔肉敬而远之。其实不然，这种说法是没有科学依据的。

兔唇在医学上称为"唇裂"，是一种小儿常见的先天性畸形。经研究发现，如果双亲中有患唇裂的，其子女发生唇裂的可能性会很大；如果孕妇在孕期维生素摄入不足，也可导致胎儿唇裂；如果在孕期感染过风疹病毒、疱疹病毒、流感病毒、梅毒螺旋体等，也可能造成胎儿唇裂；如果孕妇服用过皮质激素、镇痛剂、某些抗生素等药物，也可导致胎儿畸形；如果孕妇在怀孕早期精神紧张，或受到外伤等，可使体内的肾上腺皮质激素分泌增加，从而导致胎儿先天畸形；如果在怀孕早期接触放射线，也有可能导致胎儿唇裂。

综上所述，兔唇既与遗传因素有关，也与营养不足、病毒感染、药物、内分泌失调、环境污染等因素有关。当然，在各种致病的原因之中，还找不到因孕妇吃兔肉而使胎儿唇裂的证据。相反，兔肉富含蛋白质、卵磷脂，脂肪含量又低，是大脑与其他器官发育不可缺少的物质，算得上是孕妇的上好补品。因此，吃兔肉会患兔唇纯属无稽之谈，孕妇不用有这方面的顾虑。

孕妇需谨记：兔肉性凉，食用兔肉最好在夏季；兔肉也不宜与鸭血同食，否则容易导致腹泻。

温馨小贴士

怀孕第 26 周，胎宝宝身高大约 22 厘米，体重约 800 克，皮下脂肪已开始出现。但这时的胎宝宝仍然很瘦，全身覆盖着细细的绒毛。

胎宝宝开始有了呼吸，但呼出、吸入的依然不是真正的空气，主要是由于胎宝宝的肺部还没有发育完全。此外，胎宝宝这时已经睁开眼睛了，如果用手电筒照射孕妇腹部，其会自动把头转向光亮的地方，这说明胎宝宝的视觉神经功能已开始起作用了。

第 181 天

181 羊水过多、过少都不好

羊水是由孕妇血清经羊膜渗透到羊膜腔内的液体及胎儿尿液组成，它可保护胎儿免受挤压，防止胎体粘连，保持子宫腔内恒温、恒压。正常妊娠时，羊水量随着孕周的增加而逐渐增多。孕 12 周时，羊水约有 50 毫升；到了孕 20 周，增加为 500 毫升左右；一般到孕 38 周时达到最大量——1000 毫升左右；足月时又减少到 800 毫升左右。

在妊娠的任何时期，如果羊水量超过 2000 毫升，则称为羊水过多。羊水过多时，易并发妊高征、早产、胎膜早破、胎位异常；破膜时，易发生胎盘早剥与脐带脱垂；分娩时，易合并产后出血。

如果孕晚期羊水总量少于 300 毫升，就是羊水过少。羊水过少对孕妇影响较小，对胎儿危害则很大，常见于胎儿泌尿系统异常，如先天性肾缺、肾脏发育不全等。孕晚期常与过期妊娠、胎盘功能不全同时存在。如果确诊为羊水过少，应警惕有无胎儿畸形、胎儿缺氧和胎盘功能不全的情况。若无胎儿畸形，孕妇应密切注意胎动变化，并随诊子宫增长情况及 B 超检查羊水水平段，必要时应连续做胎盘功能测定，及时了解有无胎儿缺氧情况。一旦发现异常，应考虑剖宫产，使胎儿尽快分娩，以保证胎儿安全。

温馨小贴士

孕妇如果出现羊水过多或过少的情况，应立即去医院就诊，可人工破膜，放出多余的羊水，如有必要，需提前终止妊娠。

182 慎防羊水早破

在整个妊娠期间，羊水可以使胎儿在母亲的子宫里活动自如，免受外力的挤压，缓解外力的碰撞，对胎儿有良好的保护作用。临产时，随着子宫的不断收缩，子宫口开大处的胎膜承受不了那么大的压力而破裂，使羊水从阴道里流出，这种情况被称为破水。如果子宫在没有出现规律性宫缩以及阴道见红的情况下发生了羊水破裂，也就是说，胎膜在临产前破裂了，这种情况被称为羊水早破，是产科常见的一种并发症。

羊水外流会使子宫变小，刺激子宫收缩，如果此时妊娠还不足月，就会发生早产。由于早产儿的各个器官功能还没有发育完全，很容易发生夭折。如果妊娠已足月，胎先露已定，破水 24 小时内临产，多不影响产程进展；如果胎先露未定，脐带会随着羊水流出而脱垂出来，引起胎儿在子宫内发生窘迫。羊水过多地流出，也会使子宫紧贴着胎儿的身体，从而刺激子宫，引起不协调宫缩，影响产程进展和胎盘血液循环，并导致滞产和胎儿缺氧。当然，胎膜破裂的时间越长，发生宫内感染的可能性就越大，胎儿吸入受到感染的羊水，会引起吸入性肺炎，也容易使产妇在分娩时受到感染或造成产褥感染。

因此，在妊娠期间，任何时间发生阴道流水都应引起注意，有的孕妇不确定是羊水早破还是尿液流出，这时可将特定的化学试纸放入阴道里。如果是羊水早破，橘黄色的试纸会变成深绿色，如果把试纸放到医院显微镜下观察，可以看到羊水中的小脂肪块和胎毛。

温馨小贴士

如果妊娠超过 42 周还不破水，就是过期妊娠了，孕妇应高度重视。

183 中草药对胎儿有副作用吗

在怀孕期间，孕妇因病需用药物时，多喜欢选用中药。

其实，中药并非都是绝对安全的。许多中药中所含的生物碱及化学成分十分复杂，特别是各味中药相互配合后产生的作用差异较大，有的可直接或间接影响胎儿的生长发育。因此在怀孕的最初 3 个月内，孕妇除慎用西药外，亦应慎用部分中药，以免造成畸胎或导致流产、早产。

还应注意的是，许多具有毒副作用的中草药常以配方形式出现在中成药之中，因而对已注明孕妇禁用或慎用的中成药，应避免服用。

当然，在丰富的中药宝库中，对孕妇有不良作用的药物毕竟是少数，中药作为天然药物仍然比西药的副作用小得多。所以，孕妇在患病时也不必讳疾忌医。

温馨小贴士

是否使用和如何使用中药，最明白的是医生，所以还是要请医生帮助我们来权衡利弊，正确选择使用。

184

DHA 的补充

胎儿的营养都源于母体,所以孕妇自身营养的摄取是需要特别注意的。尤其是脑部营养,因为人的大脑发育是一次性完成的,所以要孕育一个聪明宝宝,要多摄取脂肪酸、胆碱、蛋白质、锌、铁等脑部营养。特别注意的是,脑部发育所需的脂肪酸不是人们常说的肥肉、食用油,而是长链不饱和脂肪酸,如 DHA。

DHA 即脑黄金,它是构成细胞及细胞膜的主要成分之一,能够增强大脑传递信息的能力,是大脑发育、成长的重要物质之一。孕期补充 DHA,能够优化胎宝宝大脑锥体细胞的磷脂的构成成分,刺激大脑皮层感觉中枢的神经元增长更多的突触,促进胎宝宝的大脑发育。另外,DHA 还有利于提高胎宝宝视网膜光感细胞的成熟度,促进视力发育,使宝宝的眼睛更明亮。

怀孕 6 个月以后是胎宝宝大脑中枢神经元分裂和成熟最快的时期,对 DHA 的需求量也最大,所以从这个时候开始孕妇需要专门补充 DHA。

为补充足量的"脑黄金",孕妇可以吃些富含天然亚油酸、亚麻酸的核桃、松子、葵花子、杏仁、榛子、花生等坚果类食品,此外还包括海鱼、鱼油等。这些食物富含胎宝宝大脑细胞发育所必需的脂肪酸,有健脑益智的作用。

温馨小贴士

叶黄素是 DHA 的"保护神",它能够促进大脑对 DHA 的吸收,因此孕妇在补充 DHA 的同时要适量补充叶黄素。

第185天

185 对话胎教注意事项

对话胎教就是孕妇本人或家庭中的其他成员用平和柔美、文明、礼貌、通俗易懂的语言，有目的地对子宫中的胎儿讲话，给胎儿的大脑输入最初的语言记忆，为后天的学习打下基础。它有以下几点注意事项：

①父母在与胎儿对话时，最好每次都以相同的语句开头和结尾。这样反复地进行，不断强化，效果会更好。

②与胎儿对话时，孕妇要使自己的精神和全身的肌肉放松，注意力要集中，呼吸要顺畅、均匀，说话吐字要清晰，声音要和缓并排除思想杂念，心中只想着对腹中的胎儿讲话，这样效果才会好。

③给胎儿讲故事时，应取一个自己感到舒服的姿势，精力集中，然后，把故事内容有条理地讲给胎儿听。吐字要清楚，语速切忌时快时慢。

④给胎儿讲故事时，孕妇面部表情应丰富，应以极大的兴趣绘声绘色地讲述故事内容，切忌面无表情、平淡乏味地讲述。

⑤不管是与胎儿对话，还是给胎儿讲故事，所有的内容都应该健康、有益。

温馨小贴士

随着胎儿逐渐长大，孕妇每天可适当增加对话胎教的次数，把围绕在父母周围的一些新鲜的、有趣的、有意思的事情讲给胎儿听，而且，要把好的故事反复地讲给胎儿听，对他施加良性刺激，以丰富胎儿对语言的感觉。

186 胎儿喜欢妈妈的声音

胎儿在 4 个月大时，已能感觉到外部声音的刺激，他是透过腹壁听到声音的。由于胎儿最初听到的多是孕妇的声音，因此他会记住妈妈的声音。出生后，妈妈轻柔地对他说话时，婴儿就会觉得很舒服，哭泣中的婴儿甚至有可能立刻熟睡。

据统计，当家中只有孕妇和胎儿时，孕妇要尽可能出声和胎儿说话。对胎儿而言，无声的世界并不美好。当孕妇看电视时，胎儿独自处于黑暗的腹中，会产生不安。而孕妇说话时，他会感到兴奋或变得安静。

此外，胎儿还能够敏感地区别出温柔的声音和可怕的声音。这是因为妈妈和胎儿的心是互通的。因此，母亲要随时以稳定温和的声音对胎儿说话，以促进胎儿脑细胞的发育。

温馨小贴士

孕妇爽朗的笑声，愉快的谈话声或动听的歌声，会引起胎儿的特别注意和精神兴奋。久而久之，胎儿不仅记住了母亲的声音，而且对胎儿的智力发育与心理健康发展有良好的启迪作用。因此，性格偏内向的孕妇要调整好心态。孕妇要正确对待怀孕过程中出现的生理变化，经常听一些意境美妙的轻音乐，以愉悦身心。

187 孕妇不宜服用的中成药

清热类

具有清热解毒、泻火等功效的中成药，如六神丸；在孕早期服用可能引发胎儿畸形，孕后期服用易致儿童智力低下。而含有牛黄等成分的中成药，因其攻下、泻下之力较强，易致孕妇流产，如牛黄解毒丸、片仔癀、犀黄丸、败毒膏、消炎解毒丸等。

祛风湿痹症类

以祛风、散寒、除湿止痛为主要功效的中成药，如虎骨木瓜丸，其中活血之牛膝有损胎儿。类似的中成药，还有大活络丸、天麻丸、华佗再造丸、伤湿祛痛膏等。而抗栓再造丸中大黄攻下、水蛭破血，故孕妇禁用。

消导类

有消食、导滞、化积作用的一类中成药，如槟榔四消丸、清胃中和丸、九制大黄丸、香砂养胃丸、大山楂丸等，都具有活血行气、攻下之效，故易致流产。

泻下类

有通导大便、排除肠胃积滞或攻逐水饮、润肠通便等作用的中成药，如十枣丸、舟车丸、麻仁丸、润肠丸，攻下力甚强，有损胎气。

理气类

具有疏畅气机、降气行气之功效的中成药，如木香顺气丸、十香止痛丸、气滞胃痛冲剂等，因其多下气、破气、行气解郁力强而被列为孕妇的禁忌药。

理血类

有活血祛瘀、理气通络、止血功能的中成药，如七厘散、小金丹、虎杖片、脑血栓片、云南白药、三七片等，其祛瘀活血力过强，易致流产。

开窍类

具有开窍醒脑功效的中成药，如冠心苏合丸、苏冰滴丸、安宫牛黄丸等，因其内含麝香，辛香走窜，易损伤胎儿之气，孕妇用之恐致堕胎。

驱虫类

具有驱虫、消炎、止痛功能，能够驱除肠道寄生虫的中成药，其为攻伐有毒之品，易致流产、畸形等，如囊虫丸、驱虫片、化虫丸等。

祛湿类

凡治疗水肿、泄泻、痰饮、黄疸、淋浊、湿滞等中成药，如利胆排石片、胆石通、结石通等，皆具有化湿利水、通淋泄浊之功效，故孕妇不宜服用。

疮疡剂

以解毒、消肿、排脓、生肌为主要功能的中成药，如祛腐生肌散、疮疡膏、败毒膏等，其中所含大黄、红花、当归为活血通经之品，而百灵膏、消膏、百降丹则含有毒成分，这些中成药均对孕妇不利。

温馨小贴士

怀孕第27周，胎宝宝身长大约38厘米，体重900克左右。胎宝宝这时的眼睛已会睁开和闭合了，同时有了睡眠周期。胎宝宝有时也会将大拇指放到嘴里吸吮。胎宝宝大脑的活动在27周时是非常活跃的。大脑皮层表面开始出现特有的沟回，脑组织快速地增长。此外，胎宝宝已长出了头发。

第 188 天

188 孕期适宜吃秋梨

秋梨被誉为"百果之宗"，是我国最古老的果木之一。它质脆多汁，清甜爽口，醇香宜人。其性甘寒微酸，有清热利尿、润喉降压、清心润肺、镇咳祛痰、止渴生津的作用，可治疗妊娠水肿及妊娠高血压。

秋梨还具有镇静安神、养心保肝、消炎镇痛等功效，有防治肺部感染及肝炎的作用。常吃炖熟的梨，能增加口中津液，防止口干唇燥，不仅可保护嗓子，也是肺炎、支气管炎及肝炎的食疗品。将生梨去核后塞入冰糖 10 克、贝母 5 克、水适量，文火炖熟，服汤吃梨，可防治外感风寒、咳嗽多痰等疾患。孕妇可以吃秋梨，但不宜多吃。

温馨小贴士

除秋梨外，柿子、柑橘、无花果等水果，营养也非常丰富，具有多种食疗功效，很适合孕妇食用。但食用水果一定要注意饮食卫生，生吃水果前必须洗净外皮，不要用菜刀削水果，避免将寄生虫卵带到水果上。由于水果中含有发酵糖类物质，因此吃后最好漱口。

189 孕妇不宜服用人参

怀孕后，孕妇周身的血液循环系统血流量明显增加，心脏负担加重，子宫颈、阴道壁和输卵管也处于扩张、充血的状态。同时，孕妇内分泌功能旺盛，容易产生水肿。再加上胃酸分泌量减少，胃肠功能减弱，会出现食欲不振、胃部胀气、便秘等现象。但是随着胎儿的生长发育，孕妇又需补充充足的营养。既然怀孕期间需要充足的营养，除了日常饮食外，让孕妇多吃些人参这样的温热性的补品是不是会有更好的效果呢？其实不然。人参这样的补品并不能为孕妇和胎儿带来必需的营养物质，如果使用不当，还有可能造成不必要的负面影响。

人参属于大补元气的补品，而怀孕的母体处于全身阴血偏虚、阳气相对旺盛的状态，如果孕妇长期服用或用量过大，就会使气盛阴耗，阴虚则火旺，即"气有余，便是火"之说。服用人参不当，容易导致阴虚阳亢，大多数人会出现兴奋激动、烦躁失眠、咽喉干痛和血压升高等不良反应，影响孕妇的睡眠质量。此外，服用人参过多可产生抗利尿作用，易引起水肿。孕妇滥用人参，容易加重妊娠呕吐、水肿和高血压等症状，也可促使阴道出血而导致流产。从胎儿来看，胎儿对人参的耐受性很低，孕妇服用过量有造成死胎的危险。

所以，孕妇不宜服用人参等温热性补品，但是比较适合凉补，如春季可以多吃些莲藕，夏季可以多吃些西瓜，秋季多吃些山药、马铃薯、地瓜，冬季多吃些冬瓜等。

温馨小贴士

具有温热性的补品除人参外，还有鹿茸、鹿胎胶、鹿角胶、桂圆、荔枝、胡桃肉等，孕妇都不宜多吃。

第190天

190 优美音乐并不都适合胎教

正确的胎教对于胎宝宝的神经等系统发育有着极大的益处，经过正确胎教的胎宝宝会十分聪明。给胎宝宝听音乐的做法是很有可取性的，音乐对于胎宝宝的成长有好处，但是如果孕妇不管什么音乐都拿来听，有些孕妇还长时间地把专用的胎教机放在肚子上，让胎宝宝听，认为这样做就是最好的胎教了，其实不然。

舒缓优美的欧洲古典音乐、轻音乐，都是非常好的胎教素材。要注意不要播放带有悲伤忧愁情绪的音乐，或节奏强烈、变化大的刺激性音乐。每次播放两三支曲目即可。好听的音乐可以反复播放，以强化胎宝宝的记忆。

其实，胎宝宝更喜欢准爸爸低沉宽厚的声音，所以准爸爸应该抽出时间，为胎宝宝唱歌，也可以与孕妇一起哼唱。经常聆听准爸爸妈妈的歌声，会使胎宝宝出生后形成乐观、安详的性情。而准爸爸经常唱的一支歌，会成为胎宝宝出生后最好的"安抚曲"。

胎教首先要定时、定点，每天准妈妈可以设定半个小时的时间来听音乐，时间不宜过长。其次选择胎教音乐的时候要有讲究，并不是所有世界名曲都适合进行胎教的，最好听一些欢快、舒缓、明朗的乐曲，而且要因时、因人而选曲。

在怀孕早期，妊娠反应严重，准妈妈可以选择优雅的轻音乐；在怀孕中期，听明朗、欢快的音乐则比较好。选择胎教音乐，应先经医学、声学测度，符合听觉生理学的要求。

温馨小贴士

选择胎教音乐时，不是听一听音乐是否好听，而是看它是否经过了医学、声学的测试。只有完全符合听觉生理要求的胎教音乐，才能真正起到促进健康、开发智力的作用。

191 妊娠糖尿病筛检

妊娠糖尿病是指女性怀孕前未患糖尿病，而在怀孕后才出现高血糖的现象。患有妊娠糖尿病的孕妇属于高危妊娠，可能引起胎儿先天性畸形、新生儿血糖过低及呼吸窘迫症候群、死胎、早产、孕妇尿路感染等，这不但影响胎儿，也危害孕妇自身的健康。

妊娠糖尿病筛检宜在妊娠 24～28 周时进行，在检查前 3 天不需要节食，宜选择高蛋白、低脂肪、粗纤维的食物，不要吃糖果、蛋糕等含糖高的食物，水果也要选择那些含糖量低的，尤其是做检查的前一天晚上更要注意，以免影响检查结果。检查当天应空腹到医院，遵医嘱将 50 克葡萄糖溶于 200 毫升温水中，5 分钟内喝完，1 小时后抽血检测血糖浓度，如果大于 7.8 毫摩尔 / 升，则需进一步做 75 克耐糖试验，以确定诊断。被怀疑患有妊娠糖尿病的孕妇，要在怀孕 30 周后再进行一次糖耐量检查。

在怀孕期间检查是否患有糖尿病是很有必要的，尤其是对于那些高龄孕妇、直系亲属中有人患糖尿病或妊娠糖尿病的孕妇、孕前就患有糖尿病的孕妇、之前怀孕就有过妊娠糖尿病的孕妇、之前生育过巨大儿或产检时估计胎儿体重太大的孕妇而言，更是如此。

温馨小贴士

分娩后，血糖会自动恢复正常，孕妇只要在孕期将血糖控制在正常水平就可以了。

第192天

192 糖尿病孕妇的饮食原则

🍀 控制总热量的摄入

糖尿病孕妇饮食的总热量不宜过多，孕早期不需要特别增加热量，孕中期和孕晚期将每天摄取的热量控制在 1800 ～ 2200 千卡为宜，也可以按照每千克体重摄入 25 ～ 35 千卡热量来计算。但不要盲目减肥，只要保证体重正常增加即可，否则会使体内酮体增加，对胎儿造成不良影响。

🍀 少量多餐

一次大量进食会造成血糖快速上升，空腹太久则体内会产生酮体，发生酮血症，因此餐次分配对糖尿病孕妇来说非常重要。最好采取少量多餐的方式，将每天需要摄取的食物分成 5 ～ 6 餐，还要避免晚餐与隔天早餐的时间相距过长，空腹过久，所以睡前应再补充一些易消化的小点心。

🍀 摄取正确的糖类

严格控制摄入容易被身体吸收的单糖类食物，如蔗糖、砂糖、果糖、冰糖、蜂糖、葡萄糖、麦芽糖等。糖尿病孕妇早晨的血糖值会比较高，因此早餐要少吃淀粉类食物。

🍀 控制油脂的摄入

脂肪摄入量每天每千克体重应小于 1 克。烹调用油以植物油为主，少吃肉皮、肥肉以及油炸、油煎类食物。

🍀 保证 3 类营养素的摄入

糖尿病孕妇的蛋白质摄取量要比普通孕妇多，每天 100 ～ 110 克为宜，可通过鸡蛋、牛奶、深红色肉类、鱼类及豆制品来补充。膳食纤维具有良好的降血糖作用，饮食中要增加膳食纤维的摄入，可用糙米饭或五谷饭代替白米饭，多吃蔬菜、豆类和藻类，水果不要吃得太多，也不要喝果汁。维生素，尤其是维生素 B_1、维生素 B_2

和维生素 B_5，在糖代谢中起着重要作用，因此要注意摄取富含维生素的食物。

温馨小贴士

除了合理饮食，糖尿病孕妇还应该进行适量的体育锻炼，尤其是有氧运动具有很好的平稳血糖的作用。

第 193 天

193 不宜进行运动胎教的情况

适当的运动有益于孕妇以及胎宝宝的健康，但是孕妇在运动之前一定要听取医生的意见，要清楚孕期的哪个阶段可以运动，哪些时候是不能运动的，以及适合孕妇的运动方式是什么。孕妇适合做哪种运动、运动量的大与小，不能一概而论，都需要根据个人的身体状况而定。不能做如下运动：

①避免参加那些会使孕妇失去平衡或摔跤的运动，如骑车、骑马、打网球或滑雪。

②不要搬重物或进行负重的运动。

③妊娠 20 周之后，任何特别的活动都不要尝试，诸如仰卧起坐等，因为这种运

动会压迫输送血液到子宫的主要血管。注意观察自己的心跳频率，保证自己的心率每分钟不高于 140 次。

若孕妇出现以下情况，禁止参加运动：

①有子宫颈无力症病史，或有早产、反复流产史。子宫颈无力症，即子宫颈在子宫日益膨胀与胎宝宝的压力下，不到成熟期便扩张开来，从而造成流产、早产。由于症状不会自动痊愈，怀孕后流产、早产的现象会一次接一次地发生，所以在确诊之后（即妊娠 4 个月以后），可运用各种手术方法将子宫颈缝合起来，到孕足月才可以拆除缝线使胎宝宝自然分娩。有该病史的孕妇就不宜运动，以避免流产、早产。

②妊娠初期高血压。如果孕妇的血压与基础血压（通常以第一次产前检查为准）相比，收缩压高出 3.99 千帕，舒张压高出 1.995 千帕，就必须引起足够的重视了，及时治疗，注意休息，避免运动，因为运动会使血压升高。初期的妊娠高血压若得不到及时控制，就很容易发展为严重的妊娠高血压综合征、先兆子痫甚至子痫，危及母子生命。

③多胎妊娠。这不仅因为多胎妊娠的孕妇负担重，而且多胎妊娠罹患贫血症、高血压妊娠并发症的风险比单胎妊娠更大，所以不宜参加任何运动。

④已经确诊的心脏病。此类孕妇更不宜参加运动，运动避免不了增加"带病工作"的心脏负担，很容易出现心力衰竭。

⑤先兆子痫。既然出现子痫预兆，如果再盲目地参加运动，势必容易发展成子痫，进而威胁生命。

⑥阴道出血。在流产、早产的症状出现时，唯一明智的选择是绝对卧床，因为不适当的运动只能加重出血。

温馨小贴士

怀孕第 28 周，胎宝宝身高约 26 厘米，体重约 1100 克；脑部已经相当发达了，可以逐渐控制自己的身体，大脑皮层已变得发达，大脑发育进入第二个高峰期，已经建立起来的脑神经细胞可传导脑神经细胞的兴奋冲动。

有了明显的头发，皮肤皱纹逐渐减少，变得平滑起来，但皮下脂肪仍然较少。男宝宝的阴囊明显，睾丸已开始由腹部往阴囊下降；女宝宝的小阴唇、阴核渐渐突起。包裹胎宝宝的胎膜内羊水量与他们的身体相比，已达到妊娠最高峰；胎位不能完全固定，还可能出现胎位不正；内耳与大脑发生联系的神经通路已接通，对声音的分辨能力更强。胎宝宝的动作可能比较频繁，常常活动筋骨或翻身。

194 音乐能激发胎宝宝的大脑功能

　　孕妇在保证营养充足与休息充分的条件下，应对胎宝宝实行定期定时的音乐刺激，以促进胎宝宝感觉神经和大脑皮层中枢的更快发展。音乐属于右脑发育领域，所以音乐刺激对于开发胎宝宝的潜力有很大的帮助。而且听音乐对胎宝宝的注意力集中也有一定的提高作用。优美、健康的音乐，可促进孕妇分泌酶和乙酰胆碱等物质，调节孕妇的血流量，使神经细胞具有兴奋感，从而改善胎盘的供血状况，促进胎宝宝良好发育。和谐悠扬的音乐可以安定孕妇的情绪，稳定孕妇呼吸的频率，给胎宝宝打造一个平静的成长发育环境。

　　对胎宝宝进行音乐美学可以通过生理作用和心理作用两种途径来实现。一切喜怒哀乐都将通过富有感情的声调传递给胎宝宝。

🍀 生理方面

　　悦耳怡人的音响效果能激起母亲植物神经系统的活动，由于植物神经系统控制着内分泌腺使其分泌出许多激素，这些激素经过血液循环进入胎盘，使胎盘的血液成分发生变化，有利于胎宝宝健康的化学成分增多，从而激发胎宝宝大脑及各系统的功能活动，来感受母亲对胎宝宝的刺激（教育）。

🍀 心理方面

　　音乐能使孕妇心旷神怡，从而使其情绪达到最佳状态，并通过神经系统将这一信息传递给腹中的宝宝，使其深受感染。同时安静、悠闲的音乐节奏可以给胎宝宝创造一个平静的环境，使躁动不安的胎宝宝安静下来，使胎宝宝朦胧地意识到世界是如此和谐，如此美好。

温馨小贴士

　　音乐胎教，是通过对胎宝宝不断地施以适当合理的音乐刺激，促使其神经元的发育，为后天的智力优化及音乐天赋的发展奠定基础。

第 195 天

195　了解前置胎盘

正常情况下，胎盘附着在子宫体部的后壁、前壁或侧壁，如果胎盘部分或全部附着于子宫下段或覆盖在子宫颈内口处，位置低于胎儿的先露部，称为前置胎盘。它是妊娠晚期出血的主要原因之一，是妊娠期的严重并发症。

外出血是前置胎盘的主要症状，有时在怀孕的 5 ～ 6 个月就会发生，但一般在怀孕第 7 个月后或分娩前才会有间断的少量出血，或突然大量出血的现象。通常情况下，完全性前置胎盘初次出血的时间早，在妊娠 28 周左右，反复出血的次数频繁；边缘性前置胎盘初次出血的时间较晚，多在妊娠 37 ～ 40 周或临产后，量也较少；而部分性前置胎盘初次出血的时间介于以上两者之间。由于胎盘位置在子宫下段，容易发生胎头不正或胎头高浮，增加了顺产的难度。同时，反复多次或大量阴道出血，会使孕妇出现贫血，严重者甚至发生休克，也会给胎儿带来缺氧、窘迫，甚至死亡的威胁。

当子宫口只开到可容一指的程度时，由于出血量少，且不容易触及胎盘，仅靠内诊很难断定，因此必须借助超声波断层扫描，或依照 X 光的膀胱造影法来诊断。如果程度轻微，只要出血止住了，胎儿还可以平安地从阴道娩出。如果是边缘性前置胎盘，分娩开始时，随着子宫的扩张，胎儿头部下降压迫到胎盘而自然止血，有时便可顺利分娩。这种情况下，孕妇一定要积极地配合医生治疗。

但是，如果出血量过多，就要考虑尽快终止妊娠，采用剖宫产平安分娩。

温馨小贴士

当子宫口开到可容三指的程度时，按照内诊的情形，可将前置胎盘分为全前置胎盘、部分前置胎盘、边缘性前置胎盘和低置胎盘四种。

196 发生坐骨神经痛怎么办

坐骨神经痛是指坐骨神经病变，沿坐骨神经通路即腰、臀部、大腿后、小腿后外侧和足外侧发生的疼痛症状群。大多数孕妇在妊娠晚期会出现坐骨神经痛的症状，可能出现腿部灼痛或刺痛，也可能觉得腿或脚麻木或麻痛，主要感觉是腰酸背痛。这是一种生理表现，分娩后症状会消失，但也有一部分孕妇的症状比较严重，不易缓解。

怀孕后内分泌激素的改变会使关节韧带松弛，为胎儿娩出做准备，但腰部关节韧带、筋膜松弛，稳定性减弱。另外，怀孕时体重增加，加重了腰椎的负担。在这些基础上，若发生腰肌劳损或扭伤，就很有可能导致腰椎间盘突出。这往往会压迫坐骨神经起始部，引起水肿、充血等病理改变，从而产生疼痛症状。

很多治疗腰椎间盘突出的方法并不适合孕妇，如活血化瘀的中成药或膏药会影响胎儿，带腰围会限制胎儿的活动，对胎儿的生长发育不利。对此，有坐骨神经痛的孕妇应注意以下几点：

①如果孕妇确诊有坐骨神经痛，当疼痛发生时，可尝试做做局部热敷，用热毛巾、热纱布或热水袋都可以。

②要注意多休息，避免劳累，平时穿平底鞋。

③在休息时，可将脚架高，使脚的位置和心脏的位置接近，使静脉回流增加，更为舒畅。

④调整睡姿，睡觉时左侧卧，可将枕头垫在两腿间或肚子下面。

⑤不要站立或坐着太久，工作约 1 个小时就要休息 10 分钟，起来活动活动或轻轻伸展四肢。

温馨小贴士

孕妇在治疗坐骨神经痛的时候一定要慎重，不要乱服药物，以免对胎儿造成影响。

孕 8 月

（第 197 ~ 224 天）

197 认识假宫缩

假宫缩，也叫迁延宫缩，在妊娠中后期，由于增大的子宫开始下降，同时，胎头下降使骨盆受到的压力增加，孕妇常常会有一种肚子往下掉、背伸不直的感觉。一般从孕 28 周开始会出现假宫缩的现象，直到真正分娩前。

假宫缩的发生比较频繁，而且没有规律可言，间隔时间也长，程度时强时弱。假宫缩时没有腹痛、阴道流血等现象。最显著的表现是腹部发硬发紧，有下坠感。相反，如果宫缩特别频繁，间隔时间短，而且伴有疼痛、阴道出血等情况，就要及时到医院就诊，以免发生意外。

如果孕妇离预产期只有几个星期，可以尝试从以下几个方面来缓解假宫缩带来的不适：

①假宫缩时可通过改变活动或姿势来缓解不适，因为真正分娩前的宫缩无论孕妇做什么，都不会停止，而且会越来越强。

②保持愉快轻松的心情，紧张焦虑的心情会给孕妇带来难以预料的后果。

③在工作和生活中，不要使自己过分劳累，如长距离步行或长时间坐着、站立，这些都容易引起宫缩。

温馨小贴士

宫缩是临产的一个重要特征，但并不是决定性特征，只有伴有疼痛的真宫缩，才是分娩的先兆。

198 语言胎教宜与生活相结合

准爸爸妈妈跟胎宝宝对话的内容不限，可以是问候，可以聊天，可以讲故事，还可以朗诵诗词、唱歌等，但应以轻松、简单、明快为原则。

在刚刚开始时，准爸爸妈妈可向胎宝宝重复一些简单的字，如口、鼻、湿、尿、奶、干、水等。除了重复单字练习外，还可以对胎宝宝进行系统性的语言诱导，如早上醒后轻抚腹部，说声："宝宝，早上好。"刷牙、洗脸、梳头、换衣服时都可以不厌其烦地向胎宝宝解说。吃早餐时先深呼吸几次说："宝宝，这是牛奶啊，真香！"散步的时候，可以把眼前的景色生动地讲解给胎宝宝听："看，青青的草，红红的花，多美啊！"淋浴的时候随着冲洗的动作轻柔地介绍："听，这是流水声，妈妈要洗澡啦！"

对话可从胎宝宝 4～5 个月开始，每天应该定时刺激胎宝宝，每次的时间不宜过长，1～3 分钟即可。句子不要讲得太复杂，最好每次都用相同的词句开头和结尾，以加深胎宝宝的记忆，这样循环发展，不断强化，会收到很好的效果。

温馨小贴士

语言胎教时，一定要贴近生活，贴近生活的对话内容和孕妇对胎宝宝的情感相结合时，母亲才能感受到语言胎教的快乐，胎宝宝的听觉才能感受到美好的信息，胎宝宝的心灵才能留下美好的痕迹。

199 住高层建筑的孕妇要注意

近些年来，随着我国住宅的现代化和高层化，居住在高楼的孕妇相应增多。这些孕妇由于上下楼不方便，因而外出活动的机会大大减少。孕妇活动减少，可使胎儿的体重增加过多，而且导致孕妇体力减弱，使滞产、剖宫产等异常现象增加。

此外，居住高楼的孕妇活动少，缺乏锻炼，肌肉松弛，如果孕期营养充足，则胎儿体重过大，就会造成分娩困难。

因此，住高楼的孕妇要注意保持一定的活动量，早晚应下楼散步活动，睡前亦可在家走动，经常参加一些适当的体力劳动，以防止异常分娩的发生。

温馨小贴士

有的居住在高楼的孕妇采取上下楼梯的方式进行锻炼，这种方式是可以的，但也要注意，一是运动量要适度，二是要确保安全，尤其是中晚期孕妇最好有人陪伴。

第 200 天

200 疫苗的接种

接种疫苗是指将疫苗或类毒素等生物制品接种到人体内，使人体产生对传染病的抵抗力来预防疾病，本是一件很平常的事情，但由于涉及孕妇，可就多了一些讨论的话题了。

通常情况下，在接种疫苗后常发生局部红、肿或全身发热、腹泻等反应。孕妇接种以后某些反应会更加明显。但如果孕妇生活在疫区或在特殊条件下，为避免患病伤害胎儿甚至威胁孕妇的生命，要听从医生的指导，接受必要的免疫接种。孕妇可以接种的疫苗有：

🍀 乙肝疫苗

对没受到感染的孕妇，为了预防乙型肝炎病毒感染，只需按常规要求注射 3 针即可；对怀疑受到感染的孕妇，应先测一次乙肝两对半，如果乙肝表面抗体呈阳性则无须注射，若呈阴性，可注射乙肝免疫球蛋白及乙肝疫苗。

🍀 破伤风类毒素

如果孕妇发生外伤，伤口较深较脏，或被铁器刺伤，应注射破伤风类毒素，以预防孕妇及新生儿患破伤风。

🍀 狂犬疫苗

目前所用的狂犬疫苗均为灭活疫苗，副作用较少。如果孕妇被狗或其他动物咬伤或抓伤，怀疑该动物患有狂犬病，应立即冲洗伤口，及时注射狂犬疫苗。

🍀 乙型脑炎疫苗

如果孕妇本身生活在非乙型脑炎流行的地区，却因某些原因在乙型脑炎流行的季节来到流行区，而且要在流行期间居住，最好注射乙型脑炎疫苗，以免发生乙型脑炎。

尽管接种疫苗对孕妇和胎儿都很重要，但如果接种不恰当也可能产生更大的伤害。如接种风疹、麻疹等减毒性活疫苗后，活的微生物可以在体内生长繁殖，可能通过胎盘进入胎儿体内；一般情况下，灭活疫苗虽然对孕妇是安全的，但有的孕妇在注射灭活疫苗后也可引起一些反应，如发烧或过敏等，可能对胎儿不利；凡有流产史的孕妇，不宜接受任何防疫接种。

温馨小贴士

风疹疫苗注射有效率在98%左右，可以达到终身免疫的效果，但其对胎儿有影响，因此，女性最好在风疹疫苗接种后3个月再怀孕。

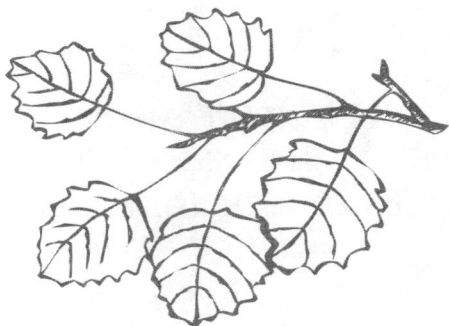

第 201 天

201 不宜吃黄芪炖鸡

黄芪，又名黄耆，是人们较为熟悉的补益肺脾之气的中药，具有补气固表、利水退肿、托毒排脓、生肌等功效。鸡的营养价值也很高，如果把二者放在一起炖食，其补养身体的效果更强，因此，常被一些气虚体弱的人采用。一些孕妇为了增强营养，使胎儿更加健康、聪明，也喜欢吃黄芪炖鸡，殊不知好心却做了不妥的事。

如果孕妇，尤其是临产孕妇吃了黄芪炖鸡，可引起过期妊娠，造成难产，结果在分娩时不得不使用产钳助产，甚至要施行剖宫产分娩，给孕妇带来痛苦，也使新生儿容易受到创伤。

为什么孕妇吃黄芪炖鸡会造成难产呢？一是黄芪有益气、升提、固涩的作用，干扰了妊娠晚期胎儿正常下降的生理规律；二是黄芪有"助气壮筋骨，长肉补血"的功效，加上母鸡本身是高蛋白食物，两者能够起到滋补协同的作用，使胎儿发育过猛，造成难产；三是黄芪有利尿的作用，从而使羊水相对减少，导致延长产程。因此，从分娩的角度考虑，孕妇不宜吃黄芪炖鸡，坚持以正常的途径加强营养即可。

温馨小贴士

莴苣中含有天然的叶酸，孕妇在妊娠期多吃莴苣，有助于胎儿脊髓的正常形成。

202

孕期抑郁症

怀孕了，本是一件令人开心的事情，无奈生理和心理上的一些问题常常困扰着一些孕妇，使产前抑郁成为一个不得不面临的重要问题。

近年来，产前出现精神问题、心理问题的孕妇呈现出一种上升的趋势。怀孕后，孕妇体内荷尔蒙发生变化，特别是在孕早期，出现呕吐等各种身体不适反应；同时，心理容易出现波动，情绪更容易低落。如果孕妇调节能力差，没能得到适当的照顾，心理压力过大，可能会有狂躁、抑郁的表现，甚至出现意识障碍和幻觉。同时，有的孕妇在怀孕后会有一定的心理落差，担心产后可能出现的一些问题。

家人的关心和照顾，尤其是准爸爸要密切关注孕妇的心理变化，如果能给她更多的关心和呵护，孕妇的情绪起伏会大大地减少。因此，准爸爸应多加照顾孕妇，使她不至于胡思乱想。休息的时候陪她散散步，遇到孕妇腰背酸痛时，可以帮她按摩，减轻她的疼痛。如果一起参加产前讲座班，既能增加知识，减少忧虑，又能增进夫妻间感情的沟通；除了准爸爸的支持外，其他家人的鼓励也同样重要，让孕妇时刻感受到照顾和爱护。孕妇自身方面，应该放松心情，适当地进行户外活动，如短途旅游、做孕妇操、游泳等，参加一些社交活动，保证足够的营养和休息，避免产生心理疾病。

温馨小贴士

当孕妇觉得自己比以往更容易焦虑和抑郁的时候，要时刻提醒自己，这些是孕期正常的反应，以免自己陷入痛苦和失望的情绪之中。

第 203 天

203 怀孕 **8** 个月的营养胎教

　　孕妇在孕 8 月时，应采取少吃多餐的饮食安排。应以富含优质蛋白质、无机盐和维生素的食品为主。特别应摄入一定量的钙，在进食含钙高的食物时，需注意摄取动物肝脏、鱼肝油、禽蛋等含维生素 D 的食品。维生素 D 对钙的吸收有促进作用，但不要过量使用维生素 D 制剂，避免中毒。

　　进入本月，孕妇会因身体笨重而行动不便。此时的子宫已经占据了孕妇的大半个腹部，孕妇的胃部被挤压，饭量也受到影响，因而常有吃不饱的感觉。在这个时期，母体基础代谢率增至最高峰，而且胎儿生长速度也达到最高峰。所以应该尽量补足因胃容量减小而减少的营养，实行一日多餐，均衡摄取各种营养素，防止胎儿发育迟缓。

　　孕 8 月时，胎儿开始在肝脏和皮下储存糖原和脂肪。此时如果碳水化合物摄入不足，将导致母体内的蛋白质和脂肪被分解，易造成母体蛋白质缺乏或酮症酸中毒，所以孕 8 月一定要保证热量的供给。此时除了需要大量的葡萄糖供胎儿迅速生长和体内糖原、脂肪储存外，还需要补充一定量的脂肪酸，尤其是亚油酸。因为此时也是大脑增殖的高峰，大脑皮层迅速增殖，丰富的亚油酸可以满足大脑的发育所需。

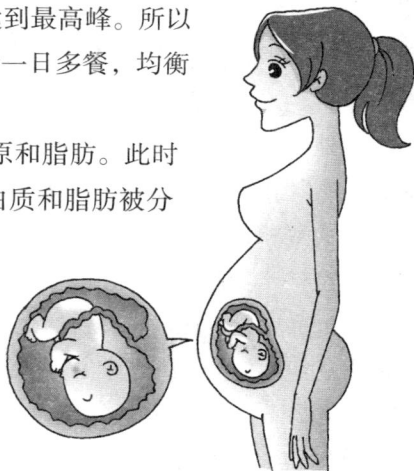

温馨小贴士

　　为了减轻水肿和妊娠高血压综合征，在饮食中要少放食盐。同时，饮食也要有所节制，应该把体重的增加量限制在每周 350 克以下。

204 豆类食品可以多吃点

有的孕妇不习惯吃豆类和豆制品，这对供给胎儿足够的健脑营养素很不利。大豆中含有相当多的氨基酸和钙，正好弥补米、面中这些营养的不足。比如，大脑发育中极为重要的营养物质谷氨酸、天冬氨酸、赖氨酸、精氨酸在大豆中的含量分别是大米的6、6、12、10倍，可见其对健脑作用之大。

大豆中的蛋白质含量占40%，不仅含量高，而且多为适合人体智力活动需要的植物蛋白。因此，从蛋白质角度看，大豆也是高级健脑品。

大豆所含脂肪量也很高，约占20%。在这些脂肪中，油酸、亚油酸、亚麻酸等优质聚不饱和脂肪酸又占80%以上，这更说明，大豆确实是高级健脑食品。

此外，100克大豆中含钙240毫克，含铁9.4毫克，含磷570毫克，含维生素B_1 0.85毫克，维生素B_2 0.30毫克，含烟酸2.2毫克，这些营养素都是智力活动所必需的。

与大豆相近的还有黑豆，其健脑作用比大豆更明显。毛豆是灌浆后尚未成熟的大豆，含有较多的维生素C，煮熟后食用，也是健脑的好食品。

豆制品中，首先值得提倡的是发酵大豆，也叫豆豉，含维生素B_2非常丰富，比一般大豆约高一倍。维生素B_2在谷氨酸代谢中起着非常重要的作用，而谷氨酸是人脑的重要物质，可提高人的记忆力。

豆腐也是大豆制成的，每100克豆腐中含蛋白质35.3克，脂肪19克，钙120毫克，维生素B_1、维生素B_2含量也很高。因此，豆腐也是非常好的健脑食品。豆制品像冻豆腐、豆腐干、豆腐丝、卤豆腐干等都有益于健脑，可交替食用。

温馨小贴士

大豆对健脑有如此重要的作用，孕妇如果怀孕前不习惯吃豆制品，孕后从胎儿健脑的角度出发，也应改变原有习惯，适量吃些豆类和豆制品。

第 205 天

205 孕妇心慌气短

孕妇常常会心慌气短，为什么会出现这种情况呢？在孕期中，由于母体的各种变化和胎儿生长发育，会增加全身各组织、器官的工作量。由于新陈代谢增快，需要大量的氧气，所以，孕妇要通过加深呼吸来增加肺的通气量，以获得足够的氧气及排出二氧化碳废气。在肺泡中交换的氧气经血液循环被输送到组织、器官及胎盘中。

另外，由于孕期母体血容量比非孕时平均增加 1500 毫升，血浆增加的比例远超过红细胞的增加，出现所谓妊娠生理性贫血，致使血液带氧能力下降；再加上增大的子宫使心脏向上、向左移位，心脏处于不利的条件下工作。

上述种种因素都加重了心脏的负荷。机体通过增加心率及心搏来完成超额的工作，一般情况下尚不至于出现症状。但遇活动量稍多，氧气需要量增加，再进一步加重心肺负担时，便容易出现心慌及气短现象。

如果觉得胸闷或者心慌，不妨试着做一下深呼吸，有意识地放松；如果妊娠前无心脏病史，在妊娠晚期发生心慌气短，休息后不能减轻，则应考虑围产期心肌病的可能性。这种病的心慌主要发生在夜间，半夜常因胸闷而不能入睡；孕妇自身可能患有贫血、高血压、心脏病等疾病，也会引起心慌气短。后两种情况都应当适时就医。

孕期还有可能出现低血压症状，其发生原因主要是增大的子宫压迫大静脉，使血液难以回到心脏，使血压下降。孕妇在仰卧着睡觉的时候，会觉得憋气，有时还会出冷汗。这时可以换成侧卧，最好是左侧卧位。

温馨小贴士

孕妇在妊娠中晚期，应当避免剧烈的活动，每天尽量午休 1～2 个小时。

206 胎位不正纠正方法

胎儿在子宫内的位置叫胎位。正常的胎位应为胎体纵轴与母体纵轴平行，胎头在骨盆入口处，并俯屈，颏部贴近胸壁，脊柱略前弯，四肢屈曲交叉于胸腹前，整个胎体呈椭圆形，称为枕前位，除此之外，其余的胎位均为异常胎位。在妊娠中期，胎位可异常，以后多会自动转为枕前位。如果在妊娠后期，仍为异常胎位，则称为胎位不正。

胎位不正是造成孕妇难产的主要原因之一，严重者会危及母子的生命安全。因此，从怀孕初期就应开始关注胎位的问题，如果出现胎位不正的情况，应适时地予以纠正。常见方法有以下两种：

胸膝卧式转胎

孕妇先将小便排空，松解腰带，然后两大腿与床面垂直，双上肢及胸部紧贴床垫，脸转向一侧，臀位抬高，保持姿势。按此方法每天 2 次，开始时每次 3 ～ 5 分钟，以后增至每次 10 ～ 15 分钟。这种方法可使胎臀退出盆腔，增加胎头转为头位的机会，能够使大多数臀位、横位纠正为正常胎位。

通过外回转术纠正胎位

外回转术最好在空腹状态下实行，因此，在实行前，孕妇应避免进食。开始时医师用手经孕妇腹部子宫底部摸到胎头，然后朝胎儿俯屈的方向转腹侧，把胎头推下去，同时将臀部推上来，慢慢地加以纠正。再在胎儿颈部两侧垫软垫子，腹部缠浴巾或棉布，将胎儿固定为头位，待胎头衔接后解除。这一方法的条件和要求较高，而且要由有经验的医师酌情进行，不可强行倒转，以免发生意外。

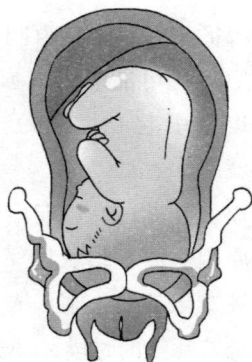

温馨小贴士

在怀孕 7 个月以前，由于胎儿较小，羊水较多，如果胎位异常，胎儿可以自行转正；但在 7 个月以后则应注意纠正胎位。

第 207 天

207 鼻塞和流鼻血的防治

大约有 20% 的孕妇在妊娠期发生鼻子通气不畅和鼻子出血的情况，尤其是最后 3 个月更为多见。这常常使得孕妇误以为自己患了感冒，担心胎儿会不会受到影响。其实，这些并非都是感冒的表现，其中大多是由于内分泌系统分泌的多种激素刺激鼻黏膜，使鼻黏膜血管充血肿胀所致，而且鼻中隔的前下方本来就血管丰富，位置表浅，容易受到损伤，导致有些孕妇经常发生鼻出血。只要没有鼻塞以外的其他症状，可以判断是怀孕导致的，一旦分娩，鼻塞和鼻出血症状也会随之消失，不会留下后遗症。因此，不必过于紧张。

对鼻塞的处理方法：

①可用热毛巾敷鼻，或用热蒸气熏鼻部，这样可以缓解症状。

②避免任何潜在的刺激物，如烟、酒以及突然的温度变化，在空气污染严重的时候避免到户外活动。

③用加湿器或喷雾器给空气加湿，避免空气太干燥。

④不要擅自使用滴鼻药物，尤其是血压升高的孕妇，必要时要在医生的指导下使用。

对鼻出血的处理方法：

①鼻出血的部位多在鼻中隔的前下方，可把出血侧的鼻翼向鼻中隔压紧或塞入一小团洁净的干棉花压迫止血。如果是双侧鼻出血，可用拇指和食指捏紧两侧鼻翼部以压迫出血区，再在额头敷上冷毛巾，促使局部血管收缩止血。如果出血较多或反复出现，应及时到医院检查，以预防潜在的危害。

②用冷水洗脸或鼻部，也可使鼻部血管遇冷收缩，达到止血的目的。

温馨小贴士

怀孕第 30 周，胎宝宝现在身高约 44 厘米，体重 1500 克左右。胎宝宝的头在继续增大，大脑非常迅速地发育。大脑和神经系统已发展到一定程度。皮下脂肪也持续增长。这时胎宝宝的眼睛开闭自由，也许可看到子宫中的景象，还能分辨并追随光源。但是一般胎宝宝刚出生的时候只能看到很近距离的东西，渐渐才能看到远处的东西。胎宝宝在母亲子宫内被羊水包围着，胎动会随着胎宝宝的增长而逐渐减少。

208 乙型肝炎对胎儿的危害

肝炎是由肝炎病毒引起的传染病，是严重危害孕产妇和胎儿及新生儿健康的传染病，而孕妇的发病率远比非孕妇高，而且病情往往会更严重。

怀孕后，母体和胎儿的代谢和解毒功能都要由肝脏来承担，加之营养物质的消耗增多，以及体内雌激素水平增高，都会使肝脏的负担加大，容易感染乙型肝炎或使原来的病情恶化。

孕妇一旦感染了乙型肝炎，不仅会加重妊娠反应，恶心、呕吐剧烈，病毒还可以通过胎盘传给胎儿，使胎儿出现因染色体畸变而引起的畸形，孕晚期容易导致早产及新生儿死亡，先天感染肝炎病毒的胎儿，在出生时会出现体重不足，成为终身乙型病毒携带者。除此之外，还可以引发高血压综合征，导致产后出血。

乙型肝炎有如此大的危害，一定要采取有效的措施加以防治。女性在准备怀孕前可到疾病预防控制中心接种减毒活疫苗，以防止感染乙型肝炎病毒；如果女性在怀孕前患上乙型肝炎，一定要严格采取避孕措施，及时积极进行治疗，待病情痊愈后半年，最好是两年后并经医生同意方可考虑怀孕；如果是在孕期感染乙型肝炎，应采取积极的措施进行保肝治疗，同时，保证蛋白质、碳水化合物和维生素等营养元素的摄入，密切地关注病情；如果孕妇是乙肝病毒携带者，胎儿出生后要马上接种乙肝疫苗，并注射乙肝高效免疫球蛋白。这样，不仅可以阻止乙肝病毒进入肝脏，还可以使新生儿体内产生抗体，让肝脏免受病毒的损伤。

温馨小贴士

乙肝病毒可通过胎盘、产道、羊水、母体唾液等传染给胎儿。

第 209 天

209 对胎宝宝进行情感诱导

一个人的某些习惯可以在胎儿时期形成。宝宝出生几个月内，可能和母亲在某些方面就有着共同的节律，母亲的习惯将直接影响宝宝的习惯。所以孕妇从怀孕起就要养成良好的习惯。

怀孕时期是一个非常特殊的时期，它为加深宝宝与父母，尤其是与母亲之间一种永久性的相互依恋的感情提供了一个难得的机会。在这个时期，母亲和宝宝最容易发生共鸣。在怀孕期间加深这种感情对以后的分娩、教育都会打下良好的基础，这就是感情上的沟通。母亲急于把理想中的宝宝同实际降生的宝宝加以对证，而宝宝则希望有一个同他的"宫殿"一样温暖、安全的家。这是母子之间的一种心灵感应，也是在孕期多给腹中的宝宝一些爱的原因所在。

出生前的宝宝具有感觉、思维以及记忆的能力，尤其是胎宝宝 7 个月以后更是如此。由于胎宝宝意识的存在，因此孕妇自身的言语、感情、行为均能影响胎宝宝，直到其出生后。在日常生活中有少数孕妇因为暂时的身体不适而对胎宝宝充满怨恨心理，这时，胎宝宝在母体内就会意识到母亲的这种不良情感，从而引起异常反应。较容易出现的症状有神经质、情绪不稳、感情障碍、感觉迟钝，易患胃肠疾病并疲乏无力，体质差，等等。所以孕妇在妊娠期间应消除这些不良的意识，母亲应将温柔、善良、富于感情的母爱充分地体现出来，通过各方面的爱护关心胎宝宝及其成长。

温馨小贴士

很多父母总是把对孩子的教育放在出生之后，这种观念必须加以调整，要重视胎教的现实作用。

210　孕妇要慎补鱼肝油

鱼肝油的主要成分是维生素 A 和维生素 D，维生素 A 的主要作用是维持机体生长、生殖、视觉、上皮组织健全及抗感染功能，维生素 D 的主要功能是促进小肠黏膜和肾小管对钙与磷的吸收。适当地食用鱼肝油，也有利于胎儿的发育。

有的孕妇把鱼肝油看作是营养食品，为了使胎儿能够健康活泼，盲目地食用鱼肝油，以为吃的时间越长、量越多越好。其实，这反而会产生不利的影响。如果长期服用鱼肝油或用量过大，对孕妇和胎儿的健康都是有害的。如果维生素 A 摄入过多，会直接刺激胎儿骨膜中的破骨细胞和骨细胞，使它们功能亢进，引起严重的骨骼畸形长并趾，也可引起颅骨骨缝增宽、腭裂、眼畸形及脑畸形等。如果维生素 D 摄入过量，可引起胎儿血中含钙过高，造成胎儿主动脉及肺、肾动脉狭窄，主动脉发育不全及智力发育迟缓等。

胎儿在子宫内长到 5 个月时，牙齿开始钙化，骨骼迅速发育，这时特别需要补充足够的钙，孕妇可以多吃些肉类、蛋类和骨头汤等含矿物质丰富的食物。此外，孕妇也可以常到户外活动，接触阳光，在紫外线的照射下，可以自身制造维生素 D，从而促进钙质的吸收，无须长期服用鱼肝油。

有的胎儿出生时就已萌出牙齿，这有可能是早熟的缘故，也有可能是孕妇在妊娠期大量服用维生素 A 和钙制剂或含钙质的食品，使胎儿的牙滤泡在宫内过早钙化而萌出。因此，孕妇不要随意服用大量的鱼肝油以及其他钙制剂。

温馨小贴士

孕妇缺钙会有小腿抽筋、牙齿松动、妊娠高血压综合征、关节疼痛、骨盆疼痛等症状。

第 211 天

211 防治妊娠高血压及糖尿病的黄鳝

黄鳝又称长鱼，是一种高蛋白、低脂肪的食品，是孕妇的滋补佳品。每100克鳝鱼肉中含蛋白质18.8克、脂肪0.9克、磷150毫克、钙380毫克、铁16毫克、维生素A 428国际单位，还含有黄鳝素A、B及硫胺素等。它性温味甘无毒，入肝、脾、肾三经。据《本草拾遗》记载："鳝，补虚损，治妇人产后恶露淋沥，血气不调，除腹中冷气肠鸣。"它能够补中益气，治虚疗损，是身体羸弱、营养不良者的理想滋补品。

孕妇常吃黄鳝可以防治妊娠高血压。鳝鱼头能够治疗痢疾与积食不消；其皮可以治疗妇女乳房硬肿疼痛；其血甘咸无毒，可以祛风、活血、壮阳，还可以治疗面神经麻痹所引起的口眼歪斜。日本营养学家研究表明：清炖黄鳝可以治疗糖尿病。

鳝鱼猪蹄汤

原料

黄鳝500克，猪蹄筋60克，猪脊骨150克，红枣5个，料酒、精盐、鸡精各适量。

做法

①黄鳝切开，去骨及内脏，用开水焯去血水、黏液，切片，猪蹄筋泡发。
②猪脊骨洗净，切碎。
③红枣去核洗净，与黄鳝、猪蹄筋、猪脊骨一齐放入锅内，加清水适量，武火煮沸后，文火煲3小时，加少许料酒、精盐、鸡精调服。

营养提示

此汤味道鲜美，营养成分齐全，内含多种维生素、钙、磷、铁，有补益气血，强筋健骨之功效，孕晚期妇女食用还有预防产后缺乳的功效。

温馨小贴士

黄鳝的食用方法很多，炒、爆、烧、炸、拌、煎、焖、炖、蒸、煮都可以。不过，黄鳝一旦死亡，就和蟹与鳖一样，体内细菌大量繁殖并产生毒素，故以食用鲜活黄鳝为佳。

212 母婴间的疾病传播

在妊娠期间，孕妇能够把她身上所携带的病原体传给胎儿，传播的方式有下列几种：

一是经由胎盘传播。受到了感染的孕妇，经胎盘血液使胎儿受到感染，主要有风疹、水痘、巨细胞病毒、乙型肝炎、腮腺炎、麻疹感染以及虫媒病毒感染、梅毒等。

二是致病的病原体经由孕妇的阴道，通过子宫颈口到达绒毛膜或者胎盘，从而引发胎儿感染，比如葡萄球菌、链球菌、大肠杆菌、肺炎球菌、白色念珠菌等导致的感染。

三是在分娩过程中引发的感染。在生产过程中，胎儿从无菌的羊膜腔中出来，若是经过母亲被病原体污染的产道，那么胎儿的皮肤、呼吸道和肠道都有可能受到病原体的侵害。

母婴间传播疾病比较典型的是艾滋病、乙肝和性病，不管是什么疾病，人们都不愿意让宝宝有接触到的机会，想要孕育健康的宝宝，如果孕妇感染了病原体，就要做好母婴阻断。

孕妇如果在怀孕初期就发现自己感染上了艾滋病病毒，可自愿选择要不要继续怀孕。若是选择了继续怀孕，就应该去所在地负责艾滋病抗病毒治疗机构，采取服用抗病毒药物、住院分娩以及在产后避免母乳喂养等方式，预防病毒传播给宝宝。

如果孕妇携带有乙肝病毒，那么可从怀孕的第 7 个月开始，每个月注射 1 支乙肝高效免疫球蛋白。若是在临近生产的时候，孕妇发现自己感染了乙肝，就需要马上注射 1 支乙肝高效免疫球蛋白。感染了乙肝的孕妇最好采取剖宫产的方式，并且要对新生儿采用联合免疫手段，在宝宝出生后 24 小时之内和第 2 个月、第 6 个月注射乙肝疫苗。

如果孕妇感染了性病，就应该尽早治疗，越早治疗效果越好。治疗以后，还要经过足够时间观察，要确保疾病被彻底治愈。对于性病的传染源和相关的性接触者，当然也要进行检查和治疗。在治疗期间，孕妇不能性交。

温馨小贴士

孕妇生产后，所生的小宝宝还需接受检查和随访，这样才能确定有无感染的情况发生。

第 213 天

213

宝宝到来前，准爸爸的工作清单

🍀 清扫布置房间

在妻子产前，丈夫应将房子收拾好，以便使妻子舒适地度过产假期，让宝宝在一个清洁、安全、舒适的环境里健康成长。还要特别注意房间的采光和通风情况，保证采光和通风条件尽可能完善。检查房间是否有鼠迹、蟑螂、蚂蚁等，要及时采取有效措施消灭它们并提防它们再度出现。

🍀 拆洗被褥、衣服

丈夫应当主动将家中的被褥、床单、枕巾、枕头拆洗干净，并晾在阳光下杀菌消毒。妻子坐月子期间穿的衣服，丈夫应当在妻子临产前洗干净、暴晒并消毒。

🍀 购买食品

购买挂面或龙须面、小米、大米、红枣、面粉；2千克红糖，这是产妇的补养品；5千克鲜鸡蛋；1千克食用油；适量的虾皮、黄花、木耳、花生米、芝麻、黑米、海带、核桃等能够储存较长时间的食品。

🍀 购置洗涤用品

如肥皂、洗衣粉、洗洁精、去污粉等。妻子产后及护理新生儿时期洗涤用品的耗用量较大，可以一次性多购置一些。

🍀 产前要准备的物品清单

生活用品：

①宽松的T恤和睡袍

②前开口的家居服

③厚袜子（分娩后防止着凉）

④2～3个哺乳胸罩

⑤乳头霜或乳液

⑥6条棉质内裤，或者是一次性纸内裤

⑦产妇卫生巾，分娩后使用

⑧各类相关书籍和磁带

人工喂养用品：

①125毫升奶瓶

②250毫升奶瓶

③与奶瓶配套的奶嘴

④量杯

⑤奶嘴、奶瓶消毒器

⑥奶瓶刷

婴儿床上用品：

①一条用于包裹或覆盖的小毛毯

②四周栏杆光滑的婴儿床

③棉质的床单2～4条，以备尿湿更换

④软枕头1～2个

⑤婴儿床上吊的彩色小玩具

婴儿洗澡用品：

①浴盆，最好是椭圆形状

②婴儿专用的洗浴用品

③两条软毛巾洗身体用

④专洗脸部小毛巾

⑤擦干用的大毛巾

婴儿食品：

①奶粉

②补钙用品、鱼肝油等

婴儿日常用品：

①各种型号的纸尿裤（尿布）

②童车

③纯棉质地的婴儿服装

温馨小贴士

有备才能无患，如果妻子即将临产，准爸爸一定要把清单中的事情做好。

214 孕妇要远离 4 种鱼

鱼类是一种被公认的健康食品，营养价值极高，对胎儿的大脑及神经系统的发育起着很好的作用。

鱼肉营养全面，含有丰富的矿物质，如钙、铁、锌等微量元素，其中尤以碘和磷为最。此外，鱼肉还含有丰富的维生素，如维生素 A、B 族维生素、维生素 C、维生素 D 等，最为引人注目的要数它丰富的 B 族维生素了，维生素 B_3 能将食物转化为能量；维生素 B_5 能对抗压力；维生素 B_6 能保持人体免疫系统的健康。鱼肉中的蛋白质含量也很丰富，每 500 克鱼中蛋白质的含量相当于 600 克鸡蛋或 850 克猪肉中蛋白质的含量。85% ～ 90% 为人体所必需的氨基酸，而且可用率很高。虽然鱼肉中的脂肪含量不高，但其脂肪多为不饱和脂肪酸，熔点低，吸收好。海鱼中不饱和脂肪酸更高。鱼肉中含有的无机盐要高于肉类，是钙的良好来源。海产鱼类的肝脏中含有丰富的维生素 A、B 族维生素和维生素 D。因此，孕妇在日常的饮食中，可适当地增加鱼类食物。

在鱼类食物中，有四种鱼是孕妇应当远离的，它们分别是鲨鱼、鲭鱼王、旗鱼和方头鱼。这四种鱼中，汞的含量较高，作为一种对人体有害的元素，汞在进入孕妇体内之后，可以破坏胎儿的中枢神经系统，造成宝宝的认识能力低下。

孕妇应尽量吃不同的鱼，不要集中吃某一种，每周平均不超过 340 克就不用担心汞摄入过多。

温馨小贴士

怀孕第 31 周，胎宝宝的身体和四肢继续长大，直到和头的比例相当。现在的体重约为 2000 克。皮下脂肪更加厚了，皱纹减少了，看起来更像一个婴儿了。

胎宝宝这时的各个器官继续发育完善。肺和胃肠的发育接近成熟，有呼吸能力，可分泌消化液。胎宝宝喝进去的羊水，会经膀胱排泄在羊水中，这是在锻炼其出生之后的小便能力。

第 215 天

215　不利于胎教的言行、情绪

🍀 粗暴言行

在对胎宝宝进行语言胎教的时候，孕妇可以用中等音量对腹中的宝宝说悄悄话，或讲故事、朗诵诗歌、哼唱儿歌等，这些都会给胎宝宝以良性的刺激。而经常大声、粗暴地讲话，或是动怒、与他人争吵，就会造成宫内缺氧，从而使胎宝宝烦躁不安。这样，等胎宝宝出生以后，就很可能会十分神经质，甚至对语言有一种反感和敌视态度。

另外，有些对胎教不太讲究的孕妇喜欢看电影，甚至不排除战争片、警匪片、恐怖片等刺激性的电影，这也是对胎宝宝极为不利的。

🍀 孕妇的坏情绪对胎宝宝的发育具有重要影响

孕妇心情舒畅、情绪稳定有利于胎儿在出生后形成好性情。而孕妇如果在生活中斤斤计较，或者在职场中钩心斗角、大喜大悲、情绪不定，就会导致母体内的激素分泌异常，从而对胎宝宝的发育造成危害。

温馨小贴士

孕妇要格外注意自己情绪的调节，让自己心情舒畅，对一切充满希望。

216 不宜食用糯米甜酒

在我国许多地方都有给孕妇吃糯米甜酒的习惯，据说糯米可以"补母体、壮胎儿"。还有人说由于糯米酒是用纯粮食酿造的，而且酒精度数并不高，酒中还含有大量人体所需的元素。有的孕妇是用糯米酒煮鸡蛋吃，有的是用糯米酒加一点蔗糖冲开水喝，有的是用糯米酒冲鸡蛋喝。

其实，不管哪种做法都是不科学的，其后果都可能会与人们的初衷相反，甚至造成胎儿畸形。

其中的道理很简单，因为孕妇是不能饮酒的，而糯米甜酒的主要成分就是酒精。

吃糯米酒与饮酒的不同之处，只不过在于糯米甜酒的酒精浓度不如普通白酒高罢了。虽然糯米甜酒的酒精浓度不高，但即使微量酒精也可以毫无阻挡地通过胎盘进入胎儿体内，尤其是使孕期胎儿大脑细胞的分裂受到阻碍，造成中枢神经系统发育障碍。

温馨小贴士

孕妇必须戒酒，也不能喝糯米甜酒，更不能错把糯米甜酒当作补品吃。

217 认识生产前的征兆

孕妇这个时期要特别注意"见红"等临产征兆。其他征兆还有腹坠腰酸、大小便次数增多、子宫颈口及阴道排出的分泌物增多、胎动减少、体重停止增加、宫缩等。

分娩正式开始的标志是规律宫缩。当每隔 10 分钟出现一次有规律的宫缩时，意味着分娩即将开始。每次宫缩由弱变强，维持一定时间之后，又逐渐减弱直至消失。以后，两次宫缩之间的间隔时间逐渐缩短，宫缩的持续时间逐渐延长。这就是分娩前的子宫收缩，也称分娩阵痛。子宫收缩最初是每隔 20 ~ 30 分钟出现 1 次，逐渐缩短到每次间隔 15 分钟、10 分钟，甚至每隔 5 分钟就出现 1 次，宫缩的持续时间由最初持续 20 秒增加到 40 秒甚至 1 分钟。

产妇一定要记清楚产兆出现的时间，记清楚见红和破水的时间，记清楚规律宫缩出现的时间和间隔。

温馨小贴士

分娩和怀孕一样，100 个产妇会有 100 种感觉，但经历了分娩的多数母亲都会说，分娩是一个能够承受的自然过程。

218 妊娠晚期的保健措施

在妊娠晚期，孕妇应该在家人的帮助下，做好自我保健，具体内容有：

①继续监测胎儿宫内发育状况。

②积极防治妊娠高血压综合征、贫血、早产等，凡有危险因素或已发现异常者，应及早卧床休息，合理用药或住院治疗。

③矫正胎位不正。在医生的指导下对孕 28 周以后的异常胎位进行矫正。

④重视阴道出血。孕晚期阴道出血常见的原因有前置胎盘、胎盘早剥、早产等，发现后应及时到有手术和输血条件的医院诊治。

⑤过期妊娠和有妊娠合并症、并发症的孕妇，是有高度危险的妊娠，一定要高度警惕，加强产前检查，及早住院。

⑥孕妇和家属应学习掌握一些怀孕期自我监测的方法，以便出现异常及时就医，避免延误诊治。

⑦做好母乳喂养的心理准备和乳房护理。

⑧孕妇和家属应了解分娩过程、临产先兆、破水、临产后就医的注意事项和分娩的准备工作。

温馨小贴士

处于孕晚期的妇女在情绪上应该做到松紧适度，既不要过于紧张，也不能对于身体情况心中没数。

219 怀孕晚期腹痛的鉴别与处理

到了怀孕晚期，随着胎儿的不断长大，孕妇的腹部和全身负担也逐渐增加，加之接近临产，出现腹痛的次数也会比孕中期明显增加。

随着胎儿的成长，孕妇的子宫也在逐渐增大。增大的子宫不断刺激肋骨下缘，可引起孕妇肋骨钝痛。一般说来，不需要特殊治疗，左侧卧位有利于缓解疼痛。同时，到了怀孕晚期，也有可能因为发生假性宫缩而引起下腹胀痛，这种情况通常在夜间休息时发作，持续仅数秒钟，间歇时间长且无规律，不伴有下坠感，到白天症状即可缓解。另外，胎动也能引起腹痛，虽然 32 周之后，胎儿逐渐占据子宫的空间，活动的空间越来越小，但偶尔还是会用力地踢一下。当胎儿的头部撞在孕妇骨盆底的肌肉时，会觉得被重重地击了一下。这些情况都属于生理性腹痛。

另一种是病理性腹痛，包括胎盘早剥和先兆性破裂引起的腹痛。胎盘早剥多发生在孕晚期，孕妇可能有妊娠高血压综合征、慢性高血压病、腹部外伤。下腹部撕裂样疼痛是典型症状，多伴有阴道流血。腹痛的程度受到早剥面积的大小、血流量的多少和子宫内部压力的高低和子宫肌层是否破损等综合因素的影响。严重者腹痛难忍、腹部变硬、胎动消失甚至休克等。所以在孕晚期，患有高血压的孕妇或腹部受到外伤时，应及时到医院就诊，以防出现意外。如果孕妇突然感到下腹持续剧痛、面色潮红、呼吸急促、极度不安等，要警惕是不是先兆性子宫破裂。

温馨小贴士

如果腹痛剧烈，伴有阴道出血、破水，有可能是流产或早产的征兆，要迅速就医。

220 妊娠晚期阴道出血

妊娠晚期出血是指妊娠 28 周以后的阴道出血，最常见的原因是前置胎盘。在正常情况下，胎盘附着于子宫的前、后壁或者两侧壁。如果胎盘附着在子宫的下部，将子宫颈口全部或部分遮盖，就叫前置胎盘。前置胎盘引起阴道出血的特点是无痛、无原因突然出血，往往在不知不觉中发生，而且经常于夜间出现。

正常位置的胎盘在妊娠晚期胎儿未出生前就有一部分或全部与子宫壁分离，称为胎盘早期剥离，简称胎盘早剥。胎盘早剥也可造成阴道出血，但有剧烈的腹痛及腹部压痛。

前置胎盘和胎盘早期剥离都是产科严重的出血性疾病，会威胁孕产妇及胎儿的生命。所以，一旦于妊娠晚期发现阴道出血，就应该立即送往医院处理。

确诊为胎盘早剥后，无论胎儿是否能存活，都应立即采取措施终止妊娠。前置胎盘患者如果不再继续出血，可以卧床休息，严密观察，尽量等到胎儿月份更大、有生活能力时再予处理。

此外，妊娠合并宫颈糜烂、宫颈息肉、子宫黏膜下肌瘤以及阴道静脉曲张破裂时，也可于妊娠的任何时期发生出血。

温馨小贴士

妊娠晚期出现阴道出血应及时就医，以便决定采取何种处理措施。

221 双胎妊娠的注意事项

一次妊娠同时有两个胎时称为双胎妊娠。双胎妊娠一次可有两个胎宝宝，但对母体也有早孕反应较重、持续时间较长、下肢水肿及静脉曲张、羊水过多、贫血等影响，分娩时导致产程延长、胎盘早期剥离、产后出血、新生儿死亡率高、胎位异常、脐带脱垂、难产等。

双胎妊娠要注意加强营养的摄入和确保充分的休息。双胞胎儿所需要的营养较单胎多，血容量较单胎者明显增加，所以极易发生贫血，孕妇应尽可能多吃营养食品，特别是含铁剂的食物，适当补充铁剂，预防贫血。还要特别注意饮食调节和睡眠充足，以保证身体健康。应定期做产前检查，加强产前监测，这样有利于医生及早发现异常，并给予适当处理。双胎易发生早产，所以应提前住院待产，以免发生意外。

双胎一般可以经阴道分娩，少数情况下由于子宫过度膨胀而引起收缩力差，发生产后出血；胎位异常时，需剖宫分娩。

怀孕为多胎时，常常表现为妊娠反应如恶心、呕吐比较重，腹部增大较快，感觉胎动多，借助B超很容易明确诊断。

双胞胎

温馨小贴士

怀孕第32周，胎宝宝身长约45厘米，体重约2100克，指甲已长到了指尖。

若胎宝宝是男孩，其睾丸可能已经从腹腔进入阴囊，但是有的胎宝宝可能也会在出生当天才进入阴囊；若是女孩，可看到其大阴唇明显隆起，并左右紧贴。这说明胎宝宝的生殖器发育已接近成熟。此外，胎宝宝已长出一头的胎发，但比较稀少，不过不会影响其出生后头发的浓密稀疏。

222 多吃点野菜好

野菜营养丰富，与栽培蔬菜相比，蛋白质高出 20%，矿物质达数十种之多且含量高。以蕨菜和大白菜为例，铁含量前者为后者的 13 倍，胡萝卜素前者为后者的 2 倍，维生素 C 前者为后者的 8 倍。至于叶酸，每 100 克红苋菜含量高达 200 微克，超过叶酸之冠——菠菜。

所以，孕期餐桌上添一碟野菜，无疑为母体和胎儿双方增添了一条营养供给渠道。此外，长在深山里的野菜污染较少，味道也佳，可刺激食欲，减轻厌食症。

温馨小贴士

食用野菜时一定不能掉以轻心，特别是对于不了解的野菜，还是不吃为好。因为野菜中有可能含有对人体有害的物质，若是胡吃一气甚至会影响生命安全。

223 定期监测羊水量

对于孕妇进行羊水量的测量，是评估怀孕正常与否的重要指标。羊水维系着胎儿的生存，它在子宫遭受到外力冲击的时候，可以提供缓冲，还可以为胎儿维持一个稳定的环境温度，可以用来分析、了解胎儿的健康情况和成熟情况，可以在阵痛时借着水囊传导压力协助扩张子宫颈。

在怀孕初期，羊水主要是由覆盖着胎盘和脐带的羊膜分泌出来的，妊娠 4 个月以后，由于胎儿可以吞食羊水以及排尿，从而调节了羊水的多少和成分。同时，羊水进出呼吸系统时也会有所影响。

每位孕妇的羊水量都不是一定的，具体多少因人而异，一般来说，羊水是随着妊娠周数增长而增多。在怀孕第 12 周的时候有 50 毫升，在怀孕中期的时候大概有 300 ～ 400 毫升，到了怀孕 36 ～ 38 周的时候就达到了最大量 1000 毫升左右。

随着胎宝宝的体重越来越大，他在子宫内活动的空间也会越来越少，羊水量也会随之发生变化。羊水过多或者过少都不好，都会影响到胎宝宝的生长发育，情况严重的话还可能造成胎儿死亡。

温馨小贴士

孕妇要对羊水变化密切重视，定期去医院进行羊水量检查，要是觉得腹部过紧或者子宫内的胎儿活动得过于频繁，更要及时去医院检查。

224 孕妇饮食 9 忌

一忌偏食：孕妇长期挑食、偏食，会造成营养不良，影响胎儿生长。

二忌饮可乐：孕妇过多饮用可乐型饮料会损害胚胎，因为可乐型饮料主要是用可乐果配制而成的，而可乐果中含有 2.6% 的咖啡因和可乐宁等生物碱，这些物质可通过胎盘进入胎儿体内，危害胎儿的脑、心、肝和胃肠等器官的正常发育。

三忌营养过剩：孕妇过多地进食肉类、鱼类、蛋类和甜食等，可使体内儿茶酚胺水平增高，使胎儿发生唇裂、腭裂；过多地进食动物肝脏，体内维生素 A 明显增高，可影响胎儿大脑和心脏发育以及出现生殖器畸形。因此，孕妇对营养丰富的食物不宜吃得过多过饱。

四忌常喝咖啡：咖啡中的咖啡因可作用于胚胎，与细胞中脱氧核糖核酸结合引起突变。孕妇常喝咖啡，还有造成流产和畸胎的危险。

五忌食被农药污染的果菜：孕妇吃了被农药污染的蔬菜、水果后，基因正常控制过程发生转向或胎儿生长迟缓，从而导致先天性畸形；严重的可使胎儿发育停止而死亡，发生流产、早产甚至死胎。

六忌常饮浓茶：孕妇常喝浓茶，对胎儿骨骼的发育会有不良影响，严重的可导致胎儿畸形。

七忌菜肴过咸：孕妇常吃过咸的食物，可导致体内钠潴留，引起浮肿，影响胎儿的正常发育。

八忌饮酒：孕妇嗜酒会导致胎儿宫内发育迟缓，增加早产、婴儿死亡和围产期肥胖的可能。

九忌多吃罐头食品：罐头食品中的化学添加剂对健康人无多大影响，但对孕妇有时影响很大，它可影响胎儿的细胞分裂，造成发育障碍，引起流产或早产。

温馨小贴士

上述一些需要孕妇回避的饮食中，不少能勾起食欲，这就要考验孕妇的定力了，为了自己和腹中胎宝宝的健康，还是忍痛割爱吧。

孕 9 月

（第 225 ~ 252 天）

225

少食多餐要牢记

在怀孕期间，孕妇在用餐时，经常会表现出一副没有胃口的样子，即使平时很喜欢吃的东西也不能吸引她。或是在吃饭的过程中，常常被身体难受的感觉打断，放下碗筷就不想吃了。孕妇既要为自己的身体供给营养，还肩负着养育胎宝宝的重任，如果总是食欲不振，常常有一餐没一餐的，不仅母体会受到很大损害，腹中的胎儿也会受到相当大的影响。

为了母子二人的健康，孕妇应该培养一个良好的饮食习惯。既然孕期的各种身体反应是一种正常、暂时的生理现象，为了自己和胎宝宝的身心健康，孕妇就应该想方设法稳定情绪，在家人的帮助下，用多样化的食物引起食欲，保证营养的平衡，及时补充身体所需营养。

这种情况下，少食多餐就是一个比较好的方法。比如可以把平时的一日三餐改为每天吃 5～6 次，每次都少吃一点，或者每隔 2～3 个小时，在自己不难受的时候吃一点东西。

温馨小贴士

孕妇还可以在家中放一些如饼干类的小零食，作为正餐间的补充。

226 提前入院待产的情况

孕妇如有下列情况，应按医生建议提前入院待产：

①孕妇患有内科疾病如心脏病、肺结核、高血压、重度贫血等，应提前住院，由医生周密监护，及时掌握病情并进行处理。

②经医生检查确定骨盆及软产道有明显异常，不能经阴道分娩者，应适时入院进行剖宫产。

③中、重度妊娠高血压综合征，或突然出现头痛、眼花、恶心呕吐、胸闷或抽搐者，应立即住院，以控制病情，适时分娩。

④胎位不正，如臀位、横位，多胎妊娠者，需随时做好剖宫产准备。

⑤经产妇有急产史者，应提前入院，以防再次出现急产。

⑥前置胎盘、过期妊娠者，应提前入院待产，加强监护。

温馨小贴士

对于有并发症的孕妇，医生会根据病情决定其入院时间，孕妇及其亲属应积极配合，不可自作主张，以防发生意外。

227 音乐胎教也要适度

大多数准爸爸妈妈以为长期让胎宝宝听音乐，一方面可以安抚胎宝宝，另一方面可以培养其温和的个性。所以就经常把耳机放到孕妇肚子上，让胎宝宝没完没了地听音乐，这样做可能适得其反。

如果常听音乐，可能会养成胎宝宝沉默孤僻的个性，甚至可能会丧失学习语言的能力。因为胎宝宝在子宫里听的总是音乐，会影响其对于语言的感知，久而久之，就可能会失去学习语言及说话的兴趣，养成沉默孤僻的个性。所以，在孕期实施胎教的时候，准爸爸妈妈不能长时间地给胎宝宝听音乐，每天听一小会儿音乐就可以了，适度、得法的胎教才会对胎宝宝的成长有益。

有的准父母还给胎宝宝放立体声音乐，其实这危害就更大了。

胎宝宝的听觉器官正处于发育阶段，鼓膜、中耳听骨以及内耳听觉细胞都非常脆弱，对声波很敏感，很容易产生听觉疲劳。尤其收听立体声音乐时，由于音量较大，立体声音乐进入耳道之后会直接刺激其幼嫩的听觉器官，没有丝毫缓和与回旋的余地。所以听的时间一长，就可能会使胎宝宝的听力受影响。

温馨小贴士

准父母对胎宝宝的爱要在科学方法的基础上发挥作用，如果方法不对，爱很可能会变成害。

第 228 天

228 夫妻情感影响胎教效果

夫妻之间的情感是否和谐能够在很大程度上影响胎教的效果。

如果在夫妻感情不和的情况下受孕，可能会影响受精卵的生长发育，影响下一代的健康。如果在怀孕早期，夫妻之间经常争吵，孕妇情绪波动太大，会导致胎宝宝发生兔唇等畸形，并影响胎宝宝出生后稳定的情绪。如果在怀孕中晚期夫妻不和而致孕妇精神状态不佳，则会改变胎动次数，影响胎宝宝的身心发育，并且胎宝宝出生后往往会烦躁不安，易受惊吓，不爱睡觉，哭闹不止，经常吐奶，频繁排便，明显消瘦。

如果孕妇在争吵之后 3 周内情绪都不能平静下来，而此间的胎动次数也较之前增加了一倍。有些女性在怀孕时，其丈夫脾气不好等，这种情形所生的宝宝多有消化不良等现象。有一个孕妇因为丈夫突然去世而陷于极度的悲痛之中，于是胎宝宝常在腹中做剧烈运动，而且出生后每次吃奶都发生呕吐，因而瘦弱不堪。

夫妻在激烈争吵时，孕妇由于情绪的变化，内分泌也发生了变化，从而会影响到胎宝宝；并且孕妇的盛怒可使血管收缩，血流加快，这也会祸及胎宝宝；另外，争吵时准爸爸妈妈的高声怒气，对胎宝宝来说无异于噪音，这也危害着胎宝宝。而准爸爸妈妈的频繁争吵，对腹中的宝宝来说更无异于灾难。

因此，男女双方从婚后到受孕，及至整个怀孕期间，都要互相理解、互相尊重，注重培养夫妻之间的感情，不能为一点小事就争吵不休，互不相让。孕期，夫妻之间要相互爱慕，要心平气和地对待彼此的分歧，并以最大的爱心共同关注你们爱情的结晶，让整个家庭在孕期都充满温馨和爱。

若是准父母经常争吵，胎宝宝出生以后往往会发育缓慢，性格怯懦胆小。

温馨小贴士

怀孕第 33 周，胎宝宝身长约 48 厘米，体重约 2200 克。其呼吸系统、消化系统的发育已近乎成熟。

229 准爸爸的文化修养与胎教的关系

准爸爸的修养影响着胎宝宝的性情与智力，因为准爸爸若是有较高的文化修养，就更有利于孕妇修身养性。另外，准父母之间的对话信息，对胎宝宝也会产生影响。父母的谈话会使胎宝宝产生相应的神经条件反射，使出生后的宝宝能有所熟悉和记忆。准爸爸妈妈之间若有不和谐的语调、情绪，就会在胎宝宝的大脑留下痕迹，这不仅影响胎宝宝的生长发育，甚至导致宝宝出生后产生不良的情绪与不好的影响。

正是因为胎教与准爸爸的关系如此之大，准爸爸更应该在胎教过程中注意自身的修养。要加倍关心体贴孕妇，分担她的心理压力；还要主动承担家务，每天保证孕妇有充足的休息和睡眠；要保证孕妇有充分的营养，让她能够增加食欲，心情舒畅，同时也使胎宝宝得到生长发育所需的养料。

胎宝宝的生长发育需要适宜的环境，准爸爸要经常带孕妇去公园、田野散步，让孕妇与胎宝宝体验大自然的美好，让孕妇经常欣赏艺术——看看表演、听听音乐、读读著作，让孕妇能够有丰富的感情和情绪。准爸爸在参与胎教的过程中要培养、激发孕妇和自己对子女的爱。协助孕妇记好胎教日记，让其始终保持愉快的心情，把胎教做得更加生动、愉快、多样、有感情。

温馨小贴士

准爸爸也要多看育儿教育方面的书籍，充实胎教对话的内容。

第 230 天

230 嗑瓜子的好处

饭后嗑瓜子对身体很好，因为葵花子与西瓜子都富含脂肪、蛋白质、锌等微量元素及多种维生素，可以增强消化功能。嗑瓜子还能够使整个消化系统活跃起来，瓜子的香味刺激舌头上的味蕾，味蕾将这种神经冲动传导给大脑，而大脑又反作用于唾液腺等各种消化器官，使含有多种消化酶的唾液、胃液等的分泌相对旺盛。

因此，孕妇在饭前或饭后嗑瓜子，消化液就随之不断地分泌，这有利于消化与吸收。所以，饭前嗑瓜子能够促进食欲，饭后嗑瓜子能够促进消化，如果数种瓜子混合嗑效果会更好。葵花子富含维生素 E；西瓜子亚油酸多，而亚油酸可转化成"脑黄金"，能促进胎儿大脑发育；南瓜子的优势则在于营养全面，蛋白质、脂肪、碳水化合物、钙、铁、磷、胡萝卜素、维生素 B_1、维生素 B_2、尼克酸等应有尽有，而且养分比例比较平衡，有利于人体的吸收与利用。

温馨小贴士

注意嗑瓜子时不能一次性嗑得太多太久，因瓜子和舌尖之间的摩擦过度会引发舌部肿痛，甚至可能影响吃饭。

231

怀孕 9 个月的营养胎教

　　孕 9 月，孕妇的胃部仍然会有挤压感，所以每餐可能进食不多，因此不能摄入充足的维生素和铁、钙。这时候，可以适当加餐，以保证摄入营养的总量。孕妇必须补充充足的维生素和铁、钙。

　　要有充足的水溶性维生素，其中以硫胺素（维生素 B_1）最为重要，本月如果硫胺素不足，容易引起呕吐、倦怠、体乏，还可能影响分娩时的子宫收缩，使产程延长，分娩困难。硫胺素可以从肉类、谷物、豆制品中获取。

　　在妊娠第 9 个月里，孕妇应继续控制食盐的摄取量，以减轻水肿造成的不适。由于孕妇胃部的容纳空间不多，所以不要一次性大量饮水，以免影响进食。孕妇应少食多餐，以多营养、高蛋白为主，限制过量摄入动物脂肪和盐，多吃含有丰富微量元素和维生素的食物，少饮水。

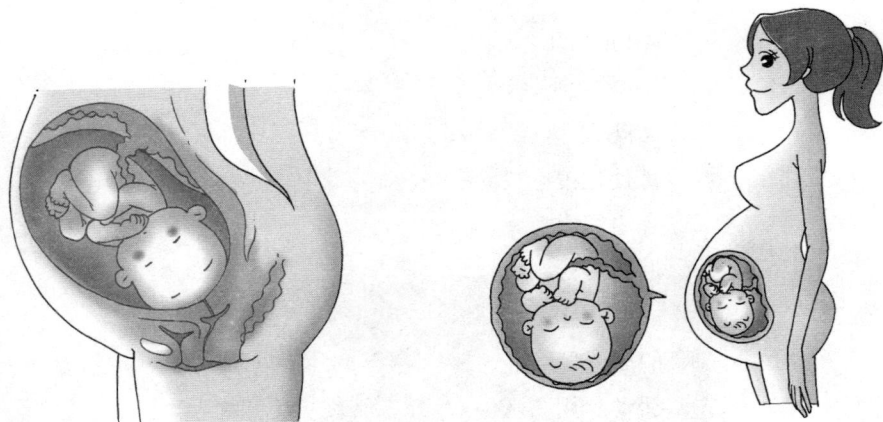

温馨小贴士

　　海洋动物食品被营养学家称为"高价营养品"。其富有脂肪、胆固醇、蛋白质、维生素 A 和维生素 D，对眼睛、皮肤、牙齿和骨骼的正常发育非常重要。因此在这个月里，孕妇宜多吃一些营养丰富的海洋动物食品。

232 耻骨疼痛加剧

骨盆是一块圆形的骨头，从侧面至前面中居会合，而这个前端中央的部分就叫作耻骨。耻骨是两片骨头，中间有空隙而不是紧靠在一起，两片骨头靠几个韧带构成的纤维软骨性的组织连接起来，这个区域叫耻骨联合。妊娠后，在激素的作用下，骨盆关节的韧带变得松弛，耻骨联合之间的缝隙可加宽 0.3 ～ 0.4 厘米，使得骨盆的伸缩性变大，以给予胎儿更多的成长空间，分娩时也有利于胎儿通过。

很多孕妇会抱怨耻骨附近疼痛，有一种牵拉的感觉，尤其是在站立、走动、上下楼梯时，疼痛就更加明显，有时在睡觉翻身、起坐的时候，也会感到疼痛，这也是妊娠期伴随的不适症之一，一般情况下是可以忍受的。但是如果对激素的敏感度太高，韧带松弛超过了限度，骨盆就不稳定，孕妇坐、立或卧床翻身都会感到困难，走路时迈不开腿，要用不少力气；如果耻骨间隙能够插进指尖，说明耻骨联合分离，就不正常了。有时合并纤维软骨炎，往往痛得很厉害，这种现象多出现在孕期最后 1 ～ 2 个月内。

出现耻骨痛的孕妇要减少活动，甚至卧床休息直至分娩，产前要估计胎儿大小，正常大小的胎儿可从阴道分娩，但要避免使用产钳、胎头吸引器等助产手术，以免耻骨联合组织在胎头娩出时承受过多的压力而加重分离；胎儿超过 4 千克或骨盆狭窄的孕妇，应考虑剖宫产。产后因激素作用疼痛消退，韧带张力逐渐恢复，有的耻骨联合分离的产妇仍须卧床一两个月才能正常活动。用弹性腹带或弹性绷带固定骨盆对缓解耻骨痛有所帮助。

温馨小贴士

如果耻骨联合分离是由于骨盆排列不正常而引起的，则会伴随胎位不正、枕后位、斜头产式或复合产式。

233

尽量少吃土豆

土豆是世界上公认的营养丰富的食物。每餐只吃全脂奶粉和土豆，就可以得到人体所需要的全部营养。土豆的蛋白质中含有 18 种人体所需的氨基酸，是一种优质的蛋白质。其中所含的黏体蛋白质能预防心血管类疾病。土豆中维生素 B_1 的含量也居常食蔬菜之冠。

肿胀的小腿在很多孕妇看来是怀孕后的正常现象，吃土豆对消除小腿的肿胀也有帮助，因为土豆能够更温和地帮助身体排除水分。因此，孕妇每周至少吃一次土豆，可以是烤熟的或煮熟的，也可以配上沙拉酱、橄榄油或奶酪，以及一些水果和蔬菜，做成土豆沙拉吃。

但多吃土豆却能引发胎儿畸形。婴儿神经管畸形的高发区在北方，而且其发病率秋冬季明显升高，这种先天畸形与孕期食用发芽土豆有关。发芽土豆中含有毒性糖生物碱——龙葵素，龙葵素较集中地分布在发芽、变绿和溃烂部分，结构与人身体分泌的雄激素、雌激素、孕激素等性激素相类似。孕妇若长期大量食用含生物碱较高的土豆，蓄积体内会产生致畸效应。

因此，孕妇不可多吃土豆，发芽土豆绝不能吃。

温馨小贴士

市场上出售的薯片虽然经过高温处理，龙葵素的含量会相应减少，但是含有较高的油脂和盐分，多吃除了会引起肥胖，还会诱发妊娠高血压综合征，增加妊娠风险，所以也不能贪吃。

234 鼓励孕妇自然分娩

分娩方式有两种,一是经阴道分娩,二是剖宫产分娩。阴道分娩又包括自然分娩和仪器助产分娩。一个健康的产妇,如果骨盆大小正常、胎位正常、胎儿大小适中,没有各种不适宜分娩的合并症和并发症,医生会鼓励产妇自然分娩。

剖宫产作为一种手术,尽管现在已是一种非常成熟的技术,仍然像其他外科手术一样会有一定的风险和并发症,如麻醉意外、伤口感染、手术后盆腹腔内各脏器可能发生粘连等。所以,除非有医疗上的手术指征,医生一般不建议产妇剖宫产。

自然分娩有一系列优点,所以医生会鼓励孕妇自然分娩。

胎儿在分娩过程中受到产力和产道的挤压,会发生一系列形态变化,特别是适应机能方面的变化。胎头出现一定程度的充血、瘀血,使血中二氧化碳分量上升,处于一时性缺氧状态,因此呼吸中枢兴奋性增高;胎儿胸廓受到反复的宫缩挤压,使吸入呼吸道内的羊水、胎粪等异物被排出,同时血液中的促肾上腺激素和肾上腺皮质激素以及生长激素水平提高,对于胎儿适应外界环境十分有益。以上因素均有利于产后新生儿迅速建立自主呼吸。

自然分娩
产钳助产术
胎头吸引术
剖宫产术

温馨小贴士

自然分娩产妇身体恢复得比较快,也比较好。

235 小心螃蟹

在妊娠期间，孕妇应该非常注意营养的摄入，同时还要注意一些食物对自己身体或者子宫中胎儿的不良影响。

由于螃蟹的肉质特别鲜美，营养又很丰富，所以深受人们的喜爱，成了大家餐桌上的佳肴，有人还专门为孕妇买来大螃蟹补身体。但是，有人却说孕妇吃螃蟹会产生不好的影响，那么孕妇能不能吃螃蟹呢？

中医有这样一种相关的说法，孕妇应该忌食有堕胎作用的水产品，原因就在于许多水产品都有活血软坚的作用，孕妇食用以后，就会造成出血、流产之弊。比如螃蟹，虽然味道鲜美，却性寒凉，有活血祛瘀之功，尤其是蟹爪，有明显的堕胎作用。螃蟹的身上有一定的药用价值，它可以活血化瘀、消肿止痛、强筋健骨，在我国民间，常用于跌伤、血瘀和筋骨损伤等疾病的治疗。正是因为螃蟹有活血化瘀的功效，就可能使胎气不安，起到动胎作用，有可能导致流产。

除了活血动胎之虑，孕妇还可能有食用螃蟹不当而造成严重腹泻的问题，因为孕妇身体抵抗力比没有怀孕时差，而螃蟹本身就是一种性寒凉且带有湿毒的食物，普通人隔夜吃都要重新高温蒸煮。尤其是螃蟹在垂死或者已经死亡的时候，体内的组氧酸就能分解，产生组胺。死亡的时间越长毒性就越大，就算是被煮熟了毒素也不容易被破坏掉。若是孕妇吃腌、醉蟹，还可能会被感染一种名为肺吸虫病的慢性寄生虫病。

所以，螃蟹虽为美食，孕妇却应该慎重对待。

温馨小贴士

怀孕第 34 周，胎宝宝身高约 30 厘米，体重 2300 克左右。胎宝宝现在开始发"胖"了，皮下脂肪形成后将调节其出生后的体温。

同时，胎宝宝也在为分娩做准备了，其头转向下方，进入骨盆。

236 多食用海产品

　　孕妇多吃鱼不但对自己身体有益，更重要的是对胎儿的生长发育非常有利。鱼类是重要的动物性食物，营养价值极高，对胎儿的脑及神经系统发育非常有益。

🍀 鱼肉的营养价值

　　鱼肉组织柔软、细嫩，比畜禽肉更易消化。鱼肉蛋白质含量丰富，85% ～ 90% 为人体必需的氨基酸，而且比例与合成人体蛋白质的模式也极为相似，可利用率极高。鱼类脂肪含量不高，但鱼类脂肪多为不饱和脂肪酸，95% 左右可被人体消化吸收。鱼类含无机盐稍高于肉类，是钙的良好来源。海鱼中不饱和脂肪酸高达 70% ～ 80%，有益于胎儿大脑和神经系统的发育。海产鱼类的肝脏中亦含有丰富的维生素 A、B 族维生素、维生素 D。

🍀 孕妇吃鱼的注意事项

　　由于海洋污染严重，许多鱼肉残余的汞含量足以威胁胎儿的神经发育。因此，孕妇应尽量避免摄取汞含量高的鱼类，如旗鱼、方头鱼、大西洋鲔鱼、马鲛鱼等。不过，大部分的鱼其实汞含量并不高，适合孕妇食用的海鱼主要有深海鲑鱼等。烹调的时候尽量采用水煮的方式，清淡饮食比较好。对于鱼类过敏的孕妇，不妨改吃孕妇专用的营养配方食品，以减少婴幼儿遗传过敏体质。千万不要勉强摄入鱼类，以免造成身体不适。吃鱼也不是越多越好，孕妇每周吃鱼以不超过 3 次为宜。

温馨小贴士

　　孕妇要吃鱼，但是最好不要吃鱼油，因为鱼油会影响凝血机能，孕妇吃多了可能会增加出血概率。

237 胎盘早剥

妊娠 20 周后或分娩期，正常位置的胎盘在胎儿娩出前，部分或全部从子宫壁剥离时，称为胎盘早剥。作为妊娠晚期的一种严重的并发症，胎盘早剥往往起病急、进展快，可危及孕妇和胎儿的生命，国内报道胎盘早剥的发病率为 0.46% ～ 2.1%。发病率的高低与分娩前是否仔细检查胎盘有关，有些轻度胎盘早剥在临产前可能没有明显的症状，容易被忽视。引起胎盘早剥的原因有：

🍀 血管病变

患妊娠高血压综合征、慢性高血压、慢性肾炎等疾病的孕妇，有可能因血管痉挛、硬化，使血管壁缺血坏死，血管破裂出血，最终发生胎盘早剥。因此，孕妇要按时做产前检查，积极地预防各种疾病。

🍀 机械性外伤

特别是腹部直接受到撞击、脐带过短、脐带绕颈等，均可造成胎盘早剥。因此，孕妇要避免腹部外伤，尤其是在妊娠晚期。胎位异常者在做外倒术纠正胎位时，操作要轻柔。

🍀 子宫体积骤然缩小

如双胎妊娠第一胎出生后，羊水过多，破膜后羊水流出过快，使子宫体积突然缩小，子宫收缩导致胎盘剥离。因此，在处理羊水过多或多胎分娩时，要避免宫内压力突然下降。人工破膜时，要选宫缩间歇期高位穿刺，缓慢地放出羊水。

🍀 子宫静脉压突然升高

在妊娠晚期或临产后，如果孕妇长时间取仰卧位，可造成子宫静脉瘀血，静脉压升高，导致胎盘下蜕膜静脉破裂而出血，从而使部分或全部胎盘早剥。因此，孕妇要避免仰卧，尤其是在妊娠晚期。

温馨小贴士

发生胎盘早剥时，孕妇会出现出血、腹痛、子宫大小发生异常等情况，胎儿会出现心率异常。

第 238 天

238 宝宝脐带绕颈

脐带绕颈是一种常见的脐带异常情况，是指脐带缠绕在胎儿颈部，比较常见的是缠绕1周或2周，缠绕3周以上的少见。也有脐带缠绕于胎儿躯干和四肢的，比较少见，被统称为脐带绕颈。

脐带绕颈后，如果剩余的脐带足够长，不会对胎儿造成危害，但是，如果剩余脐带过短，则可能出现危险，影响脐带血流，影响胎儿氧和二氧化碳的代谢，使胎儿出现胎心减慢。尤其是在分娩时，由于胎儿下降，而脐带又较短，可能造成胎儿缺氧甚至死亡。同时，胎儿下降时，由于脐带对胎盘的牵拉作用，可使胎盘与子宫壁分离而形成胎盘早剥。

当然，胎儿是很聪明的，当他感到不适时，会主动地试着排除困难，摆脱窘境，向周围运动，寻找合适的位置，向左动动，向右动动，就有可能自己绕出来，脐带缠绕也就自然解除了。当然，如果缠绕圈数过多、过紧，胎儿就对此力不从心了，可能引起宫内窘迫。另外，脐带富有弹性，只要不过分拉扯，不影响脐带的血流，大多数胎儿不会表现出任何异常，所以出现脐带绕颈的情况不必惊慌。

发现脐带绕颈后，不要急着作出剖宫产的决定，在分娩的过程中，如果脐带绕颈不紧，有足够的长度，同时，胎心监护也很正常，是可以顺产的。只有在脐带绕颈过紧，脐带相对过短，胎头不下降或胎心明显异常时，才考虑是否动手术。

温馨小贴士

如果在做B超检查时，胎儿颈部后方有"V"字形压迹，表示脐带绕颈1周，如果是"W"形压迹，表示脐带绕颈2周，绕颈3周以上者出现波浪形压迹。

239

给胎宝宝讲故事吧

胎宝宝在腹中是可以"学习"的，胎宝宝也有"学习"能力，但胎宝宝这时候的学习不同于出生后的学习，只是父母通过语言对胎宝宝的一种潜移默化的影响而已。语言胎教对胎宝宝的成长具有非常重要的意义，具体的语言胎教方法可以参照以下几点：

🍀 语言讲解要视觉化

在进行语言胎教时，孕妇不能对胎宝宝念画册上的文字解释，而要把每一页的画面细细地讲给胎宝宝听，把画的内容视觉化。胎宝宝虽然不能看到画册上画的形象或外界事物的形象，但母亲用眼看到的东西，胎宝宝可以用脑"看"到，即感受到。母亲看东西时受到的视觉刺激，通过生动的语言描述就视觉化了，胎宝宝也就能感受到了。

🍀 将形象与声音相结合

像看到影视的画面一样，先在头脑中把所讲的内容形象化，然后用动听的声音将头脑中的画面讲给胎宝宝听。这样的话，就是"画的语言"。孕妇就和胎宝宝一起进入讲述的世界。孕妇所要表现的中心内容，也就通过形象和声音输入了胎宝宝的头脑里。

🍀 把形象和情感融合

干巴巴地讲，自然收不到好的效果，要创造出情景相生的意境。例如，孕妇到大自然中散步，一边走一边看，感到轻松愉快，有一种安详、宁静的情绪荡漾在心头的感觉。在这样的氛围下，就可以把所见所闻讲给胎宝宝听："宝宝，你看见红花和绿草了吗？它们是那么美丽，等你长大了和妈妈再一起来这里好吗？"

温馨小贴士

讲故事时，孕妇首先要保持轻松愉快的心情，应该把给胎宝宝讲故事当成一种享受。

第 240 天

240 容易导致高危儿的因素

高危儿包括高危胎儿和高危新生儿，是指胎儿或新生儿因本身有生理缺陷或病理改变，或因孕妇有高危因素而受到严重威胁的胎儿或新生儿。

孕妇有下列危害因素时容易出现高危儿：

🍀 妊娠高血压综合征

病情越重，病程越长，对胎儿危害性越大，围产期死亡率越高。故应早期发现，早期治疗。

🍀 心脏病

心脏病伴心力衰竭是致孕妇死亡的主要原因，孕妇心力衰竭往往可引起早产和胎儿缺氧，故应及时积极治疗。

🍀 糖尿病

如果孕妇患糖尿病，胎儿畸形率增高，难产多，胎儿围产期死亡率高。在新生儿期，易因早产、窒息、中枢神经创伤、新生儿肺透明膜病等死亡。宫内发育迟缓者，出生后精神和体格发育亦多异常。

🍀 血型不合

血型不合可引起胎儿和新生儿溶血病。若不及时治疗多在围产期死亡，必须在胎儿早期诊断。

🍀 肝内胆汁淤积症

可导致早产及胎儿窘迫，增加围产期死亡率。

🍀 慢性疾病

孕妇患慢性疾病，如肾病、心血管病及结缔组织病时，胎儿在宫内生长发育迟缓。

🍀 遗传性疾病

孕妇患有遗传性疾病时，约有 25% 的受精卵在 16 周内死亡。存活着的至少有 5% 异常，大部分流产和胎儿发育异常与先天性畸形有关。应尽早在胎儿期查出遗传性疾病，确诊后可给予治疗性流产或有效的治疗措施。

🍀 营养不良

孕妇营养不良可使胎儿体重减轻，早产儿发生率增加及胎儿急性营养紊乱。在产程内缺氧，出生时瘦而长及宫内营养不良者，在围产期死亡率高，出生后精神运动发育受损和智力低下的发生率高。

🍀 贫血和出血

孕妇患有严重贫血，可使胎儿生长迟缓及发生严重的新生儿窒息的危险。孕早期子宫有严重出血或反复出血，可引起流产及早产。孕中期与孕末期子宫出血，多数是胎盘早期剥离或前置胎盘，围产期死亡率比同期高 7 倍。

🍀 早产、过期产、双胎

早产、过期产和双胎均可使围产期死亡率增加。宫内生长迟缓，围产期死亡率高出正常儿 10 倍以上。

🍀 妊娠期感染

孕早期感染病毒性疾病时，大部分胎儿有畸形，妊娠期患传染性肝炎，早产儿发生率高。

🍀 孕妇使用某些药物和放射线照射

易致胎儿畸形、内分泌功能异常、乳齿发育异常、造血功能障碍及早产等。

🍀 孕妇年龄

年龄超过 35 岁者胎儿易患遗传性畸形、产前及产程中出血或死胎。

温馨小贴士

怀有高危儿的孕妇，一定要遵从医生的安排，及时进行必要的检查。

241 孕妇应回避的工作

当孕妇知道一个新的小生命正在自己体内孕育的时候，心中充满喜悦和幸福，希望能平安顺利地度过孕期。身为上班族之一员的孕妇，为了胎宝宝的健康和安全，一定要合理地安排自己的工作，尽量回避那些可能对胎儿造成影响的工作或场所。

①回避会受到辐射危害的工作，如医院的放射科、单位的计算机房等。因为 X 射线对孕早期的影响最大，会导致胎儿发育障碍或畸形。

②回避会接触刺激性物质或有毒化学物品的工作，如油漆工、石油化工厂员工、农药厂员工等。在这些工作中，对人体有害的刺激性气体被孕妇吸入体内，会引起流产或早产。

③回避会接触动物的工作。因为动物身上常携带的病菌会通过孕妇感染胎儿，导致胎儿发育异常。

④回避会接触传染病病人的工作。如果孕妇本身抵抗力低，做这类工作时容易被传染，从而影响到胎儿。

⑤回避需频繁做上下攀高、弯腰下蹲、推拉提拽、扭曲旋转的工作，这样的工作相当危险，随时有可能摔伤。

⑥回避高强度的流水线工作。这样的工作会使孕妇过度疲劳，导致流产。

⑦回避伴有强烈的全身或局部震动的工作，如汽车售票员。

⑧回避野外作业且单独一人的工作，如果发生意外，会没有条件抢救，没人相助。

在怀孕期间，与这些类似的工作都有可能对孕妇和胎儿产生伤害，应该暂时更换工作岗位。

温馨小贴士

在怀孕期间，只要经过一段时间的调理，适当地减少工作量，孕妇是可以照常工作的。受到工作环境的影响，孕妇可以得到身心两方面的调节，更有利于健康。

242 抚摩胎教时要注意胎宝宝的反应

在怀孕 3 个月以后，就可以进行一些来回抚摩的胎教了。具体做法是：孕妇在腹部完全松弛的情况下，用手从上至下、从左至右，来回抚摩。心里可想象你双手真的爱抚在可爱的小宝宝身上，有一种喜悦感和幸福感，深情地默想"小宝宝真舒畅""小宝宝，妈妈真爱你""快快长，长成一个聪明可爱的小宝宝"等。

需要注意的是，在抚摩时动作要轻，每次 2 ～ 5 分钟，不宜过长。

在怀孕 4 个月以后，可以在抚摩的基础上进行轻轻触压拍打胎教。具体做法是：孕妇平卧，放松腹部，先用手在腹部从上至下、从左至右来回抚摩，并用手指轻轻按下再抬起，然后轻轻地做一些按压和拍打的动作，给胎宝宝以触觉的刺激。刚开始时，胎宝宝不会作出反应，孕妇也不要灰心，一定要坚持长久地有规律地去做。一般需要几个星期的时间，胎宝宝会有所反应，如手脚转动、身体轻轻蠕动等。

在进行触压拍打时应该注意，开始时每次 5 分钟即可，等胎宝宝作出反应后，每次 5 ～ 10 分钟。在触压拍打胎宝宝时，动作一定要轻柔，所谓的拍打只是以手掌对腹部稍有碰触，绝不能像拍打被子那样。孕妇还应随时注意胎宝宝的反应，如果感觉到胎宝宝用力挣扎或蹬腿，表明他不喜欢，这时的触压和拍打应立即停止。

在怀孕 6～7 个月以后，当孕妇可以在腹部明显地触摸到胎宝宝的头、背和肢体时，就可以增加推动散步的练习。具体做法是：孕妇平躺在床上，全身放松，轻轻地来回抚摩、按压、拍打腹部，同时也可用手轻轻地推动胎宝宝，让胎宝宝在宫内"散散步，做做操"。

要注意，这种练习应该在医生的指导下进行，以避免因用力不当或过度而造成腹部疼痛、子宫收缩，甚至导致早产。每次 5～10 分钟，动作要轻柔自然，用力均匀适当，切忌粗暴，所谓推动散步并不是孕妇用力去推胎宝宝，实质意义还只在于轻轻抚摩。如果胎宝宝用力来回扭动身体，孕妇应立即停止推动，可用手更轻地抚摩腹部，胎宝宝就会慢慢地平静下来。

拍打法和运动法，对妊娠 3 个月以内和临近产期或有早期宫缩者，都不宜进行。训练时，手法要轻柔，要循序渐进，不可急于求成，即使在怀孕 7～8 个月的训练高峰期，每次也不能超过 5 分钟。否则只能是拔苗助长，适得其反。

温馨小贴士

怀孕第 35 周，胎宝宝身长 50 厘米左右，体重 2500 克左右。

胎宝宝的两个肾脏已发育完全，肝脏也可自行代谢一些东西了。指甲长长了，有的可能会超过指尖。现在，对准妈妈腹部进行光照时，胎宝宝有活动的迹象。胎宝宝在晚上时也会休息，逐渐建立起了每日活动周期。

243 欣赏名著及美术作品

艺术胎教不仅可以使孕妇本身得以充实、丰富，同时也熏陶了腹中的宝宝。并且艺术胎教还会刺激胎宝宝快速地生长，能够使其大脑的发育优于其他胎宝宝。由于艺术胎教能够使胎宝宝事先拥有朦胧美的意识，其出生之后较其他宝宝一般更加活泼、聪慧和可爱。宝宝与母亲的关系会因此而倍感亲密。

读书和欣赏美术作品就是一种既轻松又便捷的艺术胎教。

那些对人的情绪等各方面产生消极影响的书是不能看的，如黄色书刊、趣味低下的街头画册、思想过于低沉的书等。这种书籍里有不少淫秽、打斗、杀戮、阴暗等内容，会使孕妇长期处在不良的精神状况中，对胎宝宝的发育极为不利。

而阅读一些让人情绪良好、精神振奋的书，对于孕妇及胎宝宝的身心健康都大有裨益。一位哲人说过："读一本好书，就像是与一位精神高尚的人在谈话。那精辟的见解、分析，丰富的哲理，风趣幽默的谈吐，都会使人精神振奋，耳目一新。"适合孕妇读的好书是很多的，如精美的画册、伟大人物的传记、鼓励人向上的世界名著、著名的山水和名胜古迹的游记、优美的诗歌和儿歌、令人神往的童话和神话等。

如果与胎宝宝一起欣赏名画，还可以启迪胎宝宝对艺术的感觉和共鸣。最好选择孕妇平时喜欢的画，没有必要选择那些难以理解的作品。因为孕妇感到吃力或枯燥时，同样唤不起胎宝宝的兴致。

到妊娠晚期，孕妇的身体会变得沉重，就可以舒服地躺在床上翻阅画册。一边看一边给胎宝宝讲述："宝宝，妈妈现在正在看一幅风景画。这是个叫荷兰的国家，那边在风中旋转的是风车，还有一片五颜六色的郁金香，漂亮吧？"

温馨小贴士

艺术胎教就是孕妇通过看书、绘画、书法等活动，提高个人的文化素养，并给胎宝宝提供了更为安宁与舒服的生活环境。

244 孕期不应有的 10 种心理

烦躁心理

孕妇不要因妊娠反应而心情恶劣、烦闷不安，应保持心情舒畅、情绪稳定、心理平衡。

担心心理

孕妇可能会担心胎儿的健康，这时应把自己的担心说出来，然后依靠科学的手段来确定，而不要盲目担心。

忧郁心理

忧郁情绪会造成孕妇失眠、厌食、性机能减退和植物神经紊乱，对胎儿的生长不利。

淡漠心理

妊娠期间，孕妇可能只关心体内的胎儿，而对其他的事情漠不关心，这样会影响夫妻感情。

依赖心理

总希望丈夫能时时陪在身边，过分依赖丈夫或母亲这样显然不行，孕妇应体谅丈夫的事业和工作，应学会自强自立，学会在心理上进行自我调理和自我平衡。

暴躁心理

有些妇女怀孕后爱发脾气。殊不知，孕妇发怒时，血液中的激素和有害化学物质浓度剧增，并通过胎盘屏障使胎儿直接受害。在怀孕 7 ~ 10 周时，经常发怒，可能造成胎儿腭裂和兔唇。

🍀 猜想心理

总想着胎宝宝是男孩还是女孩，担心胎宝宝的性别给自己带来压力，无形中给孕妇造成了心理负担。

🍀 羞怯心理

怕别人看出自己怀孕了，羞于出现在公共场所。

🍀 焦急心理

期盼、担心胎宝宝而整天焦躁不安。

🍀 紧张心理

对分娩产生一种恐惧感。

温馨小贴士

要消除孕妇在妊娠期间的这些不舒适心理，只靠孕妇一个人的努力是不行的，还需要丈夫和其他家人的帮助。

第 245 天

245 注意摄入富含维生素 K 的食物

维生素 K 是凝血过程中所必需的，但是人体自身却不能制造维生素 K，只有靠食补或肠道菌合成。同时，维生素 K 比较难以通过胎盘使胎儿吸收，也没有足够的菌群帮助合成，所以胎儿体内原本就缺乏。

在妊娠后期，孕妇应注意摄入富含维生素 K 的食物，以预防产后新生儿因维生素 K 缺乏引起颅内、消化道出血等病症。维生素 K 有"止血功臣"的美称，经肠道吸收，在肝脏能生产出凝血酶原及一些凝血因子。如果维生素 K 吸收不足，血液中凝血酶原减少，容易引起凝血障碍，发生出血症。维生素 K 的缺乏会使流产率增加，即使存活，由于其体内凝血酶低下，容易出血，或者引起胎儿先天性失明和智力发育迟缓及死胎等。

预产期前 1 个月的孕妇，尤应注意每天多摄入富含维生素 K 的食物，如菜花、莴苣、白菜、苜蓿等，必要时每天可以口服维生素 K 约 41 毫克。

温馨小贴士

如何补充维生素，孕妇需听从医嘱，若摄入不当可引起负面效果，比如过量服用维生素 K，可使新生儿出现生理性黄疸。

246 了解宫缩过强

宫缩是指子宫收缩的节律正常，但收缩力量过强，而且过频，以至于在子宫收缩开始后不久，子宫口就已经完全开大，在很短时间内结束了分娩。一般把子宫收缩过强，总产程不足 3 小时的生产，称为急产。从表面上看，产程短，生得快，给产妇减少了不少痛苦。但实际上，宫缩过强对产妇和胎儿都有一定的危害。

对胎儿而言，由于子宫持续过强的收缩，胎盘血液循环受到阻碍，胎儿在子宫内缺氧，容易发生胎儿宫内窘迫、新生儿窒息，严重时还会导致胎儿死亡。如果胎儿娩出过快，通过产道时的阻力及娩出后外界压力的突然变化，容易引起颅内血管破裂，发生颅内出血。更有甚者，娩出过急，来不及接生，使新生儿坠于地上，发生骨折和外伤。

对产妇而言，子宫收缩过强，产程短，生得快，可能使子宫颈、阴道、会阴都未能很好扩展而发生裂伤。生得太急，没有接生的准备，来不及消毒，容易发生产后感染。如果正在站立，不及卧倒，胎儿就已出世，容易发生子宫内翻，第三产程也容易发生产后出血。

有宫缩过强或急产史的产妇，由于有可能发生上述各种情况，需特别注意。

温馨小贴士

若有相关情况，孕妇在预产期前 1～2 周就不宜外出了，最好提前住院待产，以便及时做好预防产后出血及抢救新生儿窒息的各项准备。

第 247 天

247 胎盘钙化表示胎儿有危险吗

　　胎盘在守护胎儿的任务中扮演着很重要的角色，胎盘功能的健全与否对胎儿的健康影响很大。它附着在子宫壁上，建立起母体和胎儿两套血液循环，胎盘通过脐带与胎儿相连，传递着来自母体的、提供给胎儿发育所必需的营养和氧气，同时也能够带走胎儿本身产生的二氧化碳与代谢废物。胎盘钙化是由于孕妇晚期胎盘发生局灶性梗死所致，梗死灶越多，出现钙化点就越多，B 超下表现的较强光斑点分布也越多。B 超检测时可根据胎盘钙化斑点分布大小将钙化程度分为三度，即 I 度、II度、III 度。B 超下诊断的钙化情况不一定与实际相符，而确诊须根据产后检查胎盘钙化面积来断定。

　　胎盘钙化的不良后果是胎盘血流减少，胎盘功能减退。这是所有妊娠后期不可避免的现象。胎盘钙化并不一定会引起胎盘严重功能减退而危及胎儿。正常情况下孕足月后，B 超均会呈现胎盘有了一定程度的钙化现象，这是胎儿已足月的间接标志。只有当钙化达到 III 度并伴有羊水过少时，才提示胎盘严重不良，胎儿有危险，这时需提前住院做计划分娩，若出现羊水过少则要及时终止妊娠。

　　既然胎盘钙化不可避免，是胎盘老化的过程表现，如果想要维护较佳的胎盘功能，可以从饮食和生活起居上着手。怀孕期间摄入足够的蛋白质、维生素和矿物质等营养物质，注意饮食平衡；生活中作息时间要规律，不要熬夜；适度地运动，促进全身的血液循环；同时，也要经常关注胎儿状态。

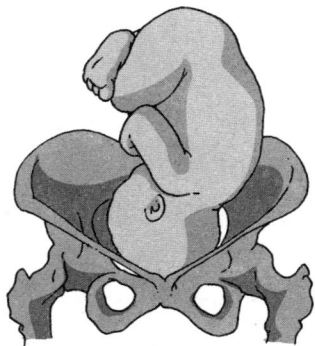

温馨小贴士

　　如果经 B 超检查发现胎盘钙化严重，需要结合其他胎盘功能检查，如胎动、胎心监测等来综合判断胎儿的情况。

248 通过光照调整胎宝宝作息

光照胎教是在胎儿期适时地给予其光刺激，促进胎宝宝视网膜光感受细胞的功能尽早完善。

胎宝宝是否真的能看到光？利用彩色超声波观察，光照后胎宝宝立即出现转头避光动作，同时心率略有增加，脐动脉和脑动脉血流量均有所增加。这证明胎宝宝能够看到射入子宫内的光亮。

视觉是胎宝宝的感觉功能中发育最晚的，7 个月的胎宝宝视网膜才具有感光的功能。

在孕晚期，孕妇可以通过光照胎教调整胎宝宝的作息，这可以使胎宝宝在出生后仍然保持良好的作息习惯，即夜晚睡觉，白天活跃。当胎宝宝觉醒时，用手电筒的微光照射孕妇腹部训练胎宝宝的昼夜节律，使胎宝宝夜间睡眠，白天觉醒，从而促进胎宝宝视觉功能的健康发育。孕妇可每日照射腹部 3 次，同时告诉胎宝宝现在是早晨或中午。特别注意的是，切忌用强光照射，且照射的时间不宜过长。

光照胎教可以与音乐胎教、对话胎教相结合，选择胎宝宝觉醒、活跃的时候一边播放胎教音乐一边进行照射，在照射的时候妈妈可以和胎宝宝对话，如："现在是中午时间，外面的天气特别晴朗，微微的风吹着很舒服，宝宝你感觉到了吗？"孕妇一边用手电筒的微光照射腹部，一边告诉胎宝宝："这是手电筒发出的光，宝宝觉得它好玩儿吗？你可以去抓住它哦。"

一个月后胎宝宝就会记住这个时间段，每到这个时间段胎宝宝就会因为光照胎教而非常高兴；每天享受着甜美的胎宝宝游戏时光，孕妇的心情也会十分舒畅的。

温馨小贴士

怀孕第 36 周，胎宝宝仍在生长，身长 51 厘米左右，体重约 2800 克。从本周末起，宝宝就可称为"足月儿"（37～42 周）了。所以从这个时候开始，孕妇要特别注意休息，并保持个人卫生，随时做好准备，迎接宝宝的出生。

第249天

249 了解产房情况

医院的环境对于外人来说可能有些不舒服，因此孕妇生宝宝之前，若是对产房环境有一定的了解，就不会那么紧张了。了解了相关设备的用途以后，生产时就会轻松许多。

婴儿床

让医生和助产师在这里检查宝宝。

产台

产台虽然高，却很实用，它可以升降，床尾在生产和缝合时还可以拆除。

胎儿复苏推车

这台推车有氧气设备、抽吸设备和暖气设备，可以抽取婴儿肺部的黏液，以防万一。

血压计

测量血压。

氧气罩

如果你想减轻疼痛，氧气可以由面罩送进身体。

胎心监视器

记录子宫收缩与胎儿心跳，并可随时显示出来。

放松道具

有些医院提供辅助用品，如兜袋、生产用的椅子或板凳、摇椅。

🍀 大靠枕

可以让孕妇在分娩第一阶段感觉比较舒服。

温馨小贴士

现在，有不少规模大一些的医院，都会组织孕妇在生产之前参观产房。在参观时，孕妇可以了解一下各种器械的功能和用途。

250 多胎妊娠

一般情况下，育龄妇女每月只排出一个卵子，而男性一次射精则会排出 1 ～ 2 亿个精子。这么多精子只有一个能与卵子结合成受精卵，受精卵经过复杂的变化过程发育成一个胎儿。但有时一个受精卵分裂成两个相等的细胞团，这两个细胞团各自发育成一个胎儿，这就是单卵双胎。单卵双胎的两个胎儿是由同一个精子和同一个卵子结合而成的，他（她）们的染色体相同，所以两个孩子不仅性别、血型相同，相貌基本一样，心理特征也往往相似。单卵双胎的两个胎儿共用一个胎盘，血液互相沟通。

还有的孪生兄弟姐妹不是单卵双胎，而是双卵双胎。这是由于女方一次不是排一个卵，而是排两个卵，分别与精子结合而成的。双卵双胎有各自的胎盘，各成一个系统，互不相通。胎儿的血型可以不同，性别也可以不同，相貌也不太相似。如果女方一次排两个以上的卵，就可以形成多卵多胎。

据统计，孕妇怀有双胎的概率大约是 1/80。多胎的最高纪录是 1979 年意大利一位妇女一次生了 8 个孩子。还有些妇女易生育双胎或多胎，据说一位俄国妇女一生生育 27 次，一共有 69 个孩子。

多胎妊娠会给孕妇带来加倍的负担。因此，要早诊断，做好孕期保健。现在用 B 超检查，在妊娠 8 ～ 10 周即可诊断是否多胎。

多胎妊娠使子宫迅速膨大，胎盘面积和重量较大，产生的激素水平也较高，孕妇的消耗远远大于单胎妊娠，所以多胎孕妇易发生孕吐、流产、早产、贫血、妊娠高血压综合征等。在分娩过程中也容易发生宫缩乏力、胎儿异常、胎盘剥离、子宫肌层延伸过度而收缩无力，致产后出血过多，从而易发生产褥感染。

多胎妊娠的子宫在妊娠末期迅速增大，约有 80% 的孕妇发生早产，所娩出的新生儿体重较小，出生后的死亡率更高。

温馨小贴士

多胎妊娠的孕妇要定期到医院检查，尽可能住院分娩，以防止发生意外。

251 自然分娩好处多

作为一种正常的生理现象，阴道自然分娩是最为理想的分娩方式。这种分娩方式对产妇和胎儿都没有多大的损伤，而且产妇在产后能够恢复得更快。

对于产妇而言，当胎宝宝经阴道自然分娩时，腹部的阵痛会刺激垂体分泌一种叫催产素的激素，这种激素不但能促进产程的进展，还能促进产后乳汁的分泌，甚至对促进母子感情也能起到一定的作用。同时，自然分娩损伤小、出血少，产后会立刻觉得十分轻松，很快能下地活动，饮食、大小便等日常生活也很快就能得到恢复，可以有充沛的精力照顾宝宝。而且住院的时间短，产后 3 天即可出院，并能及早进行锻炼，有利于体形的恢复。相对于剖宫产而言，自然分娩还能够使产妇免受手术带来的痛苦与弊端，如麻醉的风险、手术的出血、创伤和手术后的肠胀气等。

对于胎儿而言，在自然分娩过程中，子宫有规律的收缩能使其心脏得到锻炼，肺泡扩张促进胎儿肺成熟，这样能使胎儿出生后很少发生肺透明膜病。有统计显示，剖宫产儿患肺透明膜病率是阴道分娩儿的 20 倍，而严重的肺透明膜病会导致新生儿呼唤困难，甚至死亡。同时有规律的宫缩及经过产道时的挤压作用，可将胎儿呼吸道内的羊水和黏液排挤出来，新生儿湿肺、吸入性肺炎的发生可大大减少。经阴道分娩时，胎头受子宫收缩和产道挤压而充血，可提高脑部呼吸中枢的兴奋性，有利于胎宝宝在出生后迅速建立正常呼吸。同时，胎儿在产道内受到触、味、痛觉及本位感的锻炼，促进大脑及前庭功能发育，对今后运动及性格都有好处。

温馨小贴士

医生会根据产妇自身的条件决定适合的分娩方式，不适合自然分娩的产妇，医生会提前告知应采取剖宫产。

第 252 天

252　何谓无痛分娩

　　无痛分娩在医学上被称为"分娩镇痛"，是使用各种方法使孕妇在分娩时的疼痛减轻甚至消失，是一种既止痛又不影响产程的分娩方式。

　　分娩时的疼痛不仅给产妇带来痛苦，对胎儿也有一定的影响。有资料显示，当人体感到重度疼痛的时候，会释放一种叫儿茶酚胺的物质，儿茶酚胺的增多能减弱子宫收缩的协同性，而不协调的宫缩会使宫颈扩张速度减慢，新生儿的血液和氧气供应都有可能受到影响。所以，虽然很多产妇期望自然分娩，却对此有所顾忌，而无痛分娩正为这类产妇提供了自然分娩的可行性机会。

　　当然，所谓无痛分娩，并不是指绝对不痛，而是通过采取一定的措施，最大限度地减轻痛苦，让疼痛变得可以忍受。目前通常使用的分娩镇痛主要有两种方法：一种是药物镇痛，利用麻醉药或镇痛药来达到镇痛效果。在临床中常用的有安定、杜冷丁等药物。但是这类药物不宜大量使用，尤其是胎儿临近娩出前 3 ～ 4 小时内，以免影响宫缩和抵制新生儿呼吸。另一种是非药物性的，主要通过产前训练、指导子宫收缩时的呼吸等来减轻产痛。产妇要对分娩中所发生的阵痛有所了解，消除焦虑心理，对分娩充满信心。另外，在孕期加强对肌肉、韧带和关节的锻炼，创造良好的分娩环境等都能对减轻分娩时的痛苦起到一定的作用。

　　虽然无痛分娩有很好的效果，适应人群也很广，却不是每一个产妇都适合的。如果产妇有妊娠并发心脏病、药物过敏、腰部受过外伤等，要经妇产科和麻醉科医生认真检查后才能决定是否采取这种分娩方式。

温馨小贴士

　　患有合并妊娠高血压综合征、糖尿病、肾脏病或呼吸道疾病的产妇更适合无痛分娩。

孕10月

（第253～276天）

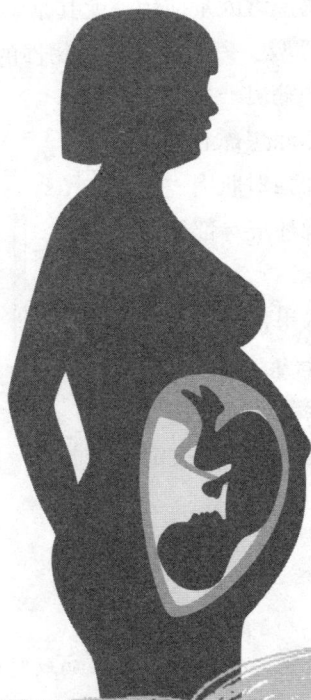

第 253 天

253

当心围产期心肌病

围产期心肌病是一种发生在产妇分娩前后的以心肌损害为主的心力衰竭综合征。患病的产妇一般并没有心脏病史，但在妊娠最后 3 个月到分娩后 5 个月期间，特别是在分娩后 2 ～ 6 周内，产妇感觉心慌、胸闷，出现气急、咳嗽、浮肿、咯血和浑身无力等症状。医生检查时，发现患者有心脏扩大、心力衰竭、心律失常和栓塞等现象。

目前，科学家们对围产期心肌病的发病原因还没有一个确切的定论，可能与营养不良、高血压、病毒感染和家庭史等因素有关。由于围产期心肌病的危害极大，产妇一定要采取有效措施进行防治。

①在妊娠期要合理地饮食、适当地运动，同时也要保证充足的睡眠，及时防治病毒性感冒、肝炎、风疹等传染病，还要做到远离病毒源，防止病毒感染心脏。通过这些措施达到增强机体抗病能力的效果。

②要重视孕期和产后的保健，孕妇要适当地调节工作和生活，避免较重的体力劳动，防止情绪过度激动；在孕中、晚期防止摄盐过多，以免加重高血压、水肿等症状；同时，在孕期和产后要预防贫血、感染等病症，保证心功能正常运行。

③妊娠期胎儿发育，子宫逐渐增大，会导致代谢加快，可引起心血管系统许多变化，加重心脏负担。因此，患有心脏病的女性一定要慎重对待怀孕，以防心肌受损。

患者第一次心力衰竭发作时对药物治疗反应较好，但反复发作会使病情恶化，尤其再次怀孕时复发、死亡率高。如果孕妇在妊娠期或分娩后患上心肌病，应住院治疗，注意多躺卧休息，补充营养，时刻保持愉悦的心情。

温馨小贴士

年龄超过 35 岁且患有心脏病的女性，要在医生的指导下妊娠并分娩，定期做产前检查；如果心脏病史较长且病情严重，或平时已多次发生心力衰退，应禁止妊娠。

254 不要憋尿

　　许多孕妇在怀孕初期会出现尿频现象。因为前 3 个月，子宫会在骨盆腔中渐渐长大，并且压迫到膀胱，从而使孕妇一直产生尿意。到了怀孕中期，子宫会往上抬到腹腔，尿频的现象就会得到一定的改善。但到了怀孕末期，尿频的现象还会再度出现。

　　当孕妇感觉尿频的时候，可以多去几次卫生间，在睡前的 1～2 小时内要尽量少喝水，这样才能够减少起夜的次数。如果孕妇憋尿，很容易导致尿路感染，这对孕妇和腹中的胎儿都有不良影响，所以必须引起足够的重视。

　　在孕妇憋尿之时，并不只是膀胱的压力增大，还会影响到身体其他器官产生连锁反应，千万不能憋尿成疾，更不能因此损害腹中的胎儿。为了胎宝宝的健康，应该保持正确科学的生活方式，防止憋尿这类不良的生活习惯给胎宝宝造成影响。

出血了！

温馨小贴士

　　如果孕妇在小便时出现疼痛或烧灼感等异常现象，要立即到医院检查。

255 了解医护程序，安心待产

第 255 天

为了能让孕妇在待产过程中踏踏实实，消除因对分娩的不了解而产生的恐惧、胆怯心理，做到轻松应对临产的各种状况，详细地了解一些临产前的医护程序，将有助于孕妇把握分娩过程中的每一个阶段，熟悉分娩流程，减轻紧张心理。

🍀 静脉注射

静脉注射的位置通常是手背或手腕处，经由静脉注入点滴，进入母体的血液循环。一般情况下，静脉注射由护理人员执行，如果孕妇平常就害怕打针，建议可先做深呼吸的动作，减缓不适感。注射针进入身体后，要将注射的导管以胶带固定在孕妇的手臂上，当然，手臂是可以移动的，并且会搭配一个移动式的点滴，以方便孕妇行动。

🍀 胎心音监视器

这种监视器提供子宫收缩的压力、频率和胎心跳的连续记录，它将宫缩和心跳绘成图形，并印列表。医护人员要利用此连续性的记录，得知胎儿在整个分娩过程（尤其是宫缩时）中心跳的情况。

🍀 人工破水

医护人员有时会在孕妇分娩前或分娩时做人工破水，这个过程并不会使孕妇感到疼痛，只是有点类似内诊般不舒服，当温热的羊水涌出时，护士会先以产垫置于其下，以利吸收，孕妇可能有压力减轻的感觉。

🍀 灌肠

医护人员将液体注入孕妇的肠道，以排空粪便，因为肠道充满会使产程迟缓。由于在灌肠时会有些不适，鼓励孕妇做轻松的呼吸进行调节，在完成程序后，孕妇在洗手间待 10 ～ 20 分钟进行排解。不过最理想的状态还是母体能在分娩前自然排便。

🍀 剃阴毛

刮掉阴毛的目的是使会阴切开的伤口易于修补，预防细菌的感染。

🍀 会阴切开

这是一种外科切割会阴的方式，作用是扩大阴道开口，便于胎头娩出。

256 预防产后大出血

胎儿娩出 24 小时内，阴道出血量超过 400 毫升时为产后大出血。这是造成产妇死亡的重要原因之一，如在短时间内大量失血，会使产妇抵抗力降低，容易导致产褥感染，而休克时间过长还可因脑垂体缺血坏死，以后出现产后大出血后遗症。

有些产妇在分娩进程中精神过于紧张，导致子宫收缩乏力。这是造成产后出血的主要原因。由于子宫收缩乏力，不能立即关闭胎盘剥离面的血窦。因此，要正确处理产程式，防止产程延长。对于有可能出现产后宫缩乏力的产妇，如多胎、巨大儿、羊水过多等，要提高警惕。

胎盘滞留是引起产后出血的另一常见原因。如果胎盘未剥离还伴有多量的阴道出血，医生应立即实行徒手剥离胎盘术，剥离胎盘有困难时不要强行挖取。如残留胎盘组织或副叶胎盘用手取有困难者可用刮匙清除。

凝血功能障碍是产后出血较多的原因，包括孕前已存在的如血液病，妊娠后的并发症如严重的胎盘早剥、羊水栓塞等。凝血功能障碍引起的产后出血虽然少见，但一旦出现，则来势凶猛，会引起难以控制的产后大出血。所以，产妇必须做好产前检查，有产后出血史，患有出血性疾病如血液病、肝炎等，以及有过多次刮宫史的产妇，应该提前入院待产，查好血型，备好血，以防在分娩时发生意外。

软产道损伤也是产后出血的重要原因。所以，如果遇到胎儿过大而外阴相对紧小、宫缩过强、胎儿娩出过快等情况，应注意保护会阴，必要时可进行会阴侧切术，以避免发生严重会阴阴道裂伤。

温馨小贴士

如因子宫收缩无力引起出血，可按摩子宫，促进子宫收缩，可以达到暂时减缓出血的效果。

257 维生素 C 可降低分娩危险

维生素 C 对人体起着重要的作用，它可促进人体胶原组织形成，维持骨骼、牙齿的正常发育，又参与叶酸转化为四氢叶酸的过程，而且还对铁的吸收有利。由于维生素 C 是一种水溶性维生素，容易从人体中流失，需要每天从含有维生素 C 的食物中摄取来满足身体的需要。

在孕妇怀孕期间，由于胎儿发育消耗不少营养，孕妇体内的维生素 C 及血浆中的很多营养物质都会出现下降的情况。一旦出现维生素 C 缺乏的情况，就容易使产妇发生羊膜早破。因此，在孕前和怀孕期间，如果孕妇能够补充足够的维生素 C，可降低她们在分娩时遇到的危险。

墨西哥科学家们对进入第 5 个月的 52 名孕妇进行了长达 3 个月的对比实验。其中一部分人服用毫无作用的"安慰药"，另外一部分人每天服用 100 毫克的维生素 C。研究表明，在怀孕期间，所有孕妇血液里的维生素 C 含量都会下降。但是，那些服用"安慰药"的孕妇中，其白血球中的维生素 C 浓度下降了。与此相反，增量服用维生素 C 的孕妇的白血球中维生素 C 的浓度却上升了。

实验还表明，在分娩的时候，增量服用维生素 C 的孕妇的羊膜早破率比未服用维生素 C 的孕妇要低 5%。因此，科学家们认为，增量服用维生素 C 有利于保持白血球中储存的营养，从而有利于防止羊膜早破。科学家们还建议，孕妇不仅要增量服用维生素 C 药丸，还应当多吃一些含丰富维生素 C 的水果和蔬菜，如橙子和西兰花。

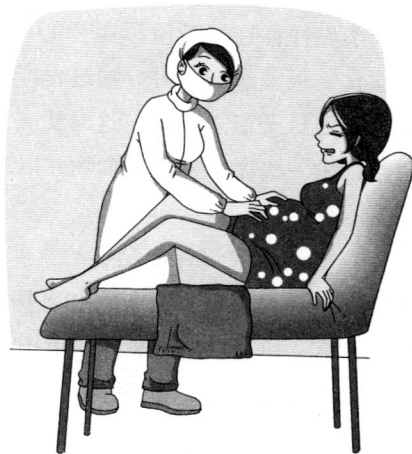

温馨小贴士

维生素 C 含量高的水果有猕猴桃、鲜枣、草莓、橙子等。

258 怀孕 10 个月的营养胎教

到了孕期第 10 个月，孕妇便进入了一个收获"季节"。

孕妇胃部的不适之感会有所减轻，食欲随之增加，因而各种营养的摄取应该不成问题。但是，孕妇往往在最后阶段因为心里的紧张而忽略了饮食，很多孕妇会对分娩过程产生恐惧心理，觉得等待的日子格外漫长。这时丈夫应该帮助妻子调节心绪，做一些妻子爱吃的食物，以减轻其心理压力，正常地摄取营养。

这时候也应该保证足够的营养，不仅要供应胎宝宝生长发育的需要，还要满足自身子宫和乳房增大、血容量增多以及其他内脏器官变化所需求的"额外"负担。

孕妇摄取营养，进餐的次数每日可增至 5 餐以上，以少食多餐为原则，应选择体积小、营养价值高的食物，如动物性食品等，减少营养价值低而体积大的食物，如土豆、红薯等。

在这个月应该限制脂肪和碳水化合物等热量的摄入，以免胎儿过大，影响顺利分娩。为了储备分娩时消耗的能量，孕妇应该多吃富含蛋白质、糖类等能量较高的食品。

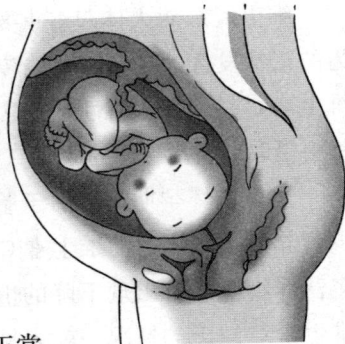

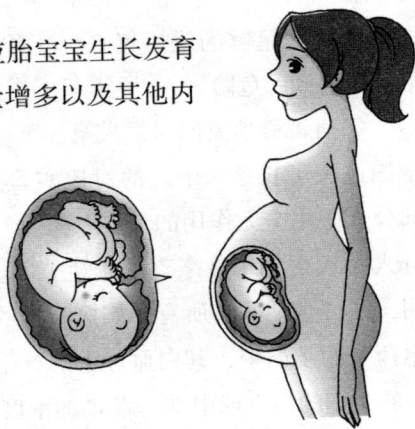

温馨小贴士

在这个月里，由于胎儿的生长发育已经基本成熟，孕妇应该停止服用钙剂和鱼肝油，以免加重代谢负担。

第 259 天

待产中的突发情况

在医院待产中，虽说有医生的监护，但难免出现一些突发情况，这个时候，产妇一定不要紧张，要理智地配合医生，以确保母子平安。在待产中，可能出现的突发情况有以下几种：

🍀 麻醉意外

对于采用无痛分娩或剖宫产分娩的产妇来说，在使用一定剂量麻醉剂时，有可能出现过敏或麻醉意外。一旦发生这种情况，要及时处理，以免发生危险。

🍀 胎儿窘迫

若胎儿心跳频率下降，可能是出于胎儿脐带受压迫、解胎便、胎头下降受到骨盆压迫等原因。此时，医生会先给产妇吸氧气、打点滴。如果胎心音仍没有恢复正常，就必须立即实施剖宫产。

🍀 胎盘早期剥离

在待产的过程中，如果产妇的阵痛转变为持续性的腹痛，且阴道出血有所增加，则可能为胎盘早期剥离。出现这种情况，产妇要立即告诉医生，如确诊为胎盘早期剥离，就须紧急实施剖宫产。

🍀 胎头与骨盆不对称

也就是头太大或产妇骨盆过于狭窄，致使子宫颈无法开足，或是胎头不再下降。出现这种情况，多半需要实施剖宫产。

🍀 脐带脱出

大多发生早期破水、胎头尚在高位及胎位不正时，脱出的脐带会受到胎头压迫，中断胎儿的血液及养分供应，危及胎儿的生命。因此，待产妇一旦出现这种状况，就须立即实施剖宫产。

🍀 羊水栓塞

待产过程中，羊膜细胞、胎膜、胎发穿透子宫内壁血管，顺着血液循环到达肺部，破坏了凝血机能，造成产妇突然大量出血，血液无法凝固，进而死亡。一旦发生这种情况，抢救胎儿都会非常困难。

温馨小贴士

尿胀不但容易使产妇产后膀胱受损，解尿困难，也会阻碍胎头下降，延缓产程。在待产中应定时解尿，两次解尿间隔不要超过 4 小时。

第 260 天

了解剖宫产

剖宫产是指通过手术切开腹腔、宫腔，直接取出胎儿的分娩方式，是一种重要的手术助产方法。如果产妇在产前检查时，各个方面都正常，临产后产程进展顺利，胎儿则可自然娩出；如果产前检查发现异常，或临产后产程进展及胎心出现异常，自然分娩会危及母婴生命安全，则需要选择剖宫产结束分娩。在下列情况下，产妇最好选择剖宫产。

①产妇出现衰竭，重度妊娠中毒症，高龄产妇，有剖宫产史，骨盆狭小或畸形，盆腔肿瘤阻碍胎头下降或影响宫缩，有严重阴部疤痕或外阴静脉曲张，软产道畸形（如双宫颈、双阴道），分娩时出现难产，妊娠合并各种心脏病，患糖尿病、淋病，胎头过大，引产失败等。

②胎位异常，胎儿窘迫，胎儿畸形无法经阴道分娩，前置胎盘，胎盘早剥，脐带脱垂，脐带过短，羊水过少或被胎便严重污染等。

由于剖宫产不能像自然分娩那样很快就恢复正常生活，术后一般要在医院住5～7天，主要是观察刀口的恢复情况。剖宫产术后的注意事项有以下几点：

①由于术后麻药作用的消失，产妇会感到伤口疼痛，而平卧位对子宫收缩疼痛最敏感，所以要采取侧卧位，使身体与床成20°～30°，将被子或毛毯垫在背后，以减轻身体移动时对切口的震动和牵拉痛。

②术后一旦恢复知觉，应该尽早进行肢体活动，练习翻身、坐起，并下床慢慢活动，增强胃肠蠕动，使肠道内的气体尽早排出，还可预防肠粘连及血栓形成而引起其他部位的栓塞。

③术后饮食不宜过饱，否则会导致腹胀，腹压增高。所以，术后6小时内应禁食，然后慢慢增加食量。

④术后要及时排便，否则容易造成尿潴留和大便秘结。

⑤在术后第2天，拔掉尿道管之后，要下床在床边活动，以促进肠蠕动，预防肠粘连。

温馨小贴士

太胖的产妇尽量不要选择剖宫产，因为腹部脂肪太多会影响伤口复原。

261 要注意预防肾结石

妊娠期肾结石发病率很高，这是因为妊娠妇女的内分泌发生了很大的变化，代谢加快，致使肾盂、输尿管的正常排尿功能出现了异常变化，主要是收缩蠕动作用减退，随即发生一定程度的扩张，使尿流郁滞、变缓，这样就很容易诱发肾结石。另外，增大了的子宫压迫输尿管，使输尿管发生一定程度的扩张和积水，也容易诱发结石。妊娠期肾结石以右侧为多，这与右肾位置稍低等原因有关。

妊娠期预防肾结石，应注意以下事项：

一是每天要有一定量的活动，多做操、多散步，这样可以促进肾盂和输尿管的蠕动，防止子宫长时间压迫输尿管。

二是要养成多喝水的习惯，特别是在夜晚要多喝水，因为喝水有助于排尿。否则，夜间输尿管的蠕动本来就会减慢，再加上尿液分泌少，尿液中的结晶物质就很容易沉淀形成结石。

三是不要过量进食那些容易诱发肾结石的食物，如菠菜、白薯、豆类等。

温馨小贴士

妊娠期若发生肾结石，应尽量采取非手术方式治疗。如果没有反复发作，可以等到分娩后再进行排石治疗。

第 262 天

262 减少孕妇分娩痛苦的饮食

到了孕晚期，如果孕妇营养摄入不合理，或者摄入过多，就会使胎儿长得过大，出生时容易造成难产，所以，这时的孕妇在饮食上要以量少、丰富、多样为主，一般采取少食多餐的方式进餐，要适当控制进食的数量，特别是高蛋白、高脂肪食物。

在日常生活中，孕妇应该选择吃那些体积小、营养价值高的食物，如动物性食品，避免吃体积大、营养价值低的食物，如土豆、红薯等，以减轻胃部的胀满感。

孕妇要摄取足够的优质蛋白质和必需脂肪酸，但尿蛋白高的孕妇应限制蛋白质、水分和食盐的摄入，多吃植物性油。注意均衡营养，平常的饮食生活要节制食盐的摄取，热量高的食物、甜食、米、面包等主食不要吃太多，要多吃含有蛋白质的蛋、牛奶、肉类及大豆制品等，同时也要考虑食用含有其他营养成分的食物。

孕妇要摄取足够的锌，锌可以增加子宫有关酶的活性，促进子宫肌收缩，把胎儿驱出子宫腔。当缺锌时，子宫收缩力弱，无法自行驱出胎儿，因而要借助产钳、吸引等外力，才能娩出胎儿，严重缺锌时有可能需要剖宫产。因此，补充足够的锌，有利于减轻分娩时的痛苦。含锌量多的食物包括苹果、葵花子、洋葱、香蕉、蘑菇、卷心菜及各种坚果等。

同时，孕妇补充足够的钙也可减少分娩时的痛苦，钙质与脂肪及维生素 D 同食，可以保证钙质的吸收和利用，从而减少对疼痛的敏感性，即有镇痛、止痛的效果。

特别需要说明的是，苹果素有"益智果"和"记忆果"的美称，它不仅含丰富的锌等微量元素，还富含脂质、碳水化合物及多种维生素等营养成分，尤其是细纤维含量高，有利于胎儿大脑皮层边缘部海马区的发育，有助于胎儿后天的记忆力。

温馨小贴士

怀孕第 38 周，胎宝宝身长 52 厘米左右，体重 3200 克左右。胎宝宝的头现在已完全入盆，并在盆内摇摆。不要担心，因为周围有骨盆的骨架在保护，很安全。而且这样的位置也利于胎宝宝有更多的空间，舒展其小胳膊、小腿。胎宝宝身上覆盖的那层细细的绒毛和大部分白色的胎脂渐渐脱落，皮肤开始变得光滑。脱落的物质和分泌物会随着羊水吞入胎宝宝的肚子里，积蓄在其肠道中，出生后形成黑便而排出。再有几天，就可见到宝宝了，孕妇现在要做的就是保证充分休息，做好一切准备，耐心等待生产的来临。

263 如何分辨真假分娩

临近分娩时，有的产妇会出现一些假性分娩的征兆。通常情况下，假分娩时宫缩无规律，而且宫缩程度不如真分娩剧烈。

辨别真假分娩的方法是对阴道进行临时检查，看子宫颈的变化。还有就是进行宫缩计时，计算连续两次开始宫缩的时间间隔，持续记录 1 小时。

	真分娩	假分娩
宫缩时间	有固定的时间间隔，随着时间的推移，间隔越来越短，每次宫缩持续 30～70 秒。	无规律，时间间隔不会越来越短。
宫缩强度	宫缩强度稳定增加。	通常比较弱，不会越来越强；有时会增强，然后又转弱。
宫缩疼痛部位	先从后背开始疼痛，而后转移至前方。	通常在前方疼痛。
运动后的反应	不管如何运动，宫缩照常进行。	行走或休息片刻后，会停止宫缩，有时甚至换一下体位也会停止宫缩。

当然，如果出现下列情况，也要马上去医院或请医生：

①在没有发生宫缩的情况下，羊膜破裂，羊水流出。

②阴道流出的是血，而不是血样黏液。

③宫缩稳定而持续地加剧。

④产妇感觉胎儿活动减少。

温馨小贴士

一般说来，孕妇即将分娩时子宫会以固定的时间周期收缩。收缩时腹部变硬，停止收缩时子宫放松，腹部转软。

第 264 天

264 过期妊娠的危害

妊娠期约为 280 天，如果超过预产期两周，称为过期妊娠。过期妊娠对孕妇和胎宝宝都有较大的危害，其表现在以下几个方面：

🍀 胎盘功能退化

胎盘和其他器官一样，也有一定的寿命期，如果超过了这个期限，它的功能便会慢慢衰退、老化。由于妊娠期母子的联系主要靠胎盘来实现，胎儿生长发育所需要的氧气和营养是通过胎盘由母体供给胎儿的，而胎儿所排出的代谢产物又要通过胎盘带出。此外，胎盘还能抵御许多细菌的侵犯。一旦胎盘老化，功能减退，将直接影响到氧气和营养的供给，危害胎宝宝健康。

🍀 羊水量减少

羊水量的正常与否是妊娠情况是否良好的标志之一，一旦羊水量减少，胎儿脐带受压的发生率就增高，羊水中胎便的浓度也增加，高浓度胎便会导致胎宝宝发生"吸入性肺尘"。

🍀 新生儿并发症增加

过期妊娠所生的新生儿，各种并发症比正常妊娠的足月儿明显增加，如新生儿颅内出血的发生率可高达 25%，吸入性肺炎的发生率也高达 37%。

🍀 影响胎儿智力

自怀孕 35 周起，胎盘通透性逐渐下降，氧气和营养的输送受到影响。到 42 周时，由于胎盘的梗塞区和钙化区逐渐增多，胎盘功能进一步下降，会减少向胎儿供应的氧气和营养物质。如果缺氧严重，可致死产或发生严重的神经系统后遗症，包括智力障碍。

🍀 难产率高，产程时间延长

过期妊娠的胎儿一般都比较大，胎儿头骨变硬，分娩时胎儿的头颅不易变形，造成胎头下降困难，延长产程时间；同时，也容易造成胎儿和孕妇的损伤，增加产妇分娩时的痛苦，胎儿颅内出血和母亲产道损伤、产后出血发生均增多，难产率比正常产的要高 2 ～ 4 倍。

温馨小贴士

过期妊娠的原因有很多，遗传因素、胎儿畸形、胎位异常、孕妇内分泌失调、孕妇活动过少等，都可引起过期妊娠。

第 265 天

265　不宜滥用催产素

催产素就是俗语中的"催生针"，它的作用是选择性地兴奋子宫平滑肌，引起子宫收缩。在分娩的时候，如果能够适当地使用，可以达到良好的引产或加强子宫收缩的效果，在临床应用中也比较广泛。但是，应用催产素引产，必须严格掌握方法，否则会引起如下严重的后果：

①子宫破裂。当用药浓度过大或速度过快的时候，容易引起强直性或痉挛性子宫收缩，从而使子宫破裂，导致产妇大出血，胎儿缺氧，甚至会导致母婴双亡。

②急产。从有产痛到完成分娩，只要少于 3 小时就称为"急产"。子宫超强收缩后分娩，会带来一系列严重的后果，比如因为来不及消毒而造成产后感染，因为不能保护会阴而导致产道裂伤、新生儿坠落受伤等。

③胎儿宫内缺氧。一旦因为使用催产素而引起宫缩时间过长、间歇时间过短，就会影响胎盘的血液循环，极易引起胎儿宫内急性缺氧，引起死产或新生儿窒息等。

使用催产素的注意事项：

①使用催产素前一定要检查清楚盆骨大小和胎位情况，用 B 超测定胎盘成熟度、胎儿大小、羊水状况等，以及产妇的宫颈重要条件和胎儿的入盆情况。

②使用催产素要适量，不能为了让胎儿早点出生就滥用催产素。

③使用催产素后，宫缩和分娩不会立即开始，经常是用药数小时后临产才开始。

④要在正规医院进行催产，否则，一旦发生意外，会因抢救不及时或不恰当而危及胎儿和产妇的生命。

如果出现下列情况，也不宜使用催产素：

①胎儿头大或胎位不正，母亲的骨盆狭窄变形，胎儿无法从阴道分娩出来。

②产妇有阴道粘连、阴道狭窄或有肿瘤阻塞产道。

③胎盘附着于子宫下段或覆盖在子宫颈内口处，位置低于胎儿的先露部。

④有剖宫产或子宫手术史。

⑤产前检查为胎儿过大。

温馨小贴士

如果孕妇到了预产期还没生，就应定期到医院做产前检查，医生会根据胎动、胎心监护、B 超和羊水量决定催产时机，原则上尽量不超过 42 周。

266 了解分娩三大产程

初孕的妇女没有生孩子的体会，可能会因为对分娩进程不太了解，从而对分娩怀有一定的畏惧感。事先了解分娩的三大产程，不仅可以减轻这种畏惧感，还可以让自己在分娩时尽量与医生配合，对顺利分娩大有益处。

第一产程是指规律宫缩开始到宫口开全的过程，这是整个产程中历时最长的一个产程，初产妇需要 12 ～ 16 小时，经产妇需要 6 ～ 8 小时。在这个产程中，子宫会有规律地收缩，宫口逐渐扩张，产妇常有腰酸及腹部下坠感。在第一产程中，产妇要注意休息，可以吃一些易于消化且营养丰富的食物，并定时大小便，以防影响到胎头的下降。宫口开大 3 厘米之后，可左侧位卧于床上，以免膨大的子宫压迫下腔静脉，影响胎盘的血液供应。

第二产程是指从子宫口开全到胎宝宝娩出的过程。初产妇一般需 1 ～ 2 小时，经产妇在 1 个小时以内，有的仅数分钟。子宫口张开时，羊水破裂，这时产妇会感到有股温暖的液体从阴道流出。此时宫缩时间会越来越长，频率也越来越快。阵痛时有排便的感觉，这时要深吸一口气，努力向下屏气，以增加腹压，协助胎儿娩出。

第三产程是指胎儿娩出到胎盘排出的过程，一般不超过 30 分钟。胎儿娩出后，宫缩暂时停止，产妇也会一下子轻松许多。大约相隔 10 分钟，又会出现宫缩，促使胎盘排出，此时产妇只需稍加腹压就可以。接生人员要检查胎盘胎膜是否完整，产道有无裂伤，并进行相应的处理。这时，整个分娩过程就完成了。

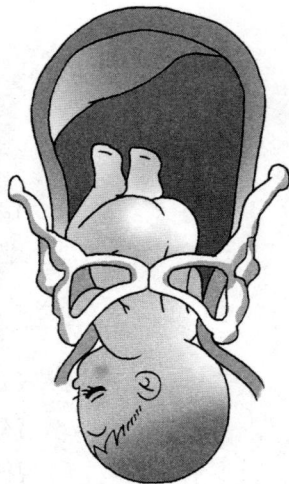

温馨小贴士

在第二产程，准爸爸最好站在产床头侧，和助产人员一起指导产妇正确使用呼吸、用力。宝宝娩出后，准爸爸可以在医生的指导下剪断宝宝的脐带。

第 267 天

267 了解临产三大征兆

"孕"酿了这么长时间，胎宝宝已经做好了随时报到的准备了。为了让孕妇及其家属对分娩有充分的准备，了解临产的征兆是十分必要的。

🍀 见红

见红是分娩即将开始的一个可靠信号，在分娩前 24 ～ 28 小时内，子宫口开始活动，使子宫颈内口附近的胎膜与该处的子宫壁分离，毛细血管破裂而经阴道排出少量血，并与宫颈管内的黏液相混而排出。一般情况下，见红的血量少于平时的月经量；如果超过了经量，并伴有腹痛的感觉，不应认为是分娩先兆，而要想到有无妊娠晚期出血性疾病，如前置胎盘、胎盘早剥等。见红的个体差异很大，很多人见红后几天甚至 1 周才分娩，所以，关键在于见红后要观察它的性状、颜色、流量等再作出合理的判断。

🍀 破水

破水就是指包裹胎宝宝的羊膜腔自然破裂，羊水流出，这会让你感到一股温热的液体持续从阴道流出。一般破水后很快就要分娩了，应立即让产妇平卧姿势送往医院，千万不可直立或坐起，以免脐带脱出，造成严重的后果。

🍀 阵痛

临近分娩时，子宫会开始收缩，把胎宝宝往产道方向挤压，这时会感觉到阵痛。如果感觉到阵痛并无宫缩，先不要急着去医院，可以记录一下阵痛和宫缩的时间间隔，如果不规律或有规律的间隔时间太长，说明离分娩还有一段时间，可以在家休息；如果阵痛达到 10 分钟每次，就要去医院待产了。

当然，还有一种假临产的情况，假临产多发生在分娩前 2 ～ 3 周，此时子宫较敏感，由于胎头下降、子宫底下降，常引起子宫不规则收缩。这时孕妇觉得有轻微腰部酸胀，腹部有不规则阵痛，持续时间很短，常少于 30 秒，并且无逐渐加剧和间歇时间逐渐缩短的情况，假临产通常在夜间出现，清晨消失，更为关键的是阴道没有血性分泌物流出。孕妇一定要辨别清楚，待假临产过后等待真临产的到来。

温馨小贴士

如果在破水后 6～12 小时内没有分娩迹象，为了防止细菌感染，医生会使用催产素来帮助产妇进入产程，开始实施分娩。

268 分娩时正确的呼吸方法

在分娩的时候，如果产妇感到紧张或害怕，那她的呼吸会变得又浅又快，一旦长时间持续地处于这种状态，产妇会变得非常疲惫。

在分娩的过程中，产妇的目标是最大限度地保存体力，以最省力的方式给予自身和胎宝宝输送氧气。所谓正确的呼吸方法，就是对产妇有帮助的呼吸方法，依靠自己的力量，减少疼痛，顺利生产。正确的呼吸方法如下：

①在两次宫缩之间要自然地呼吸，就像平时睡着时的呼吸一样。

②宫缩开始时，慢慢地深吸一口气，让气从鼻子进去，然后慢慢地以长而稳的方式通过嘴巴呼出来。呼气的时候要让脸部肌肉得到放松，并尽量放松四肢，同时想象紧张焦虑离你而去，像大大松了一口气似的来做这个呼气的动作。

③到了收缩剧烈时，提醒自己继续放松、舒服地呼吸。

④丈夫在发现妻子因为剧烈宫缩而呼吸急促时，要提醒妻子慢下来。丈夫与妻子一起缓慢、放松地呼吸。

⑤产妇如果觉得自己还是呼吸得太快，应停一会儿，然后深呼吸，再随着吐一口长而久的气，就好像要吹凉热的食物一样。每隔一阵子就做一次这种动作，以提醒自己要慢下来。

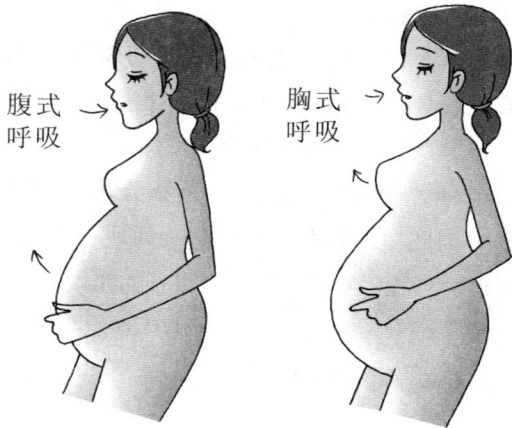

腹式呼吸

胸式呼吸

温馨小贴士

产妇如果过于紧张或恐惧，会引起大脑皮层失调，往往使子宫收缩不协调，子宫颈口不易扩张，同时也使产妇更疲劳，影响产程。

269 临产前吃巧克力好

对于产妇来说，分娩就像一次重体力劳动，需要耗费大量的体力，消耗大量能量。产妇必须有足够的能量供给，才能有良好的子宫收缩力。据了解，产妇的正常产程需要 12～16 小时，这相当于爬 200 多级楼梯或跑完 10000 米所需的能量。

为了保证产妇在分娩的时候有足够的力量使子宫口尽快开大，顺利分娩，产妇在临产前需要补充足够的热量。当然，由于临产前频繁的阵痛和心情的紧张不安，产妇的食欲并不好。因此，临产前产妇吃的食品应该具有营养价值高、热量高、少渣、新鲜而且味道可口的特点。当前很多医生和营养专家都把巧克力当作首选，认为它可以充当"助产大使"，并将它誉为"分娩佳食"。之所以巧克力能有这么好的认可度，赢取如此好的口碑，实在是它自身的优势明显。

首先，巧克力营养丰富，含有大量的碳水化合物，而且能在很短的时间内被人体消化吸收和利用，产生出大量的热能，供人体消耗。据测定，每 100 克巧克力中含有碳水化合物 50 克左右，脂肪 30 克左右，蛋白质 15 克以上，还含有较多的锌、维生素 B_2、铁和钙等，它被消化吸收和利用的速度是鸡蛋的 5 倍、脂肪的 3 倍。

其次，巧克力体积小，发热多，而且香甜可口，吃起来也很方便。产妇只要在临产前吃一两块巧克力，就能在分娩的过程中产生更多的热量。

因此，产妇在临产前吃一两块巧克力，有利于补充所消耗的能量，保持体力，对缩短产程、顺利分娩都有很好的作用。

温馨小贴士

怀孕第 39 周，胎宝宝身长 53 厘米左右，体重 3200～3400 克。

现在出生的胎宝宝就是"足月儿"，出生时的体重会随着营养供给的提高而越来越重，有的宝宝出生时体重可达 4000 克以上。一般情况下，出生时的体重，男孩比女孩重一些。

胎宝宝活动越来越少，其实这都是正常现象，不需要太担心。宝宝活动减少的主要原因是其头部已固定在骨盆中，随着头部的下降，不久便会来到这个世界上。

第 270 天

270 调节分娩前的心理

怀胎十月，即将瓜熟蒂落。面对即将到来的分娩，孕妇的心情可谓是在幸福中透着一丝紧张，在期盼中伴着一点儿恐惧。

临产前，由于对分娩的过程缺乏了解，加之某些传闻更是对分娩时的痛苦描绘得绘声绘色，很多孕妇都有不同程度的紧张恐惧心理，既对自己能否顺产和胎宝宝是否正常担心，又对分娩时的阵痛表示恐惧。其实，分娩是一种自然的生理过程，分娩时的阵痛也是一种自然现象，孕妇要勇敢地接受分娩的"挑战"。

对人体而言，心情舒展的时候，肌肉就会放松；如果心情紧张，肌肉也会变得绷紧。分娩的时候，胎宝宝是从狭窄的产道出来的，如果这时候没有或是减少紧张情绪，保持镇静，让肌肉和骨盆放松，胎宝宝才能顺利通过，生得也快些。如果孕妇分娩前精神紧张、焦虑不安，会导致母体内部激素的改变，对胎宝宝产生不良的刺激；同时，精神紧张也会使孕妇肌肉绷得很紧，容易疲惫，甚至导致分娩时产道不容易撑开，胎宝宝不能顺利出来。这样一来，不仅痛得更厉害了，还有可能造成难产、滞产，更严重的会引发产后大出血。因此，在分娩前应事先做好心理准备，学习分娩知识，了解分娩过程，也可先去熟悉医院的环境。同时，分娩是一个痛与快乐并存的过程，告诉自己能行。到了分娩的时候，做到消除忐忑不安的心理障碍，保持平静的心情，就不会感觉那么痛了。

温馨小贴士

有些产妇在分娩时由于阵痛而大喊大叫，这样既耗费体力，又会使肠管胀气，不利于宫口扩张和胎儿下降。

271 分娩时不宜大喊大叫

当产妇在分娩时感受到强烈的阵痛的时候，就会本能地想大声喊叫，以为这样能够稍微减轻痛苦，但往往适得其反。在分娩时大喊大叫，不仅消耗体力，还会使肠管胀气，不利于宫口扩张和胎儿下降。

因此，不管分娩的阵痛如何难以忍受，产妇最好不要大喊大叫。要对分娩有正确的认识，消除精神紧张，抓紧宫缩间歇休息，按时进食、喝水，使身体有足够的能力和体力。这不但能促进分娩，也能大大增强对疼痛的耐受力。如果确实难以忍耐，要试着用一些有效的方法减轻阵痛。

🍀 深呼吸

在子宫收缩时，先用鼻子深深地吸一口气，然后慢慢地用口呼出。每分钟做10次，宫缩间歇时暂停，休息片刻，下次宫缩时再重复上述动作。

🍀 按摩

在深呼吸的同时，如果配合以按摩，效果会更好。吸气时，双手从两侧下腹部向腹中央轻轻按摩；呼气时，从腹中央向两侧按摩。每分钟按摩次数与呼吸次数相同，也可用手轻轻按摩不舒服之处，如腰部、耻骨联合处等。

🍀 压迫止痛

在深呼吸的同时，用拳头压迫腰部或耻骨联合处。

🍀 适当走动

如果产妇一切正常，经医生同意后，可适当走动一下，或靠在椅子上休息一会儿，或站立一会儿，也可以缓解疼痛。

温馨小贴士

孕妇分娩的时候如果确实忍受不了疼痛，适当地叫出来也未尝不可。

272 远离产前焦虑症

①有些孕妇第一次怀孕，道听途说生宝宝有多可怕，因此心里感到恐惧。

②有些孕妇怀孕期间虽然做过多次检查，但仍然担心生出的宝宝会畸形，害怕宝宝生出后不健康等。

③由于自身健康存在问题，孕妇害怕殃及宝宝，就会非常焦虑。另外，由于到孕晚期各种不适症状加重，也容易使孕妇产生焦虑心理。

④女人都比较爱美，一些女性担心妊娠、分娩会影响自己的容颜和体形美观；担心宝宝出生后，会影响到自己的工作；担心有了宝宝家庭的经济压力加大，因而就会感到非常焦虑。

⑤快到预产期时，孕妇由于行动不便，不能出门，整天闭门在家就会胡思乱想，产生心理恐惧，结果使焦虑情绪更严重。

如何正确对待产前焦虑症呢？一是要学习正确的分娩知识，要知道生育能力是女性与生俱来的能力，分娩也是正常的生理现象，大部分女性都能顺利地生下宝宝，即使孕妇出现胎位不正、骨盆狭窄等问题，现在也能够采取剖宫产方式，从孕妇腹中顺利取出宝宝，最大限度地保证母子的安全。二是准爸爸应该及时承担起被依赖的重任，给孕妇一个坚实的臂膀，让她心里有所依靠。

温馨小贴士

孕妇要多与医生、亲友进行交流，为了消除紧张情绪，可以做一些有利于健康的活动，转移注意力，千万不要自己一个人胡思乱想，无故给自己增加精神包袱。

273 孕妇的分娩心理对宝宝的影响

进入孕晚期以后，尤其是临近产期，许多孕妇都有这样的心态：想象分娩时的痛苦，担心分娩不顺利，忧虑宝宝是否正常，盼望生女或生男，害怕孩子长相不漂亮……想得越多，就越忐忑不安，顾虑重重。甚至有一些孕妇，对自己的身体过分敏感，以致将一些诸如宝宝蠕动、不规律的宫缩引起的轻微痛等正常现象，也误认为是分娩开始而过分紧张。

显然，孕妇的这种心态对于即将出世的胎宝宝是非常不利的。一方面，孕妇的焦虑不安将导致母体内分泌环境改变，对胎宝宝产生不良的刺激；另一方面，伴随着焦虑和恐惧而引起的神经性紧张往往会让孕妇产生许多不适的感觉，诸如使孕妇肌肉紧张、疲惫不堪，并且会导致分娩时子宫收缩无力、产程延长及滞产等现象，以致造成胎宝宝发生宫内窒息，使对缺氧敏感的大脑细胞受到伤害，进而影响胎宝宝的智力，甚至危及胎宝宝的生命。

那么临产孕妇应如何克服这些不良的心理状态呢？

首先，要认真学习有关分娩的知识，了解分娩的过程，胸有成竹方能心理稳定、临阵不乱。

其次，要学会自我调节心理状态、自我安慰。我国大约每天有 5.5 万名宝宝出世，其中绝大多数是正常的宝宝，而自己的宝宝就是 5.5 万名中的一员，相信你的宝宝一定会平安地降生到这个世界上的（因为异常产儿、难产等毕竟发生率很低）。如果孕妇能够意识到这一点，就会对自己充满自信。

最后，向有经验的妈妈请教，学习相关育儿知识。临产时听从医护人员的指挥，与其密切配合，共同迎接一个孕育了 10 个月的新生命的诞生。

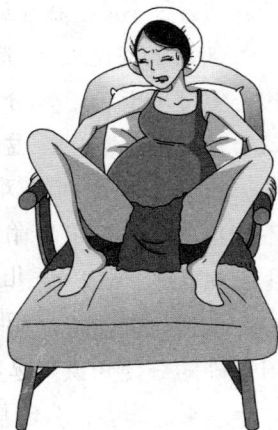

温馨小贴士

产妇在临产的时候，应该做好自我心理调节。要主动与医生配合，镇定自若地休息，按时进食和排泄。

第 274 天

274 关于难产

难产，医学术语叫作异常分娩，就是足月临产时，胎儿不能顺利娩出。发生难产的主要因素是产力、产道和胎儿状况。这三个因素中任何一个或一个以上的因素出现异常，都会使分娩过程受阻而发生难产。

产力异常可分为子宫收缩乏力、收缩不协调和收缩过强三种，如果得不到纠正，就会影响产程，造成难产。

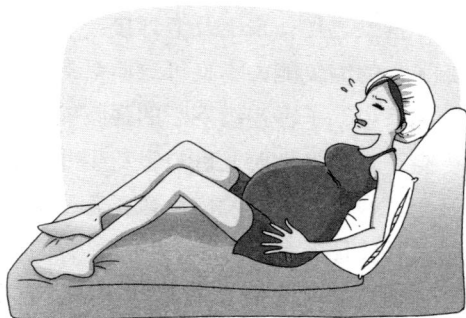

产道是指胎宝宝分娩时的"通道"。如果产道异常，如骨盆狭窄，会使胎儿不能经阴道娩出而造成难产。

胎儿方面，如果胎儿在孕妇子宫中的位置不正常，或胎儿过大，也会影响正常的分娩过程，造成难产。

对母亲和胎儿来说，难产都是非常危险的。例如，在胎儿头部过大造成的难产情况下，胎儿的头部可能因受压而导致内出血，产妇的产道也会因此而受到各种创伤，包括尿道、膀胱的损害及大量出血等；如果胎盘前置严重，可能引起大量出血，胎盘先出会对胎宝宝的生命构成威胁。既然如此，有没有什么办法能预防难产呢？

①在孕期定期进行产前检查，若发现骨盆异常、胎儿体重异常或胎位不正等异常情况，可及时采取有效措施进行纠正，尽量避免影响正常分娩的因素滋生。

②孕期营养要适当，既要摄取充分的营养，保证胎宝宝健康成长；也要注意不能因吃得过多，又不适当运动，导致胎宝宝长得过胖，从而引发难产。

③对分娩过程要有正确的认识，分娩时和医生相互配合，最大限度地消除紧张心理。如果产妇在面临"挑战"时没有心理准备，或是对分娩过程存在强烈的恐惧心理，会对分娩过程造成影响。

温馨小贴士

高龄产妇自然分娩难度大，通常有90%的高龄产妇会选择剖宫产。

275 发生急产怎么办

子宫收缩的节律性正常，但收缩力过强过频，如头盆相称，宫颈口在很短时间内迅速扩张，分娩在短时间内结束，总产程不足 3 小时者，称为急产。

急产多见于经产妇，它对母婴均不利。对母亲来说，由于宫缩频而强，产程过快，可致会阴、阴道甚至子宫颈裂伤；来不及消毒接产可致产褥感染；分娩后子宫的缩复能力不良可致胎盘滞留或产后出血。对胎儿来说，子宫连续不断的强收缩，使胎盘血液循环受阻，容易发生胎儿窘迫，新生儿窒息或死亡；胎儿娩出过快，易引起颅内出血；若来不及接生，新生儿坠地可致骨折、外伤等。

所以，凡是有急产史的孕妇，应提前住院待产，临产后避免灌肠，密切观察产妇宫缩情况，若产程进展快，应做好接产准备，以防发生意外。

🍀 急产的护理

急产多见于经产妇。一般情况下，当产道无阻力，子宫的收缩力正常且较强时，可使胎先露迅速下降，临产时间较一般显著地缩短。如果在生产时现场没有医生和助产人员，应按下列方法处理：

让产妇平卧在干净的卧具上，采取胸式浅呼吸，以减轻阵痛。当胎儿的头、肩部露出时，用双手轻轻托住，使其慢慢分娩出。胎儿落地一定啼哭，如不啼哭，多因嘴里有羊水，应及时吸出。如果婴儿没有呼吸，应做口对口的人工呼吸。待脐带不搏动时，在距婴儿腹部数厘米处用消毒线结扎。最好等医生来切断脐带，如医生不可能来时，可用刮脸刀或剪子经酒精或火消毒后，切断脐带。

🍀 在家中发生急产的应对措施

产妇一旦在家中发生急产，产妇及家人不要惊慌，要立即拨打急救电话，简要介绍自己的情况，请他们迅速赶来救助，尽量保持镇静，明确地告知自己的姓名、住址。

这时让产妇不要用力，躺在床上，臀下垫上被子，上面铺一层干净塑胶布，用肥皂水清洗外阴及肛门区。当胎头露出阴道口时，鼓励产妇大口喘气，轻轻按压胎头，帮助娩出，千万不要用力牵拉胎头。当胎头娩出后，轻轻下压胎头，帮助前肩娩出，再轻轻上抬胎头，帮助后肩娩出，后肩娩出后，胎体随之娩出。胎儿娩出后用干毛巾把新生儿擦拭干净，然后用浴巾或毯子包起来，并用干净柔软的布擦净新生儿口腔内的黏液。这时不要牵拉脐带，要等胎盘自然娩出。胎盘自然娩出后，用干净的布或纸包起来，不要切断脐带，将胎盘放在高于新生儿的地方。用毯子或被子给产妇保暖，静静等待急救中心人员的到来，不要随便乱动，以免导致出血。

要注意的两点是，本应响亮哭出声的新生儿不哭时，要擦净身体、清理口腔后，用手掌试着轻轻摩擦他的背和胸。还有当母体出血过多时，要把脚抬高。

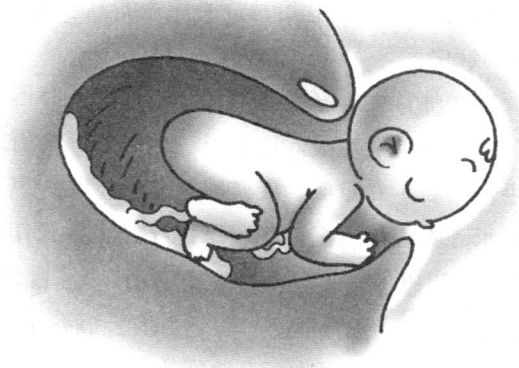

🍀 在去医院的路上发生急产的应对措施

在赶往医院途中，产妇在车中开始分娩也经常出现。

这时应马上停车，将产妇放在后座上，臀下垫上被和毯子，新生儿出生后的处理方法同在家中急产一样。由于车内狭窄，必须注意不要让新生儿窒息。

应先擦拭婴儿身体，擦干鼻、口腔中的血及羊水。为避免新生儿窒息，让其侧卧，裹上毛巾或毯子后放在产妇肚子上，保持不动，迅速赶往医院。

温馨小贴士

孕妇家人懂得一些孕、产相关知识是有必要的，另外，妊娠晚期的孕妇若有不适，应及时与医院联系，以免状况发生在家里或路途中。

276 小宝宝来了

新生儿娩出后，助产人员首先要为新生儿清理呼吸道，然后轻拍足底，促其啼哭。当新生儿啼哭以后，助产人员就要为新生儿结扎脐带，脐带应扎紧以防脐出血，但用力不要过猛，以免造成脐带断裂。同时要对新生儿进行评分，以判断新生儿有无窒息及窒息的严重程度。还要为新生儿系手镯，在病历上印脚印，并为新生儿擦油澡，以清除腋窝、腹股沟等处的油脂。于生后半小时让新生儿同母体进行皮肤接触，让婴儿吸吮母亲乳头。处理新生儿时，要注意给新生儿保温。做完以上处理，两个小时后将母婴送回病房。

新生儿娩出后，助产师首先为新生儿清理呼吸道，及时用吸痰管清除新生儿口腔及鼻腔的黏液和羊水，以免发生吸入性肺炎。当确定呼吸道黏液和羊水已吸净而仍无哭声时，可用手轻拍新生儿足底，促其啼哭，新生儿大声啼哭，是新生儿出生后的第一次呼吸，表示呼吸道已通畅，呼吸系统已经正常工作，能够提供自身需要的氧气。同时新生儿肺部得以扩张，吸入大量氧气，降低了肺循环的阻力。

新生儿出生后，若经吸痰、清理呼吸道、轻拍足底后，仍不能大声啼哭，同时伴有皮肤苍白、肌张力差等，表示新生儿有缺氧的情况。临床上通常以出生后 1～5

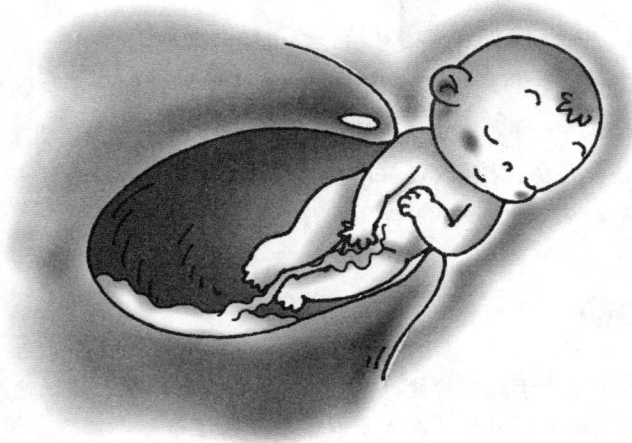

分钟的新生儿心率、呼吸、肌张力、喉反射及皮肤颜色五项体征为依据进行评分，来判断新生儿缺氧的程度，即新生儿窒息的程度。这种评分法也称 APgar 评分。正常新生儿满分为 10 分，7 分以上只需一般处理，4～7 分为轻度窒息，需要清理呼吸道、人工呼吸、吸氧、静脉推注小苏打、葡萄糖酸钙等。0～3 分为重度窒息，需要立即行气管插管、给药等紧急抢救。

产后 2 小时内是产后严重并发症最易发生的时期，产后出血、产道血肿、心衰、产后子痫等常发生在这段时间，所以要对产妇进行密切观察。

经历了漫长的分娩，产妇已很疲劳，有可能发生产后子宫收缩乏力致子宫胎盘剥离、创面血窦开放，发生产后出血。产后出血是威胁产妇生命的常见并发症之一，是导致产妇死亡的首要原因。通常如能及时发现产后出血，针对原因处理，预后多良好。但若未能及时发现，将可能酿成严重后果。分娩时软产道受挤压、扩张，有可能致组织损伤，开放性损伤出血外流容易被发现，如组织内血管破裂出血，则可能不会马上被发现，随出血增多积于组织内，在局部成血肿才出现症状；有心脏病的孕妇在产后可能发生心衰。

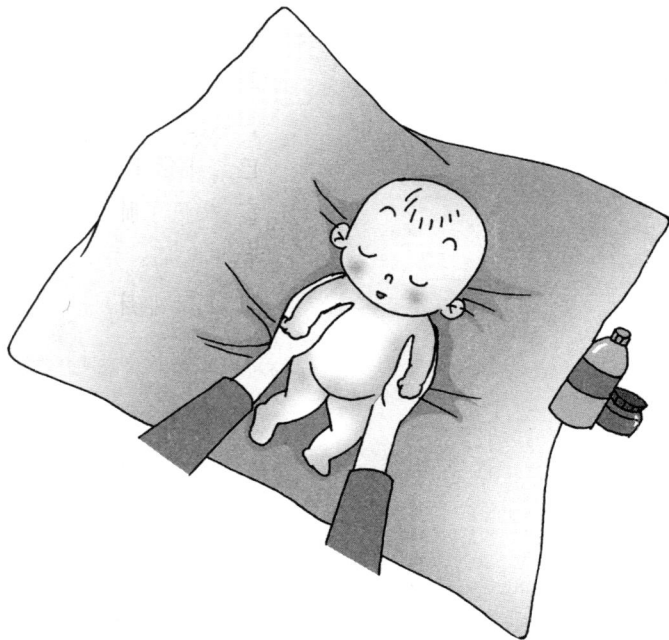

温馨小贴士

由于产后 2 小时对于产妇的健康非常重要，因此也将这段时间称为第四产程。